OTFRIED D. WEISE
ZUR EIGENEN KRAFT FINDEN

Typusgerechte Ernährung
für optimale Gesundheit
und Wohlbefinden

Vorwort von Barbara Rütting

Eine frühere Fassung dieses Buches erschien 1995
unter dem Titel »Zur eigenen Kraft finden.
Harmonisch leben und essen
mit den vier Elementen und Ayurveda«
bei Frederiksen & Weise, Tabula Smaragdina Verlag, München

Umwelthinweis:
Alle bedruckten Materialien dieses Taschenbuches
sind chlorfrei und umweltschonend.
Das Papier enthält Recycling-Anteile.

Vollständige Taschenbuchausgabe Mai 2002
© 2002 Wilhelm Goldmann Verlag, München
in der Verlagsgruppe Random House GmbH
Umschlaggestaltung: Design Team München
Umschlagmotiv: Design Team München
Illustrationen von Sabine Becker-Will
Redaktion: Ralf Lay
Satz/DTP: Martin Strohkendl, München
Druck: Elsnerdruck, Berlin
Verlagsnummer: 14226
WL · Herstellung: WM
Made in Germany
ISBN 3-442-14226-1
www.goldmann-verlag.de

1. Auflage

Bitte beachten Sie

Es liegt nicht in der Absicht des Autors, in diesem Buch Diagnosen zu stellen oder Verordnungen zu erteilen. Seine Zielsetzung besteht vielmehr darin, Informationen auf dem gesundheitlichen Sektor anzubieten. Wenn Sie die vorliegenden Informationen ohne Einschaltung eines Heilpraktikers oder Arztes anwenden, so verordnen Sie sich eine Selbstbehandlung, ein Recht, das Ihnen zusteht. Autor und Herausgeber können dafür jedoch keine Verantwortung übernehmen.

Der Autor sagt nicht, dass bestimmte Lebensmittel generell schädlich oder heilend sind, sondern dass jeder Mensch ihre Wirkung auf den eigenen Körper selbst überprüfen muss.

Namen, Orte und andere im jeweiligen Zusammenhang unwichtige Einzelheiten der im Buch genannten Beispielpersonen sind aus Gründen des Datenschutzes fiktiv. Auch persönliche, individuelle Ernährungs-, Gesundheits- und Lebensberatung ersetzen im Krankheitsfall nicht die Konsultation eines Heilpraktikers oder Arztes.

»Der, welcher wandelt diese Straße voll Beschwerden,
wird rein durch Feuer, Wasser, Luft und Erden.
Wenn er des Todes Schrecken überwinden kann,
schwingt er sich auf der Erde himmelan.«
Aus Wolfgang Amadeus Mozarts »Zauberflöte«

Inhalt

Vorwort von Barbara Rütting 11

Einführung. 17

Die vier Elemente. 29
Der individuelle Weg des Einzelnen. 29
Die vier Elemente im Überblick. 32
Luft, Feuer, Wasser, Erde 37
Die Wertschätzung der Elemente in der Gesellschaft. ... 52
Elemente und Motivation 54
Elemente, Lebensalter und der menschliche Körper. 56
Elemente, Energiezentren und Drüsen. 58

Die Harmonisierung der Konstitution. 61
Vorlieben beim Essen 63
Die Bestimmung des Körpertyps nach Elementanteilen . 65
Die menschliche Individualität und Krankheiten 69
Der Stoffwechsel der vier Grundtypen. 74
Der Fragebogen 77
Das Horoskop und das Bio⁺Vitalis-Programm. 95

Die sechs Geschmacksrichtungen. 101
Die süße Geschmacksrichtung 107
Die saure Geschmacksrichtung 117
Die salzige Geschmacksrichtung 122

7

Die scharfe Geschmacksrichtung. 131
Die bittere Geschmacksrichtung 138
Die zusammenziehende Geschmacksrichtung. 144
Gemischte Geschmacksrichtungen. 146

Ernährung und Lebensweise für den Lufttyp 149
Essen bei Überwiegen des Luftelements 150
Lebensweise bei Überwiegen des Luftelements. 161
Essen und Lebensweise bei zu wenig Luft 176

Ernährung und Lebensweise für den Feuertyp 183
Essen bei Überwiegen des Feuerelements. 184
Lebensweise bei Überwiegen des Feuerelements 190
Essen und Lebensweise bei zu wenig Feuer 204

Ernährung und Lebensweise für den Wassertyp. 211
Essen bei Überwiegen des Wasserelements 212
Lebensweise bei Überwiegen des Wasserelements 219
Essen und Lebensweise bei zu wenig Wasser. 231

Ernährung und Lebensweise für den Erdtyp 235
Essen bei Überwiegen des Erdelements. 236
Lebensweise bei Überwiegen des Erdelements 246
Essen und Lebensweise bei zu wenig Erde. 250

Ernährung mit verschiedener Zielsetzung 257
Nahrung zur Körperentschlackung 257
Nahrung zum Abnehmen. 259
Nahrung zum Zunehmen 261
Speisen für Kraft, Energie und Ausdauer 263
Ausgewogenes, harmonisierendes Essen 265
Essen als Ersatzbefriedigung 267

Nahrung zur Verbesserung der Gehirnfunktion 269
Vegetarische Ernährung. 272
Nahrung für die verschiedenen Körper des Menschen . . 281
Problemnahrungsmittel. 282

Fallbeispiele. 291
Übergewicht. 291
Nervosität, Unsicherheit 300
Krebs. 306
Verdauungsbeschwerden 313
Schicksalsschläge. 323
Partnerschaftsprobleme. 330
Schwermetallvergiftung 338

Epilog: Zur eigenen Kraft finden. 357

Anhang. 363
Elemente und Tierkreiszeichen 363
Übersicht: Die vier Elemente 366
Literatur. 368
Bezugsquellen und Adressen 374

Vorwort

Von Barbara Rütting

Man sollte meinen, auf dem Ernährungsgebiet könne es keine neuen Erkenntnisse mehr geben, alles sei gesagt. Sollte man meinen! Ein Irrtum … Dr. Devanando Otfried Weise, allen Gourmets pflanzlicher Köstlichkeiten längst ein Begriff, hat da ein höchst interessantes und amüsantes Buch geschrieben. Dem mit täglich neuen, sich widersprechenden Versionen über gesunde Ernährung gefütterten, verunsicherten Leser wird Mut gemacht, es nun noch einmal und ganz anders zu versuchen – nämlich zur eigenen Kraft zu finden über harmonisches Essen und Leben nach den vier Elementen und Ayurveda.

Was hat mensch nicht alles ausprobiert! Morgens wie ein König speisen, mittags wie ein Edelmann und abends wie ein Bettler, nicht einmal auf diese jahrhundertealte Regel ist mehr Verlass. Nein, verkündet der eine, bis mittags am besten gar nichts essen, und wenn schon, dann nur Obst, ein anderer rät uns, den Kochtopf auf den Müll zu schmeißen und uns nur noch Rohkost einzuverleiben, während ein Dritter droht: Wer nach 18 Uhr noch Rohes isst, bekommt eine Schnapsnase, weil der Mageninhalt nachts auf gräuliche Weise vor sich hin gärt zu Fusel, und die Rohköstler, durch diese ewig gärende Rohkost sozusagen ständig betrunken, zeichnen sich sowieso durch ihren torkelnden Gang aus.

Freunde und Freundinnen, nicht verzagen – es gibt ihn, den Lichtblick:

Hier führt uns ein Autor behutsam und ganz ohne erhobenen Zeigefinger vor, dass wir vielleicht gar nicht so Unrecht haben, wenn wir – weil wasserbetont – Milchprodukte nicht so mögen und lieber eine rohe Möhre knabbern; oder umgekehrt als Lufttyp morgens nicht so scharf sind auf Kaltes, Rohes, sondern Gusto auf einen warmen Haferbrei verspüren. Die Regeln der Vollwertkost, dass unsere Nahrung so naturbelassen wie möglich sein sollte, am besten aus biologischem Anbau aus der Region und der Jahreszeit entsprechend ausgewählt, diese Grundsätze der Vollwertkost dürften wohl alle Ernährungsapostel akzeptieren. Nur wie viel davon, wann und in welcher Darreichungsform verzehrt werden soll, ob alles roh oder einiges auch schonend gegart, da scheiden und streiten sich die Geister. Dr. Otfried D. Weise hat nun das Beste aus der Lehre der Elemente und das Beste aus der ayurvedischen Ernährungslehre zu einem höchst schmackhaften und bekömmlichen Eintopf gemixt, den zu kosten ich Ihnen wärmstens empfehlen möchte.

Nach wie vor überzeugte Vertreterin der vegetarischen Vollwertkost, hatte ich mich schon lange gewundert, warum mancher, wie zum Beispiel ich, seinen Salat gerne öltriefend mag und nach Pellkartoffeln mit viel Butter und Salz geradezu süchtig ist, während dem Gegenüber beim bloßen Anblick dieser Delikatessen fast übel wird. Des Rätsels Lösung: Ich bin ein luftbetonter Typ mit wenig Erde, und als solcher brauche ich Schweres, Fettes, Wärmendes. Macht das einen Spaß, anhand der lebensnahen Fallbeispiele nachzuhaken, wie jeder sein Verdauungsfeuer durch Würzen mit Ingwer, Bockshornkleesamen und Stinkasant anzukurbeln oder, bei zu viel Feuer, mit Orangen und Zitronen zu kühlen vermag!

Denn nicht von dem allein, was ich esse, bin oder werde ich gesund, sondern von dem, was ich verdaue! Und dass der Tod im Darm sitzt, diese alte Weisheit hat ihre Gültigkeit nach wie vor.

Dass nun auch noch die Stellung der Sterne während der Geburt bei der Auswahl der Speisen berücksichtigt werden soll, mag manchen wie Spinnerei erscheinen. Doch schon Hippokrates wusste es: Ein guter Arzt ist immer auch ein guter Astrologe. Und mein bester Arzt bin ich selbst. Andere können Anregungen geben, heilen muss ich mich selbst. Ich hatte das Glück, mehrere von Devanandos Seminaren zu erleben, und kann nur bedauern, dass ich nicht früher erfahren habe, wie hilfreich die Erstellung eines persönlichen Horoskops und die Ermittlung der Elemente mittels des in diesem Buch abgedruckten Fragebogens sein kann. Rückblickend verstehe ich endlich, warum ich als Kind so pingelig war, dass ich hinter meiner Mutter her die Wohnung noch einmal putzte – ich ging durch eine Jungfrauphase, und Jungfrau hat nun einmal viel mit Reinigen zu tun. Jetzt begreife ich, warum ich als Lufttyp mit einem erdigen Steinbockmann liiert war, der Steinbock war für mich einfach »dran«, und eines Tages war das vorbei, wir hätten uns auf den Kopf stellen können, nur Trennung war die Lösung.

Zur eigenen Kraft finden, darum geht es in diesem Buch. Ich bin gesund, wenn alle Säfte fließen, nichts sich staut, alle Anlagen gelebt werden, in Harmonie sind. Wer ein Feuertyp ist, bleibt ein Feuertyp, es gilt nur, Ungleichgewichtiges ins Gleichgewicht zu bringen, damit es einem nicht ergeht wie Herrn Meisel, der sein Feuer weder in der Ehe noch im ungeliebten Beruf als Beamter auslebte, sondern nur im Sport und da einen Unfall nach dem anderen baute, auf Skiern, per Rad oder mit dem Auto. Ihm wird geraten, sein Feuer zu kühlen durch Schwimmen und Lebensmittel wie Obst, Rohkost, Salate und Gemüse, um die »ärgsten Feuerspitzen« zu mildern, und, last but not least, auch den ungeliebten Beruf in Frage zu stellen.

Dieses Buch wird Ihre Menschenkenntnis auch auf unterhaltsame Art enorm erweitern. Ist der Redefluss Ihrer Telefonpartnerin absolut nicht zu stoppen, auch nachdem Sie ihr zum wiederholten Mal, schließlich mit dem Schrei: »Mein Essen brennt an«, signalisiert haben, endlich Schluss zu machen, dann haben Sie es unter Garantie mit einem Menschen zu tun, bei dem das Element Wasser überwiegt. Das »fließt und fließt und fließt«, doch immer noch gibt es ungeweinte Tränen, die sich bei diesem Typ als Kummerspeck auf Oberschenkeln und Hüften deponieren können. Fasten führt bei »Wassermenschen« nicht zum Ziel, eher entwässernde Getreide wie Mais, Gerste, Hirse, Roggen und Buchweizen. Und während dem Erdtyp mit Neigung zu Rheuma und Gicht von tierischen Produkten abgeraten wird, ist Gerhild, die ihre Erde nicht lebt und zu sehr ins »Luftige« abgerutscht ist, sogar Fleisch empfohlen. Falls »eingefleischte« Vegetarier sich darüber empören – von Osho alias Bhagwan stammt der Satz: »Besser Fleisch essen als Fleisch denken«, und mancher muss wohl »da noch durch«. Seien wir tolerant, das sage ich, die ich seit einem Vierteljahrhundert aus ethischen Gründen Vegetarierin bin!

Ein Zitat von Mozart aus der »Zauberflöte« leitet das Buch ein. Das Zitat eines anderen Großen, ebenfalls der Alchimie, den Sternen und allem Übersinnlichen zugetan, soll mein Vorwort abschließen:

»Was immer du tun kannst,
oder erträumst zu können,
beginne es.
Kühnheit besitzt Genie,
Macht und magische Kraft.
Beginne es jetzt!«
Johann Wolfgang von Goethe

Einführung

Vor einigen Jahren kam ein junger Mann, nennen wir ihn Anton, zu mir und klagte über Knie- und Rückenprobleme, Verdauungsbeschwerden, Allergien, Anfälligkeit für Infekte und allgemeine Müdigkeit und Schlappheit. Bei einer Größe von 177 Zentimetern wog er nur 50 Kilo. Er war dreißig Jahre alt und arbeitete als Diplomingenieur in einer großen Fabrik in der Konstruktionsabteilung. Es war dies seine erste Arbeitsstelle, die er vor Jahren mit viel Schwung und Begeisterung nach Abschluss seines Studiums angetreten hatte.

Die anfängliche Freude an der Arbeit ließ im Laufe der Jahre immer mehr nach, weil er entdeckte, dass er nur wenige seiner Ideen verwirklichen konnte: Als Jüngster in einem großen Team und in einer eher konservativen Firma hatte er nicht viel zu sagen. Oft fühlte er sich gebremst und unverstanden, ja, bisweilen nutzlos und ins Abseits gedrängt.

Nach einigen Jahren waren sein alter Schwung, seine Schaffensfreude und seine Leistungskraft dahin. Er wurde oft krank und fehlte häufig bei der Arbeit. Dies führte dazu, dass er bei Beförderungen übergangen und von den Arbeitskollegen schief angesehen wurde, weil er als Drückeberger, Sonderling und Einzelgänger galt. Neben den gelegentlichen heftigen Infekten setzten im Laufe der Zeit schleichend unangenehme Symptome im Rücken und im Verdauungstrakt ein, die dazu führten, dass sich der junge Mann ängstlich mit seiner Gesundheit beschäftigte.

»Was Sie hier an Büchern haben«, sagt er, »ist nichts gegen meine Gesundheitsbibliothek! Ich besitze alle neueren Bücher über Atmung und frische Luft, Sonnenlicht und Sonnenbaden, Ernährung, Trinkwasser, gesundheitsfördernde Bewegung, Hygiene und viele über Naturheilweisen; alle Ihre Bücher stehen auch in meinem Schrank! Ich hab schon alles ausprobiert und bin seit sieben Jahren Vegetarier! Ich müsste also kerngesund sein. Das ist mir jedoch leider nicht gelungen, und deshalb bin ich heute hier! Wenn ich nur nicht so schlapp, müde und lustlos wäre!«

Er seufzt tief, und ich frage ihn, ob er denn keine Partnerin habe, die etwas Freude in sein Dasein bringen könne. Darauf erklärt er mir sehr plausibel: »Ach, wissen Sie, ich bin wenig gesellig und hab keine Gelegenheit, jemanden kennen zu lernen. Man muss dazu ja in Gastwirtschaften und Diskotheken gehen, und dort ist die Luft so ungesund, weil so viel geraucht wird … Außerdem lebe ich bei meiner verwitweten Mutter; da kann ich halt niemanden mit nach Hause bringen«, fügt er nach einer kleinen Pause hinzu.

Aus den Daten, die er mir vorab hat zukommen lassen, habe ich mir schon vor seinem Erscheinen ein Bild von ihm gemacht – auf eine Art und Weise, die ich in diesem Buch noch ausführlich erläutern werde. Das Bild zeigt einen jungen Mann, der von der Anlage her eher selbstbewusst und ehrgeizig sein könnte, der das Zeug dazu hat, im beruflichen Bereich eine Führungsposition zu bekleiden, mit reichlich Durchsetzungs- und Willenskraft, Intensität, Kreativität, Verantwortungsbewusstsein und einem Sinn für Teamarbeit. In Anton habe ich einen Menschen vor mir, der im Leben den

Dingen auf den Grund gehen, der höhere philosophisch-religiöse Ziele anstreben sollte, jemanden, der in unserer Welt wirklich und wahrhaftig Karriere machen könnte: ein feurigerdiger Typ!

Und nun das! Anton sitzt wie ein Häufchen Elend vor mir und strahlt nichts von alledem aus! Ausgelöscht ist das Ungestüm seines Feuers, tiefere Gefühle hat er sich seit langem versagt, er liebt nur noch seine Bücher. Zum Hypochonder ist er geworden! Keine auch noch so gesunde Ernährung allein kann ihn aus dieser Falle befreien! Dies war das Erste, was ich ihm schonend beibringen musste. Seine Hoffnung auf detaillierte Diskussionen seines Essverhaltens wollte und durfte ich ihm nicht erfüllen. Das hätte die Beratung auf einen Holzweg gebracht und nur seinen intellektuellen Wünschen Rechnung getragen. Es wäre ein Ablenkungsmanöver von seinen eigentlichen Problemen gewesen. Seit Jahren hatte er sich so selbst an der Nase herumgeführt.

Ich erkläre ihm deshalb so mitfühlend wie möglich: »Wenn Sie wieder auf die Beine kommen wollen, dann besteht der erste Schritt darin, dass Sie Ihre Bücher wegschließen. Sie sind mit all den Theorien völlig in den Kopf, ins Luftelement geraten. Es wird Zeit, dass Sie handeln, das heißt Ihr Feuer (Ihr stärkstes Element) und Ihre Erde (Ihr zweitstärkstes Element) einsetzen. Wenn Sie Gesundheit und Freude in Ihr Leben zurückholen wollen, dann sollten Sie sich mit den anderen Bereichen des Lebens beschäftigen: mit Ihrer Wohnsituation, mit dem Beruf und mit dem Aufbau sozialer Kontakte. Haben Sie niemals den Freiheitsdrang gespürt, eine eigene Wohnung zu besitzen, selbst Verantwortung für alle Lebensbereiche zu übernehmen und Ihr eigener Herr zu sein?«, frage ich ihn.

Ein schwaches »Ja, aber …« klingt zu mir herüber.

»Mit dreißig Jahren immer noch im ›Hotel Mama‹, ist es das, was Sie wirklich wollen? Ist es das, was Ihnen gut tut? Es ist unabdingbar für die Entwicklung Ihrer Persönlichkeit, für Ihr Selbstbewusstsein, für Ihre Vitalität, dass Sie eigenständig neue Wege gehen! Das bedeutet ja nicht, dass Sie Ihre Mutter nicht mehr achten, lieben und unterstützen. Und noch wichtiger für Ihre Gesundung ist«, sage ich, »dass Sie Ihre berufliche Situation drastisch verändern. Ich weiß, dass Ihnen das extrem schwer fällt, da Sie mit rund einem Drittel Ihrer Energie im Erdelement mit Veränderungen im Leben generell auf dem Kriegsfuß stehen. Wenn Sie jedoch in Ihrem Beruf weder Spaß noch Freude noch innere Befriedigung und Anerkennung erlangen, dann wird er zu einer ständigen Quelle der Frustration, des Stresses und der Unzufriedenheit. Kein Mensch hält so etwas auf Dauer aus, ohne krank zu werden. Man kann das noch nicht einmal durch Sport oder andere Hobbys ausgleichen! Sind Ihnen Ihre Sicherheit und die finanziellen Vorteile so wichtig? Haben Sie vielleicht nichts zurückgelegt, um in einer eventuell arbeitslosen Übergangszeit überleben zu können?«

»Nein, nein, das ist es eigentlich nicht«, sagt er, »ich hab so viel Geld gespart, dass ich zwei Jahre arbeitslos sein könnte, ohne meinen Lebensstandard aufgeben zu müssen. Es ist schon eher«, druckst er, »dass ich nicht recht weiß, was ich Neues anfangen soll. Manchmal erscheint es mir, dass mein Studium als Ingenieur eher eine Art altes Programm war, das ich nur startete, weil es zur Familientradition passte. Jetzt interessieren mich Gesundheit, vegetarische Ernährung und alternative Lebensweisen. Ich habe so hohe Ideale und Ziele, träume von einer idealen Welt.« Anton ist den Tränen nahe. »Aber ich spüre keine Kraft, etwas zu verändern«, kommt es schließlich über seine Lippen.

»Sehen Sie«, sage ich nach einer Erholungspause, in der ich ihm eine Tasse Tee anbiete, »wenn jemand wie Sie, der ein großes Potenzial an Willenskraft, Kreativität und Unternehmungsgeist, mit anderen Worten viel Feuer hat, diese Gabe im Leben aber nicht angemessen einsetzt, dann muss es Probleme geben. Alle Talente, alle Energien, die wir vom Schöpfer mitbekommen haben, aber nicht verwenden, richten sich letztendlich gegen uns. Wenn wir unser Feuer nicht leben und nicht zu unserer ureigensten Kraft finden, dann lässt unsere Verdauung nach, die Nahrung bleibt zu lange im Körper, gärt, fault, vergiftet und verschlackt uns – wir werden müde, schlapp und krank! Leber, Galle und Bauchspeicheldrüse lassen in ihrer Funktion nach, unser Augenlicht wird schwach … Die Situation lässt sich mit einem Formel-1-Rennwagen vergleichen, der für Geschwindigkeiten von 250 bis 300 km/h konstruiert ist, der aber statt Rennen in der Innenstadt zum Brötchenholen verwendet wird.«

»Er würde verrußen und wäre bald gar nicht mehr zu gebrauchen«, wirft Anton ein, »und unpraktisch wäre es für diese Besorgungen auch.«

»Ganz recht«, sage ich, »und das ist Ihre Situation! Sie sind verschlackt und krank, weil Sie die letzten fünf Jahre außer dem Studium von Gesundheitsliteratur nichts mehr getan haben, was Ihnen wirklich Spaß und Freude im Leben gebracht hätte. Kreativität war nicht gefragt, Sie haben Ihr überreiches Feuerelement nicht gelebt und sind stattdessen ins Luftelement gegangen. Herausforderungen gab's nicht, und statt selbst zu bestimmen, mussten Sie sich unterordnen, während andere in Ihrem Alter mit ähnlicher Veranlagung schon einen eigenen Betrieb leiten oder zumindest einer eigenen Abteilung vorstehen oder eine Führungsposition einnehmen, in der sie ihr Verantwortungsgefühl einsetzen und ihren Ehrgeiz befriedigen können.«

»Sie haben Recht«, sagt er nach einer langen Pause, in der man seine Betroffenheit schwer im Raum spüren kann. »Das Leben ist uninteressant für mich geworden. Manchmal frage ich mich, was überhaupt noch kommen kann. Meine Ideale sind dahin, meine Pläne verwischt, nicht einmal für meine vielen Bücher kann ich mich mehr begeistern, denn sie haben mir ja eigentlich nichts gebracht.«

»Bücher können uns anregen«, sage ich, »aber sie ersetzen nicht das eigene Leben! Wir sollten uns voll hineinstürzen, Risiken eingehen, ständig Neues ausprobieren, Experimente machen, eigene Erfahrungen sammeln, das eigene Potenzial erspüren, die eigene Kraft finden ... Ohne Änderungen ist das nur für wenige Menschen möglich«, fahre ich fort, »Sie gehören nicht zu diesen«, spreche ich langsam und deutlich.

»Ich kann das spüren, aber ich weiß nicht, wie ich das anstellen soll!«

In der folgenden Stunde versuche ich, Anton aufzumuntern, ihn »anzufeuern«, für Neues zu begeistern, ihm Mut zu machen, um den Absprung zu wagen. Zusätzlich zum schon diskutierten Wohnungs- und Arbeitsplatzwechsel

- rate ich ihm zu sportlicher Betätigung, vorzugsweise in einem Verein,
- ich beschreibe ihm die Verwendung von Gewürzen zur Erhöhung des Verdauungsfeuers,
- erläutere ihm, welche Lebensmittel am besten zu ihm passen,
- erkläre ihm den für ihn vorteilhaftesten Tagesablauf,
- unterweise ihn darin, die für ihn richtigen Mahlzeiten zusammenzustellen,

- gebe ihm Tipps, wie er durch Körperpflege die zu stark entwickelte »Luft« eindämmen kann,
- diskutiere mit ihm, welche Tätigkeiten in welcher Umgebung ihn am meisten begeistern könnten.

Als er sich schließlich verabschiedet, bin ich mir nicht sicher, ob wir etwas Langfristiges bewirkt haben. Noch immer erscheint er mir von Mutlosigkeit geprägt, wenngleich sein Gesicht frischer wirkt und seine Augen jetzt ein wenig leuchten.

Zwei Jahre später meldet er sich am Telefon und bittet um einen Termin, weil er mir sein neues Projekt vorstellen will, für das ich unter meinen Bekannten werben soll. Als er kommt, erlebe ich einen begeisterten, selbstbewussten jungen Mann ohne nennenswerte gesundheitliche Probleme. Er lebt inzwischen in einer eigenen Wohnung und hat sich ein Jahr nach unserem Gespräch auch von seiner Firma getrennt. Den Mut zur Aufhebung des Arbeitsverhältnisses hat man ihm mit einer Abfindung belohnt, die er jetzt in ein kontrolliert biologisches Gartenbauprojekt stecken will, an dessen Planung er maßgeblich beteiligt ist und mit Eifer und Freude arbeitet.

»Ich habe den Absprung geschafft«, sagt er, »als ich anfing, mit meinen Freunden konkrete Pläne für die Zukunft zu machen. Ich erkenne mich selbst kaum noch wieder. Das Leben macht wieder Spaß. Und um meine Ernährung mache ich mir keine Sorgen mehr. Ich habe gefunden, wonach ich suchte, ich habe meine Kraft entdeckt.« Anton hatte auf Grund widriger Umstände und gewisser hemmender Einflüsse in seiner Veranlagung sein Feuer (seine Willenskraft, seine Kreativität, seinen Unternehmungsgeist) und seine Erde (Sinn für Realität, Handeln, Ehrgeiz und Verantwortlichkeit) – seine wichtigsten Gaben – nicht gelebt. So konnte es ihm trotz intensiver Beschäftigung mit bewusster Ernährung und anderen Maßnahmen nicht gelingen, gesund zu werden.

Ich hatte in dem Gespräch versucht, ihm die Falle, in die er geraten war, so drastisch wie möglich vor Augen zu führen, damit er den Stellenwert, den der Beruf, das Zuhause und eine Partnerschaft für das Wohlbefinden haben, klar erkennt. Viele Menschen begreifen nicht, dass ein Beruf zur Krankheit führen kann, wenn er nur zum Gelderwerb dient, aber nicht innerlich befriedigt. Innerliche Befriedigung jedoch wird nur erreicht, wenn die eigenen Talente voll eingebracht und genutzt werden können; dann macht Arbeit Spaß. Vielen Menschen ist auch der Zusammenhang zwischen einer falschen Wohnsituation oder einer gestörten oder fehlenden Partnerschaft und mangelnder Gesundheit unklar. Beruf, Wohnsituation und Partnerschaft sind aber meist viel wichtigere Faktoren für die Gesundheit als Ernährung, frische Luft, Bewegung, ausreichend Schlaf etc.

Das Problem liegt darin, dass viele Menschen aus dem Loch, in das sie hineingeraten sind, nicht so ohne weiteres wieder herauskommen. Hier hilft in schweren Fällen eine persönliche Beratung oder längerfristige Betreuung. Meist reicht aber beispielsweise das Studium eines geeigneten Buches, um sich mit Maßnahmen vertraut zu machen, die den Körper harmonisieren, die unterdrückten Fähigkeiten hervorlocken und insgesamt vitalisieren. Auf diese Weise wird die eigene missliche Situation klarer, die eigene Handlungsfähigkeit wird erhöht und so eine Veränderung in den genannten Hauptlebensbereichen erleichtert. Bei Anton wirkte als Starter vor allem eine Verbesserung der Verdauung und des allgemeinen Schwunges durch Gewürze und mehr Bewegung. Eine Hinwendung vom übermäßigen Studium der Gesundheitsliteratur zu den praktischen Dingen des Lebens, vor allem der Wohnsituation, schaffte dann den ersten Durchbruch. Anschließend konnte er die berufliche Veränderung in Angriff nehmen.

Was bei alldem besonders erfreulich ist: Jeder Schritt in die richtige Richtung wird durch positive Gefühle oder mehr Wohlbefinden belohnt, sodass die nötigen Veränderungen im Laufe der Zeit immer leichter werden.

Wie Sie dieses Buch am besten nutzen können

1. Sie arbeiten das Buch durch, bestimmen anhand der Beschreibungen und des Fragebogens Ihre Konstitution in ihrer derzeitigen Ausprägung und entwickeln auf dieser Grundlage Ihre Lebensstrategie zur Harmonisierung dieser Elementeverteilung.

2. Sie lassen sich zusätzlich Ihr persönliches Horoskop erstellen und rechnen nach dem im Anhang gegebenen Schlüssel Ihre Elementverteilung zum Zeitpunkt der Geburt aus. Dadurch erhalten Sie die Charakteristika Ihres Lebenspotenzials, die Sie dann mit dem Ergebnis des Fragebogens vergleichen können, um herauszufinden, inwieweit Sie bereits dem entsprechen, zu dem Sie bestimmt sind bzw. was Sie sich von Anfang an vorgenommen hatten. Mit diesen zusätzlichen Erkenntnissen können Sie durch Änderungen in Ihrer Lebensweise und Ernährung die Eigenschaften besonders hervorlocken, die Sie potenziell besitzen, aber noch nicht ausreichend gelebt haben.

3. Wenn Sie kein Horoskop verwenden und sich die Rechnerei ersparen wollen, dann bestellen Sie sich ein sehr einfach zu bedienendes Computerprogramm – Bio*Vitalis genannt –, das ich zusammen mit den Softwarespezialisten von Vienna*Star entwickelt habe (siehe Bezugsquellen im Anhang). In diesem Programm brauchen Sie nur Ihre Geburtsdaten einzugeben, und Sie erhalten sofort ein Säulendiagramm Ihres Lebenspotenzials, ausgedrückt in den vier Elementen. Der Fragebogen dieses Buches ist ebenfalls im Programm eingearbeitet. Sie können ihn direkt am Bildschirm ausfüllen und erhalten dann ein zweites Säulendiagramm, das den Ist-Zustand wiedergibt. Aus den Diskrepanzen zwischen beiden Diagrammen ergeben sich die zu ergreifenden Maßnahmen, wie sie in diesem Buch beschrieben werden.

Das Hauptanliegen dieses Buches ist es,

- dass Sie sich besser kennen lernen, vor allem auch die Teile Ihrer selbst, die Sie nicht mögen und deshalb noch nicht kennen,
- dass Sie Ihr eigenes Potenzial erkennen und dieses mehr und mehr im Leben verwirklichen,
- dass Sie den Lebensstil und die Strategien entdecken und anwenden, die Sie zur Lebenserfüllung bringen,
- dass Sie Ihren Mitmenschen dienen, weil Sie alles, was Sie ihnen schenken, mit ganzem Herzen tun.

Es geht also darum, Ihr gesamtes Leben so einzurichten, dass es Ihrer Elementeverteilung im Grundhoroskop entspricht. Dabei ist es besonders wichtig, die speziellen Eigenschaften und Fähigkeiten auch wirklich zu leben.

Die vier Elemente

Der individuelle Weg des Einzelnen

Während der langen Jahre, in denen ich mich mit Ernährung, Gesundheit, Lebensstil und Bewusstseinsentwicklung befasse und Menschen hinsichtlich ihres Berufes, ihrer Hobbys, ihrer sportlichen Begabungen und ihrer Beziehungen berate, hat mich immer wieder die Frage beschäftigt, warum von zwei Menschen, die gemeinsam leben und arbeiten und sich in etwa gleich ernähren, der eine abnehmen und der andere zunehmen kann, warum der eine munter und leistungsfähig wird, der andere aber eher schwer und träge. Auch habe ich mich immer wieder gefragt, warum es so viele verschiedene Ernährungsrichtungen und medizinische Behandlungsmethoden gibt, die sich einerseits zum Teil gründlich widersprechen, andererseits aber große Erfolge aufzuweisen haben. Ich habe darüber nachgedacht, warum ein und dieselbe Ernährungsform, etwa eine gemäßigte vegetarische Ernährung, bei manchen Menschen dauerhaft zur Gesundheit führt, wogegen andere bestenfalls vorübergehend davon profitieren.

Die Antwort auf derlei Fragen liegt in der Tatsache, dass wir Menschen sehr verschieden sind. Wir werden durch eine unterschiedliche Konstitution geprägt, wir besitzen ein anderes Temperament, ein individuelles Naturell.

Diese Begriffe bezeichnen das, was wir vom Schöpfer für unser Leben mitbekommen, bzw. das, was wir uns selbst dafür ausgesucht haben. Es handelt sich um unsere Anlagen, Talente, unser Potenzial. Es geht dabei um unsere individuellen Fähigkeiten und Eigenheiten, unsere Stärken und Schwächen, unsere Vorlieben und Neigungen ebenso wie unsere Abneigungen und Vorbehalte – sowie ein ganz persönliches, einmaliges Lebensziel. Wenn auch alle Menschen denselben Naturgesetzen gehorchen und unsere Körper prinzipiell gleich aufgebaut sind, so unterscheiden wir uns dennoch gravierend in allen Bereichen.

Auch gesunde Menschen weisen große Unterschiede auf, was Verdauungskraft, Nährstoffverwertung, Schlafbedürfnis, Blutneubildungsrate, Bewegungsdrang, Geräuschempfindlichkeit, Gefühlstiefe, Freiheitsdrang, Bindungsfähigkeit, Intelligenz oder religiöses Empfinden betrifft – um nur einige wenige Aspekte zu nennen. Sie reagieren in unterschiedlichem Maße auf Erziehung, neigen von Natur aus zu so konträren Einstellungen wie konservativ oder revolutionär und fühlen sich zum Beispiel eher am Meer, im flachen Binnenland oder im Hochgebirge wohl.

Seit urdenklichen Zeiten befasst sich der Mensch mit diesen Unterschieden, nur die moderne Naturwissenschaft und die Schulmedizin scheinen sich nicht gern damit abzugeben, denn sie »müssen mit Statistiken arbeiten und das Allgemein gültige betonen, sonst gibt's keine Forschungsgelder«, wie mir ein industriefreundlicher Professor der Ernährungswissenschaften erklärte. »Wenn wir mit Konstitutionstypen arbeiten, dann wird das alles viel zu kompliziert«, sagte er, »die Industrie produziert Standardprodukte für Durchschnittsmenschen; das müssen wir Wissenschaftler unterstützen.«

»Dann passen diese Produkte nur auf wenige«, entgegnete ich, »denn kein Mensch ist in allen Bereichen seines Seins Durchschnitt. Jeder Mensch ist einmalig! Dem müssen wir Rechnung tragen.«

Vor nunmehr zehn Jahren, als ich mein erstes Buch, die *Harmonische Ernährung* (siehe Literaturverzeichnis), zu schreiben begann, war mir die Einmaligkeit des Menschen ein besonderes Anliegen. Ich zeige darin, wie die Leserinnen und Leser bewusster werden und die auf sie zugeschnittene harmonische Ernährung intuitiv selbst finden können. Ich ging also von der Individualität aus und wie der Einzelne dadurch, dass er sich intensiv mit sich selbst beschäftigt und seinen eigenen Bedürfnissen auf die Spur kommt, ohne Hilfsmittel von außen herausfindet, wie er essen und leben sollte, um »gesund und munter« zu sein.

Dieses System hat sich zwar bewährt, doch hatte ich schon damals den Wunsch, Methoden zu finden, mit denen die innere Suche unterstützt und systematisiert werden könnte bzw. mit denen per Test eine Einordnung in verschiedene Ernährungstypen möglich wäre, um auch die Beratung sicherer gestalten zu können. Nur wenige Berater sind so intuitiv, dass sie sich ohne weitere Hilfsmittel tief genug in den Klienten hineindenken können, um ein vollständiges Bild zu erhalten. So ging ich bald nach Erscheinen der ersten Auflage auf die Suche. Meine Wahl fiel schließlich nach sorgfältiger Prüfung auf Astrologie und Ayurveda.

Die vier Elemente im Überblick

Die vier Elemente tauchen im abendlichen Kulturkreis zuerst bei Hermes Trismegistos in seinen hermetischen Schriften auf. Schon im alten Ägypten, vor über 3500 Jahren, lehrte dieser berühmte Weise, Philosoph und Astrologe, dem ich mich in besonderem Maße verbunden fühle, in seinen Schriften – *Tabula Smaragdina* genannt –, dass die Menschen, ja die gesamte Schöpfung, durch die Energien der vier Elemente Luft, Feuer, Wasser und Erde charakterisiert sind. Die Einmaligkeit des Menschen ergibt sich aus immer neuen, unterschiedlichen Anteilen dieser vier Elemente an den verschiedenen Bereichen: dem physischen, emotionalen und mentalen Körper sowie der Persönlichkeit und der Seele. Die vier Elemente werden in unseren Tagen von der modernen Psychologie neu entdeckt und gewürdigt, nachdem schon kein Geringerer als C.G. Jung mit ihnen erfolgreich gearbeitet hat. Hermes Trismegistos schreibt in seiner *Tabula Smaragdina* (Scott 1993 [siehe Literaturverzeichnis]):

»Sind nicht alle Körper aus den vier Elementen zusammengesetzt?" (S. 141). Und weiter auf S. 521: »Isis sagte: ›Die Seelen der Menschen unterscheiden sich in ihren Eigenschaften; einige sind feurig, andere sind kalt, einige sind hochmütig, andere sanftmütig, einige sind geschickt, andere ungeschickt, einige aktiv, andere passiv, und wiederum andere unterscheiden sich auf anderen Gebieten.

Diese Unterschiede ergeben sich aus der Lage der Orte, aus denen die Seelen kommen, wenn sie inkarnieren. Diejenigen, die aus einer königlichen Zone kommen, regieren auf Erden als Könige; diejenigen, die aus einer wissen-

Die Vorteile von Astrologie und Ayurveda

- Beide haben sich seit Tausenden von Jahren bewährt.
- Es liegt ihnen ein ganzheitliches Weltbild zu Grunde, weshalb kein Lebensbereich ausgespart bleibt.
- Sie passen gut zusammen, weil sie mit denselben Elementen Luft, Feuer, Wasser und Erde arbeiten.
- Die vier Elemente mit ihren typischen Eigenschaften sind seit Menschengedenken auch in Europa heimisch.
- Beide geben bewährte Hinweise zu Ernährung, Heilung und dem gesamten Lebensstil.
- Ihre Symbole und Begriffe sind den meisten Menschen bekannt, wenn nicht vertraut.
- Beide Systeme machen auch qualifizierte Aussagen zu den höheren Zielen des Menschen, seiner spirituellen Entwicklung und seinem Bewusstseinswachstum.

schaftlichen oder künstlerischen Zone kommen, werden Wissenschaftler oder Künstler; diejenigen, welche aus einer Zone des Fleißes und der Produktion kommen, werden Arbeiter und stellen durch ihrer Hände Arbeit zum Beispiel Lebensmittel her; diejenigen, die aus einer Zone der Inaktivität kommen, leben müßig und halbherzig. Denn die Quellen aller irdischen Dinge, mein Sohn, liegen in der Höhe; diese Quellen üben ihren Einfluss nach festem Maß und Gewicht aus. Es gibt nichts, das nicht von oben herab gekommen wäre.‹«

Dies ist eine Stelle in den Schriften des Hermes, in denen sein Grundsatz »Wie oben, so unten« illustriert wird. Hier kommt auch klar zum Ausdruck, dass die menschlichen Seelen schon von ihrem Ursprung her sehr verschieden sind und dass dies auf die Ausstattung mit unterschiedlicher kosmischer Energie zurückgeht.

»»Vom kosmischen Ursprung habe ich nun genug gesprochen. Hinzu kommen aber noch andere Eigenschaften, mein glorreicher Sohn, die sich aus dem Verhältnis ergeben, in dem die Substanzen im Gemisch der Körper auftreten.‹ – ›Aber sag doch, Mutter‹, sagte Horus, ›was ist das für ein Substanz-Gemisch?‹ Isis antwortete: ›Es ist eine Kombination oder Mischung der vier Elemente; von ihr geht ein Energiefeld aus, das die Seele einhüllt, sich im Körper verbreitet und beiden etwas von ihrer Qualität verleiht; so entstehen sowohl die Unterschiede zwischen den Seelen wie auch die Unterschiede zwischen den Körpern. Wenn sich in der Zusammensetzung eines Körpers ein Übermaß an Feuer befindet, dann macht die Seele, die von Natur schon heiß ist, durch das zusätzliche Feuer das betreffende Lebewesen aktiv und temperamentvoll. Bei einem Übermaß an Luft werden Seele und Körper eines Lebewesens flatterhaft und unstet.

Bei einem Übermaß an Wasser fließt die Seele frei und ist stets bereit, sich zu verströmen, sich auf Dinge zu werfen und sie festzuhalten, denn Wasser hat die Kraft, sich mit Dingen zu verbinden. Wasser vereinigt sich mit allem; und wenn ein Übermaß an Wasser etwas umhüllt, dann löst es dieses in sich auf.‹ (Zum Beispiel wenn ein Erdklumpen ins Wasser fällt.) ›Wenn wenig Wasser von einem festen Körper aufgesogen wird, dann passt es sich diesem vollkommen an.‹ (Zum Beispiel wenn ein Wassertropfen auf einen Erdklumpen fällt.) ›Körper mit einem Übermaß an Wasser sind schlaff und schwammig statt fest und kompakt; nur wenig genügt, sie ganz aufzulösen. Bei einem Übermaß an Erde wird die Seele schwerfällig, das heißt, sie kann sich nicht frei ausdrücken, sie wird durch die Dichte des Körpers behindert, obwohl diese an sich eine ganz spezielle Zusammensetzung hat; und der betreffende Körper ist fest, aber träge und schwer und kann ohne große Willensanstrengung nicht in Bewegung gesetzt werden.

Wenn jedoch alle vier Elemente in den richtigen Proportionen zusammentreffen, dann wird das betreffende Lebewesen feurig in der Tat, leichtfüßig in der Bewegung, fließend im Umgang mit anderen und solide in der eigenen Struktur sein. Denn das Erdelement macht den Körper fest und kompakt, dass Wasserelement erlaubt es ihm, sich zu verströmen, sodass er sich mit anderen verbinden kann, das Luftelement erlaubt Bewegung, und all diese werden durch das Feuer in uns angefacht und tätig …

Und auch dies sage ich dir, mein geliebter Sohn, solange die Körpermischung ihre eigene Qualität unverändert behält, solange also das Feuerelement keine zusätzliche Hitze erhält, die Luft nichts zusätzlich Luftiges, das Wasserelement keine zusätzliche Feuchtigkeit und das Erdelement nicht noch mehr Dichte, dann ist das Lebewesen gesund. Wenn das ursprüngliche Verhältnis der Elemente aber nicht aufrechterhalten wird, also wenn eines der Elemente entweder zu- oder abnimmt, dann wird das Lebewesen krank. Dabei spreche ich nicht von vorübergehenden Veränderungen, die durch die Umgebung verursacht werden (etwa durch Wärmen an einem Ofen), oder von Veränderungen, die natürlich durch das Wachstum des Lebewesens im Laufe des Lebens auftreten. Ich spreche von gravierenden Veränderungen der Anteile der Elemente, wenn zum Beispiel das Feuerelement zu- oder abnimmt.‹«

> ### *Konstitutionstypen nach Hippokrates und Hermes Trismegistos*
>
> - Der Sanguiniker (Lufttyp), der intellektuelle Optimist.
> - Der Choleriker (Feuertyp), der energiegeladene Willens-mensch.
> - Der Phlegmatiker (Wassertyp), der weiche Gefühlsmensch.
> - Der Melancholiker (Erdtyp), der schwere Tatmensch.

Im antiken Griechenland griff der große Arzt Hippokrates diese der westlichen Astrologie zu Grunde liegende Gliede-rung wieder auf, indem er die vier Temperamente unterschied, von denen Sie wahrscheinlich schon in der Schule gehört ha-ben. Sie heißen sanguinisch, cholerisch, phlegmatisch und melancholisch.

Die indische Lehre vom Leben – Ayurveda – verwendet die-selben vier Elemente, und für so manchen indischen Arzt sind sie noch heute in Diagnose und Therapien allein maß-gebend. Die ayurvedische Hauptrichtung hat die Elemente jedoch mit dem fünften Element Äther, dem Raum, in dem sich alles abspielt, zusammen in drei so genannten Doshas (Prinzipien) arrangiert, mit denen sie meist arbeitet. Die ver-schiedenen Konstitutionstypen ergeben sich hier wie dort aus der Kombination der vier respektive drei Grundprinzi-pien. Die drei Doshas lauten:

- Vata   (Äther und Luft),
- Pitta   (Feuer im Wasser),
- Kapha   (Wasser und Erde).

Luft, Feuer, Wasser, Erde

Das Praktische der Verwendung der vier Elemente ist, dass Sie bereits sehr viel über sie wissen. Alles, was Sie umgangssprachlich damit verbinden, entspricht auch der Bedeutung in der astrologischen Typisierung des Menschen. Und Sie müssen keineswegs Astrologie studieren, Sie können allein mit den vier Elementen und ihren wechselnden Anteilen an Ihrer Konstitution bereits die entscheidenden Schritte zu Ihrer Kraftentfaltung und Harmonisierung gehen.

Hinweisen möchte ich Sie auch darauf, dass ich Ihnen hier zunächst reine, »ideale« Typen vorstelle, die so extrem kaum vorkommen. Die meisten Menschen sind Mischtypen aus allen vier Elementen. Häufig herrschen jedoch ein oder zwei Elemente vor oder sind extrem unterrepräsentiert. Der Reiz des Lebens besteht in der inneren Ungereimtheit, die sich daraus ergibt, dass sich widerstreitende Eigenschaften zur Kooperation gezwungen werden. Es ist so, wie es in Goethes *Faust* zum Ausdruck gebracht wird: »Zwei Seelen wohnen, ach, in meiner Brust.«

Grundeigenschaften der Elemente

Luft	*Feuer*	*Wasser*	*Erde*
leicht	leicht	schwer	schwer
trocken	trocken	nass	trocken
kalt	heiß	kalt	kalt

Das Luftelement

Fühlen Sie sich manchmal unsicher und zu leicht? Friert es Sie häufig an Händen und Füßen? Sind Ihre Nasenschleimhäute und Ihre Haut trocken? Ist Ihr Haar dünn und neigt zu gespaltenen Enden? Leiden Sie an Blähungen und Verstopfung? –

Wenn all dies zutrifft, dann hat das Luftelement starken Anteil an Ihrer Konstitution, denn seine Grundeigenschaften sind leicht, trocken und kalt. Und um es gleich vorwegzunehmen: Wenn Sie so veranlagt sind, dann ist es nicht ratsam, sich mit viel Obst noch mehr zu kühlen und »leicht« zu machen; dann macht man lieber in warmen Ländern Urlaub und verwendet ein gutes Öl zur Hautpflege. So einfach kann diese Methode manchmal funktionieren!

Lufttypen

Shirley MacLaine   *Woody Allen*

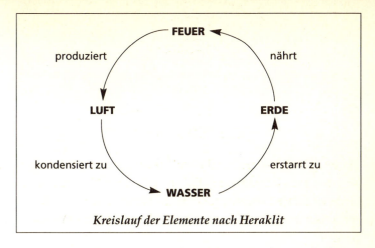

Kreislauf der Elemente nach Heraklit

»Luftige« Menschen sind besonders begabt, zu denken – dies betrifft alle Bereiche, von der Wissenschaft bis hin zu Fantasien und Tagträumen. Es sind die Menschen, die mit Wort und Schrift hervorragend umgehen können und deshalb als Journalisten, Schriftsteller, Lehrer, Unterhändler und Vertreter die Kommunikation zwischen den Menschen gestalten. Sie sind deshalb sehr gesellig, stets an allem und jedem interessiert, sehr anregend und ständig auf der Suche nach neuen geistigen Stimulanzien. Fairness, Toleranz und Gerechtigkeit gehen ihnen über alles. Sie wollen die optimalen menschlichen Umgangsformen ergründen und durchsetzen. Sie sind durch und durch demokratisch und der Ansicht, dass Standes- und Rassenunterschiede nicht zählen. Wenn es nach ihnen ginge, gäbe es keinen Fanatismus und keine Glaubenskriege.

Wenn Sie der Ansicht sind, durch ein liebevolles, aber sachliches Gespräch unter vier Augen lassen sich alle, sogar die intimsten Probleme lösen, dann liegt Ihnen das Luftelement nahe. Wenn Sie erst ein neuartiges Konzept entwickeln, bevor Sie ein Projekt beginnen, statt sich wie die Feuertypen risikobereit ins Abenteuer zu stürzen, wie die Erdtypen aus Sicherheitsgründen Altbewährtes aufzutischen oder wie die Wassertypen erst einmal in sich hineinzuspüren, ob Sie sich dabei auch körperlich und emotional wohl fühlen werden, dann spielt bei Ihnen das Luftelement eine wichtige Rolle.

Für Lufttypen ist es generell schwierig, mit den eigenen Gefühlen in Kontakt zu kommen, deshalb können sie in Problemsituationen auch häufig die Gefühle anderer nicht recht einschätzen. Stattdessen sind sie meist abgehoben, »verkopft«, in den Wolken, und ihre Fähigkeit, zu kommunizieren, zu diskutieren und zu formulieren, hilft ihnen wenig, wenn das Gegenüber kein Luft-, sondern etwa ein Wassertyp ist, für den Gefühle alles sind. Deshalb erscheinen Lufttypen häufig eher etwas oberflächlich, abgehoben und kühl-distanziert.

Lufttypen erkennen Sie auch daran, dass sie häufig nachts nicht schlafen können und sich dann im Bett wälzen und sich Sorgen machen, Sorgen um Nichtigkeiten, um Dinge, die andere Menschen kaum beunruhigen würden. Schließlich haben Sie wahrscheinlich einen hohen Luftanteil, wenn Sie sich häufig unfair und ungerecht behandelt fühlen. Besonders bei Kindern fällt das auf, wenn sie aus der Schule nach Hause kommen und sich über den Lehrer beklagen.

Leitbegriffe der vier Elemente

Luft	Feuer	Wasser	Erde
Denken	Wollen	Fühlen	Handeln
Harmonie	Vision	Wahrheit	Realität
Fairness	Impuls	Anziehung	Ausdauer
gesellig	leidenschaftlich	romantisch	moralisch
tolerant	zielstrebig	verschmelzend	verlässlich
anregend	initiierend	ausschmückend	durchführend

Das Feuerelement

Fühlen Sie sich manchmal so selbstsicher und sind Sie so begeistert, dass Sie leicht über alle Bedenken anderer hinweggehen? Sind Sie manchmal so stürmisch und erhitzt, dass ein ganzer Maßkrug mit Bier nicht ausreicht, um Ihre trockene Kehle zu netzen? Erleben Sie sich manchmal so leidenschaftlich und heißblütig, dass Sie die (den) Angebetete(n) im Sturm erobern? – Wenn dies zutrifft, dann brennt in Ihnen ein hoher Anteil Feuer, denn die Grundeigenschaften dieses Elements sind leicht, trocken und heiß.

Feuertypen
Margarethe Schreinemakers   *Patrick Swayze*

Im Feuerelement finden Sie auch die selbstständigen Geschäftsleute, die sich mutig, mit viel Kampfgeist, spitzen Ellenbogen und Idealismus gleichsam aus dem Nichts eine eigene, unabhängige Existenz aufbauen; Sie treffen auf die Hasardeure, Spieler, die durch ihre gewagten Spekulationen ein seriöses Bankhaus in der Londoner City in den Bankrott treiben; hier sind alle zu Hause, die im Geschäftsleben eher skrupellos und mit höchstem Risiko auf den eigenen Erfolg gebucht sind.

Kennen Sie Menschen, die alle naselang neue Projekte starten, ohne je den Ausgang abzuwarten oder nach den finanziellen Folgen zu fragen? Haben Sie nicht schon einmal jemanden getroffen, der Ihnen ein fantastisches Angebot macht, sagen wir zum Beispiel, dass er im kommenden Jahr 10.000 Exemplare Ihres Buches in Reformhäusern und Naturkostläden an den Mann bringt? Jemanden, der so überzeugend, schwungvoll und begeisternd spricht, dass Sie glatt eine neue Auflage drucken? Wenn Sie dann nach Verlauf des Jahres und nur 1200 verkauften Büchern (ohne dass Sie bisher auch nur einen Pfennig davon gesehen hätten) nachhaken, eine Erklärung verlangen und lediglich hören: »Ich hab mich nach Kräften angestrengt und Ihnen doch wertvolle Kontakte geschaffen«, dann wissen Sie, dass Sie einem Super-Feuertyp aufgesessen sind, der wieder mal mehr versprochen hat, als er halten kann. Sie können sich glücklich schätzen, wenn Sie jemals Ihr Geld erhalten, denn dieses ist inzwischen mit Sicherheit unwiederbringlich in seinen Lebensunterhalt oder ein neues Projekt geflossen.

Wenn Sie dazu neigen, impulsiv, »aus dem Bauch heraus« zu reagieren, oder mit starkem Willen und zielstrebig Ihr Leben so einrichten, dass es ganz auf Ihrer eigenen Energie und Vision aufbaut, dann können Sie mit ziemlicher Sicherheit davon ausgehen, dass Sie ein Feuertyp sind. Sie lieben hierarchische Strukturen. Sie können zum Beispiel dem eigenen Chef loyal ergeben sein und zugleich nach unten gnadenlos befehlen. Hier besteht ein besonders krasser Unterschied zum demokratisch orientierten Luftelement. Feuertypen erkennen Sie auch daran, dass sie sich besonders häufig ärgern, eher zornig und eifersüchtig sind als andere Menschen. Was Wunder – außer ihnen gibt es halt leider noch andere Feuertypen, die ebenso oder gar noch willensstärker sind als sie und deshalb die Nase vorn haben!

Das Wasserelement

Fühlen Sie sich manchmal schwer und phlegmatisch? Neigen Sie zu Schleimansammlungen im Körper (etwa in den Bronchien oder in den Nebenhöhlen)? Fühlen Sie sich klamm bis feucht an? Frieren Sie leicht und fühlen Sie sich nur wohl, wenn es warm ist? – Wenn dies zutrifft, dann haben Sie einen hohen Anteil des Wasserelements in Ihrer Konstitution, denn dessen Grundeigenschaften sind schwer, nass und kalt. Der Begriff »phlegmatisch« rekrutiert sich aus dem Wort *phlegma*, was im Griechischen so viel bedeutet wie »Schleim«.

Stellen Sie sich vor, es klingelt das Telefon. Sie heben ab, und am anderen Ende spricht eine Person mit voller, aber eintöniger Stimme, ohne sich durch Ihre Einwände auch nur im Geringsten davon abhalten zu lassen. Nach einer Viertel-

---

Elemente und emotionale Probleme

- **Luft:** Angst (grundlos, unreal), Unsicherheit, Furcht (starke Angst), Sorgen, Panik.
- **Feuer:** Ärger, Neid, Zorn, Stolz, Eifersucht, Rechthaberei, Aggressivität.
- **Wasser:** Schmerz, Kummer, Trauer, Verführbarkeit, Verhaftung, Klammern, Begehren, Sehnen, Süchte, Lust, Perversionen, Hörigkeit.
- **Erde:** Skeptizismus, Zynismus, Gewissensbisse, materielle Habsucht, Sturheit, Depression, Phobie, Paranoia, Wahnvorstellung.

stunde wagen Sie es vielleicht, energisch zu erklären, dass Sie soeben mitten in einer wichtigen Besprechung sind. Die Stimme wird nach einem kurzen »Ach ja« weiterreden und sich schließlich nur dadurch stoppen lassen, dass Sie genervt auflegen. An einem solchen Verhalten erkennen Sie das Wasserelement: Es fließt und fließt und fließt unaufhörlich. Luftige Personen können auch sehr viel sprechen, erkundigen sich jedoch vorher oder zwischendurch, ob sie stören. Luftmenschen beachten gesellschaftliche Grenzen, Wassertypen schwappen wie eine große Welle darüber hinweg.

Wenn Sie an Krankenschwestern denken, die vor lauter Opferbereitschaft mit ihren Patienten mitleiden, an Mütter, die ein Kind nach dem anderen gebären, an Gastwirte, die ihren Gästen ein Gefühl von Geborgenheit und Zuhause bieten, an Innenarchitekten, die für ein schönes Ambiente sorgen, an Psychologen, die sich in ihre Klienten hineinfühlen können, an beleibte Damen, deren ungeweinte Tränen sich in Wasseranspeicherungen im Gewebe äußern, sodass man blaue Flecken noch nach Tagen sieht, an abgrundtiefe Seuf-

Wassertypen

Ornella Muti **Orson Welles**

Persönlichkeitseigenschaften

Luft	Feuer	Wasser	Erde
furchtsam	tapfer	bequem	pflichtbewusst
unentschlossen	zielstrebig	rücksichtsvoll	entschlossen
gesellig	schüchtern	besitzergreifend	reserviert
erfinderisch	risikofreudig	lustbetont	sinnenfroh
tolerant	parteiisch	hilfsbereit	verantwortlich
liberal	polarisiert	familienbewusst	konservativ
ausgleichend	leidenschaftlich	einfühlsam	distanziert
urteilsscheu	selbstbewusst	beschützend	rechtsbewusst
liebt Gleichheit	liebt Virtuosität	liebt Tiefe	liebt Ergebnisse
Demokratie	Hierarchie	Humanität	Recht, Ordnung
horizontal	aufbrausend	tief gehend	lang andauernd
stimulierend	aufregend	beruhigend	festigend
ideell	idealistisch	liebevoll	prinzipientreu
unverbindlich	engagiert	sehr verbindlich	sachlich
argumentativ	dominant	manipulativ	einbindend
anregend	begeisternd	verstrickend	warnend

zer, an nostalgisches Träumen vom verflossenen Liebhaber, an ein endloses Vorspiel bei der »Liebe«, an die magische Anziehungskraft tiefen Gefühlsreichtums, an romantische Affären, an verschmelzende Paare, an blumig ausgeschmückte, aber unrealistische Berichte und an den Wunsch, auf allen Gebieten möglichst intensiv in die Tiefe zu gehen, dann wissen Sie, was das Wasserelement ausmacht.

Menschen des Wasserelements mangelt es oft an der Antriebskraft und dem Selbstbewusstsein des Feuers, der rationalen Beweglichkeit der Luft oder dem verbissenen Ehrgeiz der Erde, um ihre Vorstellungen mitteilen zu können. Sie scheuen sich in ihrer Verletzlichkeit aus Angst vor Schmerz auch häufig, sich anderen zu offenbaren und Gefühle zu zeigen. Man kann sie leicht manipulieren, sie selbst sind jedoch auch sehr geschickte Manipulateure (etwa durch Liebesentzug!). Sie können zu sehr in ihre Gefühle verstrickt sein, um die Realität begreifen und angemessen handeln zu können. Wassertypen erkennen Sie daran, dass sie besonders starke, tief verwurzelte Wünsche und Begierden in allen Lebensbereichen aufweisen. Hier sind die Süchte zu Hause, Süchte nach Essen, Luxus, Sex, Abhängigkeit, Macht, Geld und Drogen.

Das Erdelement

Fühlen Sie sich öfters schwer, depressiv, niedergedrückt und traurig? Sind Sie eher ein trockener, sachlicher, vernünftiger Typ mit trockenem oder gar ironischem Humor und Vorliebe für das Nützliche? Können Sie kalt und abweisend sein, weil sich Ihr Gegenüber nicht den Regeln entsprechend benimmt oder sein Versprechen nicht eingehalten hat (auch wenn er für dieses Verhalten triftige Gründe vorbringt und an Ihr Mitgefühl appelliert?) – Falls dies zutrifft, dann haben Sie eine Betonung des Erdelements in Ihrer Konstitution, denn dessen Grundeigenschaften sind schwer, trocken und kalt.

Wenn Sie vor einer Reise erst einmal eine Gepäckversicherung abschließen und tagelang Prospekte und Fahrpläne studieren, wenn Sie Ihre Wohnung am liebsten mit echten Teppichen und Antiquitäten einrichten, wenn Sie konservativ oder gar nationalistisch, fundamentalistisch und wenig flexibel denken, wenn Sie nach der Devise speisen: »Was der Bauer nicht kennt, das isst er nicht«, wenn Sie statt Schnittblumen lieber einen Blumentopf oder gar ein Buch oder eine CD als Geschenk mitbringen, weil die länger halten, wenn Sie unumstößliche Prinzipien und klar definierte Tätigkeitsbereiche und Routine lieben, dann stehen Sie vielleicht dem Erdelement näher, als Ihnen lieb ist.

Das Erdelement ist ähnlich introvertiert und konservativ wie das Wasser. Die Eigenschaften des Erdelements in Reinkultur können Sie sich vorstellen, wenn Sie an Praktiker denken, die mit beiden Beinen fest auf dieser Erde stehen – man sagt: Sie sind gut geerdet –, an »preußische« Beamte, die um fünf Uhr bei Dienstende ihren Schalter schließen, auch wenn davor noch zwei Antragsteller seit Ewigkeiten warten, an Autofahrer, die an Straßenbaustellen mit Geschwindigkeitsbeschränkungen auch nachts um drei Uhr, wenn weit und breit keine Menschenseele und kein »Starenkasten« zu sehen sind, noch die Beschränkung einhalten, an Wissenschaftler, die Versuchsreihen im Labor über Jahrzehnte hin durchziehen, an die »Sittenpolizei« mit dem Gesetzbuch unter dem Arm oder die Ordensschwester mit erhobenem Zeigefinger, an geordnete, solide Verhältnisse, an einen geregelten Tagesablauf, an hervorragende Organisation, an Besitz, Ansehen, Recht und Ordnung.

Erdtypen haben die niedrigste Risikobereitschaft und den höchsten Überlebensinstinkt, sie zeigen einen ausgeprägten

Erdtypen
Margaret Thatcher   *Konrad Adenauer*

Eigenschaften der Elementpaare

Luft und Feuer	Wasser und Erde
Männlich.	Weiblich.
Aktiv.	Passiv.
Extravertiert.	Introvertiert.
Hell.	Dunkel.
Ausdehnend.	Zusammenziehend.
Yang (zentrifugal).	Yin (zentripetal).
Rechte Körperhälfte.	Linke Körperhälfte.
Vorausschauend.	Rückblickend.
Oberflächlich.	Tiefgründig.
Heiter.	Ernst.
Sonne.	Mond.

Sinn für Sicherheit und die materielle Realität. Was sie machen, tun sie bedachtsam, stetig oder rhythmisch, und das Ergebnis hat Hand und Fuß. Eine Reihe von ihnen (die Stiere) haben einen Sinn für Schönheit und alle Freuden, die uns die fünf Sinne schenken. Ihre sinnliche Genussfähigkeit strahlt Gemütlichkeit und Ruhe aus. Generell haben Erdtypen wenig Sinn für das Flüchtige, Unsichtbare, Übersinnliche, Esoterische, Okkulte. Wenn man eine Statistik über Besucher von Esoterikmessen anlegte, dann wären Erdmenschen sicherlich in der Minderzahl.

Erdtypen erkennen Sie auch daran, dass es sich um Personen handelt, die bemerkenswert stur sein können. Wenn sie sich einmal etwas in den Kopf gesetzt haben – und das geschieht nicht leicht –, dann sind sie so schnell nicht mehr davon abzubringen. Der Lufttyp ändert häufig seine Meinungen, weil diese niemals tief in ihm verankert sind, er nimmt die Dinge des Lebens nicht so schwer, und wenn er eine neue Idee verstanden hat und schätzt, bedeutet dies noch lange nicht, dass er sie von nun an auch regelmäßig umsetzt. Anders der Erdtyp: Bei ihm ist vieles sozusagen in Stein gemeißelt; das lässt sich verständlicherweise nicht so leicht entfernen oder ersetzen, und es zwingt ihn geradezu, die Konsequenzen daraus zu ziehen.

Die Wertschätzung der Elemente in der Gesellschaft

Unsere Gesellschaft schätzt das *Erdelement* am meisten, da es am wenigsten zu Veränderungen und Widerstand neigt und Zuverlässigkeit, Gesetzestreue, Verlässlichkeit und Ausdauer unterstützt. Die Menschen des Erdelements bilden vielfach die »Stützen der Gesellschaft«! Hier gibt's scheinbar die allseits erwünschte Sicherheit! Hier finden wir die Staatsmänner, welche die Verantwortung für eine ganze Nation auf ihre Schultern laden (zum Beispiel Abraham Lincoln, Konrad Adenauer, Margaret Thatcher).

Erdtypen sind in ihrer Grundstruktur am ehesten materialistisch, fragen danach, was bei einem Projekt in Heller und Pfennig herausspringt, sind dementsprechend die Garanten für wirtschaftlichen Dauererfolg und deshalb im Wirtschaftsleben sehr geschätzt. Dass sie in ihrer Erdigkeit im Laufe des Lebens immer schwerer, unbeweglicher und halsstarrig-sturer werden, weil sie innerlich besonders stark zu Verschlackung (besonders Verkalkung) neigen, wird meist lieber hingenommen, als die Nachteile der anderen Elemente akzeptiert werden.

Das *Luftelement* wird geschätzt, weil diese Menschen »pflegeleicht« sind: freundlich, optimistisch, verbindend und immer voller guter Ideen. Selbst wenn der Herr Professor zerstreut ist und wieder einmal seine Brille nicht findet, die er auf der Nase trägt, lächelt man schlimmstenfalls über ihn, schätzt ihn aber weiterhin wegen seiner wissenschaftlichen Leistungen. Der Lufttyp fällt erst dann durch das Raster gesellschaftlicher Normen, wenn er zu luftig, also zu extravagant, zu individualistisch, zu flippig, zu wenig greifbar und verlässlich wird. Das Hauptproblem für die Lufttypen in der heutigen Zivilisation ist die Tatsache, dass sie nicht wie die Erdtypen in Stresssituationen der sprichwörtliche Fels in der Brandung sind, sondern am ehesten zusammenbrechen. Sie leiden auch am meisten unter Umweltverschmutzung, Elektrosmog, Mikrowellen, Funkwellen etc. Ihre Arbeitskraft ist also weniger berechenbar, ihr Einsatz weniger vorhersehbar als derjenige des Erdelements.

Mit dem *Feuerelement* wird das etwas kritischer, denn eigener Wille und Durchsetzungskraft werden nur so lange geduldet, wie sich die betreffende Person innerhalb der allgemein üblichen Ansichten bewegt. Wehe aber, wenn jemand wirklich Zivilcourage entwickelt, Missstände anprangert, unbequeme Wahrheiten verkündet oder zum Beispiel mit alternativen Heilmethoden (zu denen ihn ein Lufttyp angeregt hat) überdurchschnittlich Erfolg hat. In solchen Fällen ist es schon vorgekommen, dass die pharmazeutische Industrie oder die Ärzteschaft ihr Auskommen bedroht sah und die konservative Seite schnell eine Rufmordkampagne startete. Leicht weist man dem Feuertyp eine Ungenauigkeit oder lockeren Umgang mit gesetzlichen Vorschriften nach, und weg ist er vom Fenster.

Außerdem: Wer möchte schon als Choleriker verschrien sein, als der Chef, der schon wieder herumbrüllt? Wer wagt es, sich mit einer eigenen Meinung zu exponieren? Wer vermeidet nicht um der lieben Harmonie willen am liebsten jeden Streit? Unterdrücktes Feuer ist deshalb weit verbreitet und so auch das damit verbundene Leiden, vor allem ein Verdauungsproblem und die daraus resultierenden Gebrechen, von denen noch zu sprechen sein wird.

Noch schwerer haben es die *Wassertypen*. Wer möchte schon als »Heulsuse« oder »Gefühlsdusel« bekannt sein oder Beschwerden hören wie: »Mein Gott, bist du schon wieder emotional« oder »empfindlich«? Sich öffnen birgt die Gefahr der Verletzung, und so verdrängen die meisten Menschen ihre Gefühle – ihr Wasserelement. Dies aber hat schwer wiegende körperliche Folgen, von denen die Gewichtszunahme mit all ihren Folgen die bekannteste und am weitesten verbreitete ist.

Auch denkt man in einer Kultur, die Profitmaximierung auf ihre Fahnen geschrieben hat, zuerst an Sachliches, Logisches und Regelmäßiges statt an Schönes, Lustvolles und Launisches. Dennoch können die Wassertypen ihren Platz in der Gesellschaft finden, denn im privaten und mitmenschlichen Umgang nehmen Attribute wie Mitgefühl, Geborgenheit und ein nährendes Wesen höchsten Stellenwert ein. Und inzwischen hat sich sogar herumgesprochen, dass ein angenehmes Arbeitsklima und eine ästhetische Umgebung zum Beispiel im Büro durchaus die Produktivität steigern.

Elemente und Motivation

Wenn Sie jemanden zur Mitarbeit motivieren wollen, dann locken Sie einen *Lufttyp* am leichtesten in eine Firma, die eigentlich noch nicht recht existiert bzw. die soeben erst gegründet wird, in eine reine Ideenschmiede, in der neue, ausgefallene und nie gedachte Konzepte in Teamarbeit entwickelt werden sollen, in einen Betrieb, in dem es keine festen Strukturen, aber viele flexible junge Leute, einen lockeren Umgangston, viel Mitspracherecht und eine gleitende Arbeitszeit gibt, die große Freiheiten ermöglicht. – *Motivation durch Aussicht auf Freiheit und mentale Stimulation.*

Wenn Sie den *Feuertyp* gewinnen wollen, dann weisen Sie darauf hin, dass in dem Betrieb ein außergewöhnlich zielstrebiger Teamgeist herrscht, dass es eine erfolgreiche Fußballmannschaft gibt, dass es sich um eine Firma handelt, die zum Beispiel in entlegenen Gegenden Neuland erschließt, Abenteuerurlaub organisiert oder spezielle, besonders gefährliche Brände löscht. – *Motivation durch Aussicht auf Wettkampf und Abenteuer.*

Sie locken einen Feuertyp auch dadurch in einen Betrieb, indem Sie ihm klar machen, dass er dort unbedingt gebraucht wird, ja, dass er der Einzige ist, der diese Firma in diesen kritischen Zeiten vor dem Ruin retten kann. – *Motivation durch Schmeichelung seines gesteigerten Selbstbewusstseins.*

Einen *Wassertyp* bekommen Sie am ehesten in einen Betrieb, wenn es sich um eine Firma handelt, die zum Beispiel Produkte herstellt, welche Waisenkindern in Afrika helfen. – *Motivation durch grenzenloses Mitgefühl.*

Auch wenn Sie versichern können, dass es im Betrieb viele hübsche, attraktive, junge, ledige Menschen gibt, haben Sie ihn gewonnen. – *Motivation durch Sehnsucht und Aussicht auf Sex.*

Einem *Erdtyp* schließlich werden Sie eine Firma vorstellen, die seit 250 Jahren besteht und seither stets das Gleiche produziert hat, Produkte, die jedermann selbst in Notzeiten braucht und kauft; Sie werden ihm klar machen, dass es sich um einen bombensicheren Job handelt, auch deshalb, weil das Unternehmen eine eigene Pensionskasse besitzt und schon immer völlig schuldenfrei war. – *Motivation durch Aussicht auf Sicherheit und Routine.*

Elemente, Lebensalter
und der menschliche Körper

Was verbinden Sie mit den Begriffen Babyspeck, Sturm-und-Drang-Zeit, Altersabsicherung und Vergesslichkeit? Diese scheinbar unzusammenhängenden Begriffe geben an, welche Elemente unabhängig vom individuellen Elementekostüm im Laufe des Lebens vorherrschen: Wasser, Feuer, Erde, Luft. In den ersten etwa fünfzehn Jahren herrscht das Element Wasser vor, denn es steht für Wachstum und Vitalität (auch für Fruchtbarkeit, Fortpflanzung, Langlebigkeit, das Lymphsystem und die Instinkte). In den ersten Lebensjahren befindet sich das Baby in seiner oralen Phase – das Wasserelement ist besonders mit dem Schmecken und dem Mund verbunden. Auch das Erdelement ist während dieses Lebensabschnittes stärker vertreten, denn es begünstigt das Knochenwachstum, also Struktur und Stabilität im Körper. Das Erdelement hat besonders mit dem Riechen und der Nase zu tun. Wenn Sie zu den Menschen gehören, die den Geruch von feuchter Erde besonders lieben, und wenn Gerüche in Ihnen sehr stark Erinnerungen an frühere Situationen wecken, dann haben Sie ein betontes Erdelement.

Von fünfzehn bis Mitte dreißig verstärkt sich bei den meisten Menschen das Feuerelement, das unter anderem für Muskelarbeit und Wärmehaushalt steht. In dieser Zeit erobern die Menschen mit feurigem Willenseinsatz ihre Welt, suchen das Abenteuer und einen Lebenspartner und bauen sich im Kampf mit der Umwelt eine eigene Existenz auf. Jetzt haben sie in der Regel auch die wenigsten Verdauungsprobleme, es sei denn, sie unterdrücken ihr Feuer. In dem Alter hat man noch Visionen, wie man die Welt nach eigenen

> ### Elemente und menschlicher Körper
>
> - *Luft:* Alterung, Atmung, Bewegung, Gänge, Hohlräume, Koordination, Nerven, Röhren, Sprache, Unfruchtbarkeit.
> - *Feuer:* Beweglichkeit, Entgiftung, Enzyme, Jugendlichkeit, Muskeln, Verdauung, Verdauungssäfte, Wärmeproduktion.
> - *Wasser:* Fortpflanzung, Fruchtbarkeit, Kühlung, Langlebigkeit, Lymphsystem, Schleim, Schmierung, Wachstum.
> - *Erde:* Festigkeit, Fett, Haut, Knochen, Knorpel, Mineralgehalt, Nägel, Sehnen, Verschlackung, Wachstum, Zähne.

Wünschen gestalten möchte – das Feuerelement steht ganz besonders für die Augen und die Sehkraft. Von etwa 35 bis zirka 65 Jahren herrscht das Erdelement vor. Die Menschen dieses Alters denken an den Ausbau und die Absicherung ihres Besitzes und ihrer Stellung in der Gesellschaft und sorgen für ihr Alter vor. Die persönlichen Absichten werden zunehmend fest gefügt – schließlich hat man ja eigene Erfahrungen gemacht!

Ab 65 Jahren spätestens herrscht bei den meisten Menschen das Luftelement vor, was sich durch Nervosität, Zerstreutheit, Vergesslichkeit, trockene, faltige Haut, ausfallende Haare, brüchige Nägel, Magerkeit, Verstopfung und Blähungen,

> ### Elemente und Sinnesorgane
>
> (*Äther:* hören, Ohren)
> - *Luft:* tasten, Haut.
> - *Feuer:* sehen, Augen.
> - *Wasser:* schmecken, Mund.
> - *Erde:* riechen, Nase.

schwachen Kreislauf etc. bemerkbar macht. Das Luftelement repräsentiert im körperlichen Bereich also Alterssymptome, und deshalb sollte man ganz besonders aufpassen, dass sich das Luftelement nicht über Gebühr verstärkt. Das Luftelement steht natürlich auch für die Atmung und für alle Hohlräume im Körper sowie für Tasten und die Haut; der Lufttyp will »berühren und berührt werden«, und das auf allen Ebenen, in allen Bereichen, am wenigsten allerdings auf dem körperlichen. Das Hören schließlich und die Ohren sind dem fünften Element, dem Äther oder Raum, zugeordnet, mit dem wir hier nicht weiter arbeiten.

Generell kann man sich merken, dass die Eigenschaften der Elemente am besten ausgeprägt sind, wenn ihr Anteil an der Konstitution eines Menschen etwa 40 Prozent nicht überschreitet. Anderenfalls treten unerwünschte körperliche Symptome auf, welche die Eigenschaften der Elemente ungesund übersteigern oder ins Gegenteil verkehren. Zum Beispiel steht das Feuerelement für eine rasche Verdauung, wenn es zu hoch ist, führt das zu Durchfall; andererseits steht das Erdelement für Ausscheidung; wenn es zu hoch ist, führt es jedoch zur Verschlackung.

Elemente, Energiezentren und Drüsen

Die wichtigsten Funktionen im Körper werden von innersekretorischen Drüsen gesteuert. Diese wiederum sind den feinstofflichen Energiezentren des Körpers zugeordnet, den aus der indischen Philosophie bekannten Chakren. Die vier Zentren und Drüsen, die mit den vier Elementen in Verbindung stehen, sind die folgenden:

> ### Elemente, Energiezentren, Drüsen
> - *Erde:* Wurzelzentrum, Nebennieren.
> - *Wasser:* Sakralzentrum, Geschlechtsdrüsen.
> - *Feuer:* Solarplexuszentrum, Bauchspeicheldrüse.
> - *Luft:* Kehlkopfzentrum, Schilddrüse.

- Das *Wurzel-* oder *Basiszentrum,* das am Unterende der Wirbelsäule liegt, entspricht dem Erdelement und den Nebennieren. Durch sie erhalten wir Standfestigkeit und Ausdauer, hier ist unsere Basis, auf der alles aufbaut.
- Das *Sakralzentrum* liegt unterhalb des Nabels und entspricht den Geschlechtsdrüsen und dem Wasserelement. Hier ist der Sitz der Fortpflanzung, der Fruchtbarkeit und der Langlebigkeit.
- Das *Solarplexuszentrum* (das Sonnengeflecht) liegt oberhalb des Nabels im Rippenbogen und entspricht der Bauchspeicheldrüse und dem Feuerelement. Hier werden Verdauung, Willenskraft, Aggressionen etc. gesteuert.
- Das *Kehlkopfzentrum* befindet sich am Hals, entspricht der Schilddrüse und dem Luftelement. Die Schilddrüse steuert den gesamten Stoffwechsel. Wenn dieser »entgleist«, kann es zu erheblichen Beeinträchtigungen im Körper kommen. Störungen im Luftelement und an der Schilddrüse sind zurzeit besonders häufig.

Die Harmonisierung der Konstitution

Das Prinzip der vier Elemente dient beileibe nicht nur der psychologischen Charakteranalyse. Sie sind kosmische Grundenergien, welche symbolisch alles erklären, was es auf dieser Welt gibt, also auch den Beruf, die Partnerschaft, die Gesundheit und die Ernährung. Essen mit den vier Elementen zum Beispiel bedeutet nach meinem Verständnis, dass wir die durch die Elemente charakterisierte Individualität des Einzelnen bei der Auswahl der Speisen berücksichtigen und versuchen, die Nahrung so zu gestalten, dass keines der Elemente extrem unter- oder überrepräsentiert ist. Beides würde nämlich im Laufe der Zeit zu Beschwerden führen. Wir sollten andererseits aber auch erreichen, dass der Mensch sein individuelles, von anderen verschiedenes Potenzial möglichst gut auslebt; das heißt, es ist nicht das Ziel, die Elemente alle gleich stark werden zu lassen. Wenn jemand also das eine oder andere oder auch zwei der Elemente stärker als die Übrigen ausgeprägt hat, dann ist das prinzipiell völlig in Ordnung; wir dürfen und können das nicht gefahrlos nivellieren.

Ist bei einem Menschen in der Anlage ein Element nur schwach entwickelt oder theoretisch überhaupt nicht vorhanden, so heißt das nicht, dass er die damit verbundenen

Eigenschaften gar nicht aufweist. Wenn zum Beispiel das Luftelement unterbetont ist, dann kann man dem Betreffenden keineswegs den Verstand absprechen. Aber Berufe, die ein besonders gutes Denkvermögen erfordern, sind in aller Regel nicht seine Domäne. Diesem Menschen würde ich nicht raten, Wissenschaftler oder Lehrer zu werden; er sollte eher – je nach sonstiger Veranlagung – einen handwerklichen oder helfenden Beruf ausüben (mit dieser Zuordnung ist keinerlei Wertung verbunden).

Aus einem athletischen Körper (Feuer) können Sie keinen schmächtigen Intellektuellen (Luft) machen; ein knochigschwerer Bauer (Erde) lässt sich nicht in einen weichen, gemütvollen Künstler verwandeln. Durch Ernährung und Lebensweise können Sie aber Extreme ausgleichen und Stärken unterstützen, sodass sie optimal zur Entfaltung kommen. Einem extremen Feuertyp etwa, der durch zu große Risikobereitschaft, sprich, durch Leichtsinn und Selbstüberschätzung, einen Autounfall nach dem anderen baut, weil er zu schnell und rücksichtslos fährt, würde ich raten, weniger scharf zu essen, häufig zu schwimmen und mehr Verantwortung und Rücksicht sich selbst und anderen gegenüber zu üben. Wahrscheinlich sollte er im Berufsleben mehr selbstbestimmte Willenskraft ausleben können. Dadurch würde das Feuer nicht unnötig angestachelt, Wasser- und Erdelement aber erführen eine Verstärkung.

Einem extremen Wassertyp würde ich raten, scharf-aromatische Gewürze zu verwenden und so wenig Milch und Milchprodukte wie möglich zu verzehren; das erhöht das Feuerelement, baut die innere Verschleimung ab und verringert das Wasserelement. Ich würde ihm vorschlagen, eine Beschäftigung zu finden, mit der Gefühle ausgedrückt werden können (soziale Berufe, Kunst etc.), und sich mit neuen

Ideen zu beschäftigen. Auf diese Weise kann das Wasserelement richtig verwendet werden und würde sich nicht als Wasserspeicherung im Körper anlagern. Die neuen Ideen würden das Luftelement verstärken.

Die Orientierung an den Elementen geht also auf allen Ebenen gleichzeitig vor. Das ist unbedingt nötig, sonst wäre die Gefahr groß, dass man wieder einmal bei äußerlichen, unbedeutenden Dingen anfängt und nur eine Symptombehandlung durchführt, ohne die tiefere, zu Grunde liegende Ursache einer Krankheit bzw. Imbalance zu berücksichtigen. Wir müssen uns darüber im Klaren sein, dass Heilung allein durch Ernährung oder durch Medikamente nicht möglich ist.

Vorlieben beim Essen

Für den waschechten *Lufttyp* ist Essen eigentlich nicht besonders interessant; er scheint in einer anderen Welt zu leben. Essen ist für ihn eine Ablenkung von seinen Gedankenfeldzügen und bestenfalls ein soziales Ereignis, das er mit Freunden und Bekannten teilt. Dabei spielt aber die Kommunikation die wichtigere Rolle. Am liebsten mag er Knabbereien und Snacks, die er neben der Arbeit futtern kann, zum Beispiel Nüsse oder Salziges oder Saures.

Für den *Feuertyp* ist Essen eine Gelegenheit, seine Bedeutung zum Ausdruck zu bringen: Er isst viel – es steht ihm zu, er kann es sich leisten –, er ist beim Essen unüberhörbar und unübersehbar, und er liebt Scharfes und Tierisches, viel Fett und Protein. Wenn er vorteilhaft entwickelt ist und »löwige« Eigenschaften aufweist, lädt er gern Menschen ein, die er großzügig und wohlwollend bewirtet und häufig ermuntert, noch einmal zuzulangen.

Für *Wassertypen* gehört Essen zu den liebsten Tätigkeiten. Mit Vorliebe essen sie im Bett oder in luxuriöser Umgebung, zum Beispiel bei vornehmen Einladungen oder in exquisiten Restaurants. Sie können durch den Verzehr bestimmter Speisen ihre Gefühle ausdrücken, etwa durch Flüssiges oder Breiiges, neigen jedoch eher dazu, sie durch zu viel Essen zu unterdrücken oder Fehlendes, etwa Zuneigung und Liebe, durch Süßes und generell durch Stärkehaltiges zu ersetzen.

Für viele *Erdtypen* kann Essen nur eine lästige Unterbrechung der Arbeit sein. Ansonsten lieben sie fette und schwere Speisen und schätzen traditionelle, deftige Hausmannskost. Man kann sie am ehesten mit der gutbürgerlichen Küche zufrieden stellen. Die drei Erdzeichen unterscheiden sich jedoch deutlich in Details: Für den Stier ist Essen in erster Linie eine sinnliche Befriedigung, die am besten mit möglichst viel Romantik erfolgen sollte. Für die Jungfrau muss die Verpflegung vor allem gesund sein, und der Steinbock schätzt es besonders, wenn das Essen pünktlich auf den Tisch kommt, die Tischsitten eingehalten werden und das Ganze standesgemäß vornehm und gepflegt abläuft.

Viele Menschen »lieben« ihr Hauptelement und verstärken es dann durch ihr Verhalten über Gebühr. Andere unterdrücken es durch ihr Essverhalten. Nur wenige ernähren sich ausgewogen. Das Essverhalten und die allgemeinen Verhaltensmuster der meisten Menschen haben sich im Elternhaus entwickelt, und dort wurde in der Regel einheitlich gegessen. Die meisten Mütter wollen allen Kindern das gleiche Ernährungsverhalten anerziehen, und zwar ihr eigenes.

Die Grundsätze der Vollwerternährung hingegen gelten in unterschiedlichem Umfang für jeden Menschen, da sie sehr weit gefasst sind und auf Dinge Wert legen, die wirklich jedem nutzen. Gewichtung und Anteil der Einzelbestandteile

> **Die Grundsätze der Vollwerternährung**
>
> - Die Zutaten sollten frisch und unverfälscht sein.
> - Sie sollten möglichst unbelastet, also am besten aus biologischem Anbau stammen.
> - Sie sollten vorzugsweise aus der Region stammen und der Jahreszeit entsprechen.
> - Sie sollten möglichst schonend zubereitet werden.
> - Pflanzliche Lebensmittel sollten überwiegen.
> - Industriell verarbeitete Nahrungsmittel sollten gemieden werden.
> - Schädliche Garverfahren wie Frittieren, langes Braten oder Erhitzen/Kochen im Mikrowellenherd sollten gemieden werden.

an der Gesamternährung, die Zusammensetzung der jeweiligen Mahlzeiten, der Einsatz von Gewürzen und Kräutern und das Essen im Tages- und Jahresablauf sowie nach Wetter und Klima sollten jedoch individuell an den Menschen und seine Situation angepasst werden. Die Vollwerternährung bildet den Rahmen, innerhalb dessen die »harmonische Ernährung« nach den vier Elementen stattfindet.

Die Bestimmung des Körpertyps nach Elementanteilen

Mit der in diesem Buch beschriebenen Methode bestimmt man die individuelle Konstitution zunächst nach dem Geburtshoroskop, am genauesten und zuverlässigsten mit dem Bio*Vitalis-Computerprogramm – das alles berücksichtigt, was ein erfahrener Astrologe aus dem Geburtshoroskop herauslesen kann. Es enthüllt die Grundkonstitution. Es zeigt das Potenzial, das ein Mensch leben sollte, wenn er seiner

Lernaufgabe und seinem Auftrag für Umwelt und Mitmenschen in seinem Leben gerecht werden will. Dieses Potenzial ist aus der Elementekombination ablesbar. Es ist das Resultat von biologischer Vererbung durch die Vorfahren und seelischer Vererbung durch das eigene Karma. Dies ist die Summe der Erfahrungen aus allen früheren Leben. (Die in diesem Buch dargestellten Zusammenhänge und Ratschläge sind auch nachvollziehbar, wenn man nicht von der Reinkarnationslehre überzeugt ist.) Wir sind aufgerufen, unser Potenzial zu entdecken und das zu leben, was wir uns vorgenommen, aber nach der Geburt wieder vergessen haben. Hier besteht eine gewisse Wahlmöglichkeit, hier drückt sich unsere Freiheit als Persönlichkeit aus.

Die meisten Menschen treffen ihre Entscheidungen jedoch eher unbewusst und unter dem Eindruck der Erziehung durch Eltern, Kirche und Staat. Das führt bei sehr vielen zu drastischen Fehlentwicklungen. Sie unterstützen damit häufig Eigenschaften, die nicht zu ihren eigentlichen Stärken und Zielen gehören, sie begeben sich sozusagen auf Abwege, auf denen sie in der Regel weder etwas Bemerkenswertes zu Stande bringen noch der Umwelt einen Dienst erweisen – und sich erst recht nicht ihrer Gesundheit förderlich verhalten. Auf diese Weise können sie ihre Grundkonstitution erheblich verändern bzw. umfunktionieren. Sie bekommen sozusagen Schlagseite; sie geraten aus dem Gleichgewicht, statt mit ihrer individuellen, tatsächlichen Elementekombination in Einklang zu leben. Diese bestimmen Sie mit dem schon genannten Fragebogen und durch den persönlichen Augenschein. Ayurvedische und chinesische Ärzte tun dies per Pulsdiagnose! Das äußere Erscheinungsbild kann sich so weit verändern, dass ein Mensch mit zum Beispiel 50 Prozent Luftanteil im Horoskop, der schlank und beweglich sein sollte, eine massige, schwere, träge, übergewichtige Person wird, weshalb die Auswertung des Fragebogens ein erhebliches Ansteigen des Wasser- und eine ebenso starke Abnahme des Luftelements anzeigt.

Würde der Fragebogen allein nicht auch genügen? Wir müssen doch von dem ausgehen, was vorhanden ist, nicht von Wunschträumen! Wenn man nur kurzfristig Ungleichgewichte kompensieren will, dann genügt der Fragebogen. Will man aber Genaueres herausfinden, sollte man auch das Horoskop verwenden. Es ist nicht schwierig, die Elementekombination daraus zu bestimmen. Wenn man beide hat, kann man leichter entscheiden, welche Ursachen für eine bestimmte Situation ausschlaggebend sind; und so werden dann auch die zu ergreifenden Maßnahmen treffender und sicherer sein. Wenn beispielsweise jemand laut Fragebogen wenig Feuer hat, kann das nämlich zwei verschiedene Sachverhalte aufzeigen: Es kann sein, dass der Betreffende schon von Geburt an wenig Feuer hat; möglicherweise unterdrückt er sein starkes Feuer aber auch nur. Es liegt auf der Hand, dass jeweils unterschiedliche Maßnahmen zu treffen sind.

Man fragt sich natürlich, warum die Menschen nicht das tun, was sie sich vor ihrer Inkarnation vorgenommen haben. Eigentlich sollte man denken, dass es viel mehr Spaß macht und mehr innere Befriedigung bringt, wenn man individuell das tut, worin man am besten ist und dementsprechend viel Erfolg hat. So etwas kann man bei reifen Menschen beobachten. Die meisten fühlen sich jedoch sicherer, wenn sie das tun, was die anderen auch machen, wenn sie sich anpassen und sich so verhalten, wie man es von ihnen verlangt – oder wenn sie ein altes Programm aus früheren Leben noch einmal wiederholen. Wir bekommen in vielen Leben neue Aufgaben. Das bedeutet, wir müssen uns eines Lebensstils be-

Gleichgewicht der Elemente

- Biologische und seelische Vererbung (Karma) bestimmen die Neigungen (den Konstitutionstyp).
- Ungleichgewicht entsteht von Zeit zu Zeit durch:
  - Transite (aktuelle kosmische Energien in Bezug zum Geburtshoroskop),
  - Beziehungen vor allem zu den Mitmenschen, auch zu Tieren,
  - Umweltfaktoren,
  - Ernährung und Lebensstil.
- Ungleichgewicht entsteht in erster Linie durch Verstärkung eines der Elemente.
  - Es ist generell sicherer, das Ungleichgewicht zu korrigieren, indem man das schwächere Element verstärkt, als dass man das stärkere abschwächt.
  - Extremes Ungleichgewicht führt zu Krankheiten; es sollte deshalb rasch abgebaut werden.
  - Durch Nichtbeachten früher Symptome lässt man zu, dass sich die ungleichgewichtigen Muster verstärken; der Zustand wird dadurch schwieriger zu behandeln.

fleißigen und Aufgaben übernehmen, die wir noch nicht kennen. Das schließt ein gewisses Risiko mit ein. Viele Menschen haben vor Neuem und Unbekanntem aber Angst! Theoretisch kann man diese Angst mit dem Willen besiegen. Den meisten Menschen mangelt es jedoch an diesem Willen, denn er setzt ein erhöhtes Maß an Bewusstsein voraus.

Die Wenigsten wissen zutreffende Antworten auf Fragen wie »Wer bin ich?« oder »Woher komme ich?« und »Wohin gehe ich?« Sie sind sich bei ihren meisten Tätigkeiten nicht bewusst, warum sie ausgerechnet dies und nicht etwas anderes tun. Sie sind sich häufig noch nicht einmal im Klaren darüber, was sie überhaupt tun – genauer gesagt: was sie mit dem, was sie tun, gerade bewirken, anrichten! Sie sind über ihren inneren Zustand häufig nicht im Bilde. Sie wissen oft nicht, dass sie gerade aggressiv, schüchtern, traurig oder überheblich sind. Erst der Spiegel des Gegenübers enthüllt ihnen, ›was mit ihnen los ist‹, und das auch nicht immer, weil viele Menschen sich nicht trauen, anderen ehrliches Feedback zu geben. Auch Feuertypen, die ihren starken Willen leben, sind davon nicht ausgenommen, denn ein starker Wille ist noch lange kein freier Wille!

Die menschliche Individualität und Krankheiten

Doch wodurch ist die menschliche Individualität gekennzeichnet, und wo liegen ihre Quellen? Die menschliche Individualität hat mehrere Ausgangspunkte, dabei gebührt der seelischen Vererbung der absolute Vorrang, denn die Seele ist es, die sich Eltern, Geburtsort, Zeit und alle anderen Lebensumstände aussucht, um geplante Dinge im Leben zu lernen und ganz bestimmten Menschen zu begegnen, mit denen sie »etwas zu erledigen« hat. Die menschliche Individualität ergibt sich aus

- der seelischen Vererbung, aus dem, was wir als unsterbliche, immer wieder inkarnierende Seele mitbringen; alle Erfahrungen aus früheren Existenzen werden nach dem Karmagesetz in der Seele gespeichert;
- der biologischen Vererbung, aus dem, was uns die Eltern als biologisches Erbgut mitgeben; hierbei muss bedacht werden, dass Sie sich als Seele die Eltern selbst aussuchen;
- der Erziehung in Kindheit und Jugend, aus dem, was uns Eltern, Priester und andere beibringen, auch hier sollten Sie bedenken, dass Sie den Zeitpunkt der Inkarnation und den Kulturkreis etc. selbst gewählt haben;

- der selbstverantwortlichen Gestaltung des Lebens durch den freien Willen; dies spielt bei den meisten Menschen leider die geringste Rolle.

Ihre menschliche Individualität wird also in erster Linie durch Sie selbst, Ihre Seele bestimmt. Nach der Geburt steht Ihnen dieses Wissen jedoch in der Regel nicht mehr ausreichend zur Verfügung, um es bewusst wahrnehmen zu können. Davon gibt es Ausnahmen.

Die Varianten im Leben zeigt die Übersicht auf Seite 71. Dabei ist es generell sicherer, ein Abweichen von der Grundanlage oder übertriebene, gefährliche Spitzen zu korrigieren, indem man die schwächeren Elemente verstärkt, anstatt das zu stark gewordene zu bekämpfen. Da alle vier Elemente in der Summe immer auf 100 Prozent kommen, werden so unerwünschte Extreme am einfachsten ausgeglichen. Dieses Anheben oder gelegentliche Abschwächen von Elementanteilen sollte auf allen Ebenen – der körperlichen, der gefühlsmäßigen und der mentalen – gleichzeitig erfolgen und sich nach Abbau von vordergründigen Symptomen immer am Grundmuster der Elementeverteilung orientieren. Diese stellt das Potenzial dar und sollte deshalb angestrebt werden.

Krankheit ist extremes Ungleichgewicht, und zwar vor allem zwischen Istzustand und der Grundlage. Wir können das auch esoterisch ausdrücken und frei nach Alice A. Bailey formulieren: Krankheit tritt dann auf, wenn sich Wille und Absicht der Seele (das höhere Selbst) nicht durchsetzen können, weil die Persönlichkeit (das niedere Selbst) es besser zu wissen glaubt. Mit einem Bild können wir sagen: Die Kutsche geht mit den Pferden (der Persönlichkeit) durch, der Kutscher (die Seele) kann sich nicht durchsetzen. In diesem Zustand befindet sich der Großteil der Menschheit. Deshalb

Grundkonstitution und Varianten

- Wir bringen von Geburt an eine gewisse Grundkonstitution mit.
- Diese begleitet uns das gesamte Leben.
- Sie erfährt im Verlauf des Lebens Varianten.
- Sie sind unter anderem altersabhängig.
- Sie spiegeln die sich ständig ändernden kosmischen Energien im Verhältnis zur Anlage wider.
- Sie werden durch die Lebensumstände zum Beispiel in Beruf und Partnerschaft bestimmt.
- Sie ergeben sich aus wechselnden Umweltfaktoren je nach Wohnort, Klima und Witterung.
- Sie werden durch den Lebensstil und die Ernährung geprägt.
- Viele dieser Varianten sind Neben- und Abwege von der vorgesehenen Hauptrichtung.
- Diese bringen trotzdem Erfahrungen, wenn auch häufig schmerzhafte und körperlich ungesunde.
- Wir sollten danach streben, uns im Leben immer wieder in Harmonie mit unserer Grundkonstitution zu bringen.

gibt es so viel Krankheit, Leid und Krieg auf dieser Welt. Die Seele will gleichsam die Persönlichkeit durch das Leid der Krankheit auf den richtigen Kurs lenken.

Dabei dürfen wir jedoch nicht vergessen – und auf diese Tatsache hat Ken Wilber in seinem ausgezeichneten Buch *Mut und Gnade (München 1996)* hingewiesen –, dass wir nicht einfach sagen können, wir seien an allem im Leben selbst (persönlich) schuld. Wir schaffen uns nicht immer unsere eigene Wirklichkeit. Es gibt zum Beispiel durchaus auch Krankheiten, die wir als Teil der Menschheit oder als Bewohner dieses Planeten erleiden, obwohl wir als Individuum ursächlich keinen Anteil daran haben. Wilber sagt sinngemäß: Wir beeinflussen unsere eigene Wirklichkeit (das, was wir als wirklich ansehen). Manchmal tun wir dies sehr massiv, manchmal weniger, und gelegentlich haben wir auch keinen Einfluss.

Das zu leben, was »mensch« sich vorgenommen hat, ist leider nicht einfach und erfordert permanentes Bemühen: Es genügt nicht, ein für alle Mal seine Konstitution zu bestimmen (oder bestimmen zu lassen) und sich dann für den Rest des Lebens danach zu richten. Wir sind aufgerufen, ständig in uns hineinzuspüren und herauszufinden, was unseres Lebens Sinn und Ziel ist. Wir dürfen nicht müde werden, unseren gesamten Lebensstil immer wieder dem neuesten Stand unserer Erkenntnis von uns selbst und unserer Bestimmung anzupassen! Das Leben ist ein immer während Erkenntnis- und Bewusstwerdungsprozess! Eine bestimmte Art von Ernährung, Sportart, Partnerschaft oder Berufstätigkeit kann für eine gewisse Zeit für uns gut sein, bewirkt dann aber, übermäßig lange oder zu streng durchgeführt, das Gegenteil. Übertreibung ist immer kontraproduktiv.

Manche Menschen sind starken inneren Spannungen ausgesetzt, weil sie durch ihre Elementeverteilung erheblich widersprüchliche Eigenschaften besitzen. Dies trifft zum Beispiel auf jemanden zu, dessen Energien von den Elementen Feuer und Wasser dominiert werden. Diese inneren Spannungen werden sich im Leben immer wieder in äußerlichen Stresssituationen manifestieren, die das innere Muster widerspiegeln. Ein solcher Mensch hat etwa einen großen Freiheitsdrang (Feuer) und zugleich den Wunsch nach Geborgenheit und Bindung (Wasser). Diese spannungsgeladene Anlage macht es ihm besonders schwer, eine tiefe Beziehung einzugehen und auf Dauer wertzuschätzen. Wenn eine Partnerin klammert, kommt er in Stress, wenn sie Freiheit und Abwechslung sucht, stört es ihn auch. Schließlich sucht er sich eine Partnerin aus, die ebenfalls beide Eigenschaften hat, nur um dann noch mehr in Stress zu kommen, weil sein Gegenüber ihn selbst ganz und gar spiegelt.

Weiterer Stress ergibt sich, wenn die äußeren Lebensumstände die Entfaltung des Potenzials erschweren! Und da ist es sehr bedeutsam – und ich sage dies jetzt mit Nachdruck, weil ich immer wieder Menschen treffe, welche dies missachten –, dass ich mir zunächst vor allem klar werde, wo mein Hauptstress liegt, und dass ich diesen zuerst beseitige! Zum Beispiel werde ich immer wieder nach den feinsten Einzelheiten in der Ernährung gefragt, etwa, ob Wasser aus einem Destillier- oder Umkehrosmosegerät besser sei. Diese Unterschiede sind so minimal, dass sie eigentlich nur den Fachmann zu interessieren brauchen. Für den Betreffenden liegt aber der Hauptstress nicht im Bereich Trinkwasser, noch nicht einmal in der Ernährung. Er wohnt vielleicht seit dreißig Jahren in einer Wohnung an einer extrem befahrenen Kreuzung, wo er Tag und Nacht durch Abgase und Lärm sehr erheblich belastet wird; oder er lebt in einer zerrütteten Ehe; oder er ist an der falschen Arbeitsstelle gelandet. Dort liegt jeweils sein Hauptstress. Ihn muss er zuerst beseitigen.

Die »Grundregeln« einer gesunden Lebensweise lassen sich also wie folgt formulieren:
- Lernen Sie Ihre Konstitution kennen und orientieren Sie sich daran.
- Lernen Sie Ihren Hauptstress kennen und beseitigen Sie ihn.
- Folgen Sie den Signalen Ihres Körpers.
- Essen Sie nur, wenn Sie Hunger haben.
- Essen Sie nur, worauf Sie wirklich Appetit haben, was Sie mögen.

- Essen Sie frische, vollwertige Speisen.
- Essen Sie so wenig wie möglich; das erhöht die Langlebigkeit.
- Achten Sie darauf, dass Sie sich genährt und befriedigt fühlen.
- Seien Sie liebevoll zu sich selbst und zu Ihrer Umwelt.

Bedenken Sie dabei aber, dass jede Art von Einseitigkeit und Übertreibung schadet, beispielsweise macht viel von etwas Gutem dieses noch lange nicht besser. Alles, was man über den optimalen Zustand (der Harmonie) hinaus weiterführt, kann ins Gegenteil umschlagen. Das bedeutet: Heilnahrung ist noch lange keine Dauernahrung! Die Nahrung, die mir im Rahmen einer Entschlackung oder Abnehmdiät Erfolg gebracht hat oder die mich bei einer schweren Erkrankung vor dem Tode bewahrt hat, muss nicht naturnotwendig das sein, was mir auf Dauer hilft, gesund und munter zu sein. In der Regel benötigen wir auf lange Sicht eine andere Ernährung. Modifizieren Sie also Ihren Lebensstil ständig je nach Gesundheitszustand und Umweltbedingungen, achten Sie auf die Signale Ihres Körpers sowie Ihre innere Stimme und reagieren Sie nicht erst, wenn Sie schon krank sind.

Der Stoffwechsel der vier Grundtypen

Bitte beachten Sie auch, dass der Stoffwechsel der vier Grundtypen sehr unterschiedlich ist, weshalb ich Ihnen in den folgenden Kapiteln unterschiedliche Vorschläge zu Ernährung und Lebensstil mache; das Wort »Verdauung« verwende ich dabei für die Vorgänge des Aufschliessens und Zerlegens der Nahrung in Magen und Dünndarm. Wenn ich Stuhlgang

Vier Typen des Stoffwechsels

- *Luft* ist trocken und kalt (und leicht).
  - Beim luftigen Stoffwechsel überwiegen Verbrennung und Verbrauch.
  - Der Lufttyp hat aber eine häufig wechselnde Verdauungskraft.
  - Diese sollte er durch mild- oder scharf-aromatische Gewürze anregen.
  - Der Lufttyp neigt zu Verstopfung, Blähungen (Dickdarm), abwechselnd mit nervösem Durchfall.
  - Luft regt durch ihren Sauerstoffgehalt alle anderen Elemente an.

- *Feuer* ist trocken und heiß (und leicht).
  - Das Verdauungsfeuer verwandelt das Essen in Nährstoffe und Abfall, es stimuliert den Stoffwechsel, verbraucht und baut Ablagerungen ab: das heißt, es entgiftet und entschlackt.
  - Der Feuertyp neigt zu Durchfall, schwacher Nährstoffaufnahme, Dünndarmbeschwerden und Entzündungen.
  - Luft facht das Feuer an; Feuer begeistert die Luft.

- *Wasser* ist nass und kalt (und schwer).
  - Der wässrige Stoffwechsel tendiert dazu, Vorräte anzulegen.
  - Die Verdauung ist schwach und langsam, die Speisen werden sehr gut ausgenutzt.
  - Die Verdauung wird durch Gewürze und Bitterstoffe angeregt.
  - Der Stuhlgang ist eher träge und fest.

- *Erde* ist trocken und kalt (und schwer).
  - Der erdige Stoffwechsel scheidet den Abfall aus; bei Überwiegen des Erdelements besteht allerdings die Neigung zur Verschlackung, Verkalkung und Steinbildung.
  - Die Verdauung ist langsam, wird behindert, dies führt zu Ablagerungen, Verstopfungen und Blutstau, der Blutdruck steigt, das Herz wird überanstrengt.
  - Der Stuhlgang ist eher hart und voluminös.

meine, dann nenne ich das auch so. Ich sage dies, weil hier oft eine Begriffsverwirrung entsteht.

Die »Verdauung« der Nahrung erfolgt bei den vier Elementvarianten in folgender Form:
- Der *Lufttyp* (Sanguiniker, der intellektuelle Optimist) neigt besonders zur Austrocknung – vor allem der Schleimhäute und der Haut: faltige, trockene, schuppige Haut; trockene, gereizte Schleimhäute, Blähungen, Verstopfung.
- Der *Feuertyp* (Choleriker, der energiegeladene Willensmensch) neigt besonders zur Übersäuerung – vor allem im Unterhautbindegewebe: Ablagerungen von Harnsäure, Phosphorsäure etc., saurer Urin und Speichel.
- Der *Wassertyp* (Phlegmatiker, der weiche Gemüts- und Gefühlsmensch) neigt besonders zur Verschleimung in Stirnhöhlen, Mittelohr, Nase, Hals, Bronchien, Darm etc.: Über den sich bildenden Schleim werden Schadstoffe ausgeschieden, die sich infolge schwacher Verdauung im Körper angesammelt haben.
- Der *Erdtyp* (Melancholiker, der schwere Tatmensch) neigt besonders zur Verschlackung in Unterhautbindegewebe, Muskeln, Gelenken, Organen, Arterien etc.: Ablagerungen von Feststoffen: Mineralien, Kristallen, Schwermetalle, Umweltgifte, Medikamentenreste etc.

Das »Gleichgewicht« der Elemente und die Beachtung des typabhängigen Stoffwechsels spielt ebenfalls eine große Rolle, wenn es darum geht, die Denktätigkeit und das Bewusstsein zu erhöhen. Gehirn- und Nervenfunktionen gehören zum Luftelement, Denken, Meditieren und feinstoffliche Energien verstärken das Luft- und schwächen das Erdelement; die notwendige Erdung und Unterscheidungskraft können verloren gehen. Das wiederum kann den Einzelnen, noch wenig Erfahrenen sehr schnell auf Abwege bringen, die unter Umständen seine Entwicklung unnötig verzögern und so Schmerz und Leid verursachen. Außerdem erzeugt zu viel Luft Alterssymptome wie Nervosität, schlechtes Gedächtnis, Trockenheit, Verstopfung oder Blähungen. Tierische Produkte erden zwar am meisten, stören jedoch mentale Funktionen und Meditation, weil sie den Säuregehalt des Körpers und die Aggressivität steigern. Wenn Sie also Ihr Luftelement stärken, damit Sie besser denken können, dann müssen Sie zugleich darauf achten, dass Sie körperlich weiterhin genug Erde aufweisen, ohne sich zu übersäuern oder zu verschlacken. Denken Sie also immer daran, genügend Obst, Gemüse, Salat und Kräuter zu essen, damit Sie genügend basische Mineralien erhalten, mit Hilfe deren Sie Säuren ausscheiden können.

Der Fragebogen

Damit Sie sich bei den detaillierten Beschreibungen von Ernährung und Lebensstil für die verschiedenen Typen wieder finden, ist es zweckmäßig, wenn Sie erst einmal den folgenden Test machen, bevor Sie weiterlesen. Der Test ist zugleich eine gründliche Erforschung ihrer selbst, und viele meiner Klientinnen und Klienten haben mir bestätigt, dass sie sich noch niemals so intensiv mit sich selbst beschäftigt haben. Das ist jedoch der Sinn der Sache, denn wenn Sie sich selbst nicht kennen, wie wollen Sie dann Ihr Leben so einrichten, wie es wirklich zu Ihnen passt. Sie können diesen Test auch mit Hilfe des Bio*Vitalis-Computerprogramms machen. Für alle, die sich die Methode der Typbestimmung über die vier Elemente aneignen wollen, ist der Fragebogen eine ziemlich vollständige Tabelle aller einschlägigen Eigenschaften.

Bitte kreuzen Sie die Antworten an, die auf Sie wirklich zutreffen; dabei muss jedoch innerhalb einer Antwort nicht immer jedes Detail auf Sie passen. Es kommt generell auf die Trends der letzten ein, zwei Jahre an, nicht auf Gelegentliches, Ausnahmen oder erst jüngst Aufgetretenes. Bitte kreuzen Sie nicht das an, was Ihnen gefällt, nicht das, was Sie gern wären, sondern das, was Sie wirklich sind – in Ihrem eigenen Interesse! Scheuen Sie sich nicht, sich auch wenig schmeichelhafte, negative Eigenschaften zuzugestehen. Seien Sie kompromisslos ehrlich! Niemand außer Ihnen weiß, was Sie angekreuzt haben. Lassen Sie sich Zeit und spüren Sie sorgfältig in sich hinein! Es gab schon Menschen, die haben den Fragebogen in einer halben Stunde ausgefüllt. Dabei ist dann auch nicht viel herausgekommen – außer vielleicht, dass sich zeigte, wie wenig sich die Betreffenden kennen. Doch sich selbst besser kennen zu lernen ist das A und O für unsere Weiterentwicklung.

Gehen Sie nun wie folgt vor:
- Wenn Sie der Meinung sind, dass eine Antwort vollständig oder hundertprozentig und so gut wie immer auf Sie zutrifft, dann geben Sie ihr 3 Punkte.
- Wenn sie im Prinzip schon, aber nicht immer oder nicht in allen Details auf Sie zutrifft, dann geben Sie ihr 2 Punkte.
- Und wenn sie mit häufigeren Ausnahmen und nur teilweise auf Sie zutrifft, dann geben Sie ihr 1 Punkt.
- Falls die Frage überhaupt nicht zutrifft, dann geben Sie ihr 0 Punkte.

Sollten Sie die eine oder andere Frage nicht verstehen oder nicht beantworten können, so ist das kein Beinbruch, denn es sind insgesamt vier Mal 72 Fragen!

A. Das Luftelement

1. Ich bin schlank, dünn oder mager.
2. Ich nehme nur schwer zu, aber leicht ab.
3. Mein Knochenbau ist leicht und feingliedrig.
4. Meine Muskeln fühlen sich stärker an, als sie sind.
5. Meine Haut ist trocken, rau, faltig oder hat braune Flecken.
6. Meine Haut bräunt leicht und bleibt lange braun.
7. Meine Augen sind klein, aktiv und nervös.
8. Meine Haare sind trocken, dünn, brüchig und haben gespaltene Enden.
9. Mein Kopfhaar ist ausgedünnt oder weist kahle Stellen auf.
10. Meine Zähne sind klein, sie waren als Kind unregelmäßig (mussten mit einer Spange reguliert werden).
11. Meine Fingernägel sind spröde, brüchig oder haben Rillen bzw. Dellen.
12. Meine Gelenke sind steif, knacken oder stehen heraus.
13. Mein Kreislauf ist wechselhaft, ich neige zu kalten Händen und Füßen.
14. Mein Puls verändert sich bei Aufregung sehr leicht.
15. Mein Appetit ist schwankend; ich vergesse manchmal zu essen
16. Ich will häufig mehr essen, als ich kann
17. Mein Durst ist schwankend; trinke meist zu wenig.
18. Ich schwitze eher wenig; Hitze macht mir nichts aus.

19. Mein Stuhlgang ist unregelmäßig; aber eher hart und trocken. 1

20. Ich neige zu Verstopfung, Blähungen und/oder nervösem Durchfall. 0

21. Meine Verdauung im Magen ist abwechselnd gut bis schwach. 1

22. Ich neige zu nervös bedingtem Magendrücken. 0

23. Ich reagiere empfindlich auf Kälte, trockene Luft, Schmutz, Lärm und unangenehme Gerüche. 2

24. Ich bin sehr schmerzempfindlich. 2

25. Ich neige zu nervösen Störungen. 0

26. Meine Krankheiten sind wechselhaft und lassen mich eher abmagern. 0

27. Ich habe oder hatte Asthma. 0

28. Ich habe oder hatte Zuckungen bzw. Krämpfe. 0

29. Ich habe oder hatte Allergien. 0

30. Ich habe oder hatte Ischiasbeschwerden. 1

31. Ich habe oder hatte Arthritis. 0

32. Ich bin unfruchtbar. 0

33. Ich fühle mich vorzeitig gealtert. 0

34. Ich baue Unfälle infolge von Unaufmerksamkeit. 0

35. Ich habe Angst vor Vergiftungen. 0

36. Meine Gesamterscheinung ist eher fein und durchlässig. 0

37. Ich bin sexuell schnell erregt, rasch befriedigt und wenig ausdauernd. 1

38. Ich habe sexuell eher ein schwaches Verlangen, aber eine rege Fantasie. 0

39. Meine gedankliche Aktivität ist stark, ruhelos, schnell und beweglich. 2

40. Ich mag Denksport, verabscheue jedoch Konkurrenz-denken. 1

41. Meine körperliche Ausdauer ist eher gering und unkonzentriert. _3_

42. Ich werde durch gesellige und intellektuelle Interessen motiviert. _3_

43. Körperliche Bewegung entspannt mich geistig und beseitigt Nervosität. _2_

44. Mein Schlaf ist leicht und unruhig, ich bin dabei geräuschempfindlich. _0_

45. Ich schlafe schlecht ein und liege nachts zeitweilig wach. _0_

46. Schlaf ist sehr heilend für mich. _3_

47. Ich träume sehr viel, erinnere mich aber an den Inhalt kaum. _3_

48. Ich neige zu Flug- und Albträumen. _1_

49. Mein Langzeitgedächtnis ist eher schwach. _0_

50. Mein Kurzzeitgedächtnis ist gut bei mich interessierenden Fakten. _2_

51. Ich kann Informationen gut aufnehmen, verarbeiten und anwenden. _3_

52. Ich bin zuzeiten abwesend, zerstreut und unkonzentriert. _1_

53. Ich spreche schnell und häufig, versuche aber, nicht zu stören. _3_

54. Ich liebe intellektuelle Gespräche. _3_

55. Meine Stimme ist hoch, hell, dünn oder nervös. _0_

56. Ich habe eine deutliche Abneigung gegen Routine. _2_

57. Ich reagiere flexibel auf Veränderungen. _2_

58. Bei der Arbeit liegt meine Stärke in kreativem Denken, Vorstellungskraft und Fantasie. _2_

59. Ich bin nicht gern allein; ich bin sehr gesellig und sozial aktiv. _1_

60. Fairness, Gerechtigkeit und Freiheit sind mir besonders wichtig. _2_

61. Korrekte oder liebevolle menschliche Beziehungen sind für mich ein besonderes Anliegen. _3_

62. Ich ändere meine Meinung leicht; ich bin der Ansicht: »Alles ist relativ.« _2_

63. Ich bin in erster Linie intellektuell, gedankenbetont, und ich bin fasziniert von Abstraktem. _1_

64. Es geht mir vor allem um das Erfassen der geistigen Zusammenhänge; ich lebe in einer Welt von Ideen. _2_

65. Ich bin eher unentschlossen und nachgiebig. _1_

66. Ich bin flexibel, beweglich, beschwingt und vielseitig. _3_

67. Ich bin sehr für Anpassung und Ausgleich, für Harmonie und Frieden. _3_

68. Ich neige zu Ängstlichkeit, mache mir häufig Sorgen oder fühle mich unsicher. _0_

69. Ich kann manchmal blind vertrauen, neige jedoch zu Zweifeln und Vorbehalten. _0_

70. Mit Geld befriedige ich meine Wünsche nach Wissen (z.B. Bücher) und menschlichen Kontakten. _1_

71. Ich mag Knabbereien und Snacks. _2_

72. Ich verlange nach Salzigem und Saurem. _0_

73 ‗‗‗

B. Das Feuerelement

1. Meine Statur ist eher mittelgroß, gedrungen, kompakt, gut proportioniert und kräftig. _1_

2. Ich nehme leicht zu oder ab. _0_

3. Mein Knochenbau ist mittelstark, kräftig und sehr belastbar. _2_

4. Meine Muskeln sind fest und prall oder athletisch. _0_

5. Mein Teint ist gerötet und hell, und/oder ich habe Sommersprossen. *0*

6. Meine Haut ist warm, geschmeidig und/oder fettig, ölig. *2*

7. Ich werde an der Sonne schnell rot und bin anfällig für Sonnenstich. *0*

8. Meine Augen sind durchdringend, strahlend und manchmal gerötet. *3*

9. Mein Haar ist blond oder rötlich und fein oder leicht fettend. *0*

10. Mein Haar ist frühzeitig grau, oder ich habe frühzeitig eine Glatze. *0*

11. Meine Fingernägel sind stark, deutlich rosa und trocken. *0*

12. Meine Gelenke sind beweglich, trocken oder neigen zu Entzündungen. *1*

13. Mein Kreislauf ist gut bis sehr gut, ich habe meist warme Hände. *1*

14. Mein Puls ist stark, voll und mittelschnell. *1*

15. Mein Appetit ist gleichmäßig groß bis sehr groß. *3*

16. Ich bin irritiert, wenn ich hungrig bin oder nichts zu essen bekomme. *3*

17. Mein Durst ist eher groß. *2*

18. Ich schwitze viel und stark; ich neige zu (starkem) Körpergeruch. *0*

19. Mein Stuhlgang ist regelmäßig, locker, weich, ölig. *0*

20. Ich neige zu Durchfall, besonders in der Hitze, wenn ich körperlich aktiv bin oder nach scharfem Essen. *0*

21. Meine Verdauung im Magen ist gewöhnlich sehr rasch und gut. *0*

22. Ich brauche mir über meine Verdauung keine Gedanken zu machen und kann essen, was ich will. *1*

23. Ich reagiere empfindlich auf heiße Temperaturen und helles Licht. *2*

24. Ich neige zu brennenden Schmerzen. 0

25. Ich neige zu hohem Fieber. 0

26. Meine Krankheiten sind eher akut, entzündlich, infektiös. 3

27. Ich habe oder hatte Gelbsucht und/oder andere Leberstörungen. 0

28. Ich habe Sehstörungen. 0

29.Ich habe Hämorriden. 2

30. Ich habe Akne oder andere Hautunreinheiten und Ausschläge. 2

31. Ich bin übersäuert oder habe Sodbrennen oder ein Magengeschwür. 1

32. Ich neige zu fiebriger Erkältung. 1

33. Ich neige zu Unfällen durch Wagemut und zu hohe Risikobereitschaft. 0

34. Ich mache mir kaum Gedanken über meine Gesundheit. 0

35. Ich liebe handfeste (chirurgische) Behandlungsmethoden und starke Medikamente. 0

36. Meine Gesamterscheinung ist eher unübersehbar, präsent, strahlend. 1

37. Ich bin sexuell wach und bereit und/oder bestimmend. 2

38. Erobern ist für mich wichtiger als der eigentliche Geschlechtsakt. 0

39. Meine körperliche Aktivität ist sehr stark, ich mag Leistungssport. 0

40. Ich liebe Wettkämpfe, Wettbewerb und Teamwork. 0

41. Meine körperliche Ausdauer ist mäßig, besonders bei Hitze. 0

42. Ich werde durch gemeinsame Projekte, Spiel und Sport oder durch außergewöhnliche Führungsaufgaben und Herausforderungen motiviert. 0

84

43. Körperliche Betätigung suche ich, um meine Gefühle abreagieren oder kontrollieren zu können.

44. Mein Schlaf ist wechselhaft bis gut.

45. Ich schlafe schlecht bei Hitze oder Ärger.

46. Meine Träume sind mir meist bewusst, und ich kann mich gut an ihren Inhalt erinnern.

47. Ich habe meist dramatische, farbige Träume, von Hitze und Licht.

48. Mein Gedächtnis ist allgemein gut.

49. Ich erinnere mich besonders an Gefühle, wie mein Empfinden von Recht und Ärger.

50. Ich bin sehr beredsam, überzeugend, begeisternd, motivierend.

51. Ich bin ein sehr guter Redner (Sprecher, Prediger, Politiker, Verkäufer).

52. Meine Stimme ist kräftig bis schneidend, intensiv, mitreißend.

53. Ich mag selbstbestimmte Planung und/oder Routine.

54. Ich setze mich meistens durch, denn ich weiß, was ich will.

55. Ich möchte nicht kritisiert werden, oder ich dulde keinen Widerspruch.

56. Ich werde leicht ungeduldig und gereizt.

57. Ich brause leicht auf, beruhige mich aber schnell wieder.

58. Ich arbeite in leitender Position oder als Selbstständiger.

59. Ich liebe es, neue Vorhaben und Projekte zu beginnen und die Ideen anderer umzusetzen.

60. Ich bin in Beziehungen stürmisch, beschützend und freiheitsliebend.

61. Meine Meinung ist bestimmt, ich teile sie gern mit.

85

62. Ich bin ausgesprochen willensbetont und handle impulsiv, »aus dem Bauch heraus«. 2

63. Ich habe Ideale oder Visionen und handle entsprechend zielgerichtet und engagiert. 0

64. Ich bin ausgesprochen selbstbewusst oder selbstzentriert, gar selbstgerecht und eigenmächtig. 0

65. Ich bin sehr kreativ, gebe Anstöße, motiviere und initiiere. 0

66. Mut, Abenteuerlust und Risikobereitschaft gehören zu meinen besonders ausgeprägten Eigenschaften. 0

67. In Gesellschaft bin ich eher schüchtern, im Konfliktfall eher vorsichtig. 0

68. Ich ärgere mich häufig und/oder bin rechthaberisch, stolz oder eifersüchtig. 1

69. Mein Vertrauen in meine Ziele, Ideale, Visionen oder besondere Menschen ist meist unerschütterlich. 0

70. Mit Geld erfülle ich mir meinen Wunsch nach Selbstausdruck. 0

71. Ich mag tierisch-eiweißreiche Kost, besonders rotes Fleisch. 2

72. Ich esse gerne Scharfes und Gebratenes. 1

5 2

C. Das Wasserelement

1. Ich bin wohlbeleibt, aber nicht eigentlich muskulös, eher mollig oder übergewichtig. 3

2. Ich nehme leicht zu und schwer wieder ab. 2

3. Mein Knochenbau ist nicht besonders kräftig, aber reichlich mit umgebendem Gewebe bepackt. 1

4. Ich bewege mich trotz meiner Körperfülle anmutig und fließend. **0**

5. Mein Gewebe ist locker und schwammig. **2**

6. Blaue Flecken bilden sich bei mir leicht und sind sehr lange zu sehen. **3**

7. Mein Teint ist weiß oder blass bis bläulich oder olivfarben. **1**

8. Meine Haut ist dick, kühl, feucht und geschmeidig. **2**

9. Meine Haut ist anfällig für Sonnenbrand, sie schält sich dann leicht. **0**

10. Meine Augen sind groß, weich und sanft, das Weiße ist besonders weiß. **2**

11. Mein Haar ist dick, wellig, glänzend und sehr reichlich. **3**

12. Mein Haar ist leicht fettend. **0**

13. Meine Zähne sind groß, gut geformt, regelmäßig und besonders weiß. **1**

14. Meine Fingernägel sind stark, biegsam, weich und weiß. **2**

15. Meine Gelenke sind gut geschmiert und beweglich, neigen jedoch dazu, geschwollen zu sein. **1**

16. Mein Kreislauf ist schwach, sogar im Sommer neige ich zu kühlen Händen. **2**

17. Mein Puls ist gleichmäßig, langsam und nicht so schnell aus der Ruhe zu bringen. **2**

18. Mein Appetit ist gering, aber konstant. **0**

19. Ich esse zwar gerne und gut, kann aber Mahlzeiten auslassen. **1**

20. Mein Durst ist mäßig, ich trinke aber meist zu viel. **0**

21. Ich schwitze nur mäßig bis gering. **2**

22. Mein Stuhlgang ist regelmäßig, locker und voluminös. **1**

23. Ich neige zu Kotablagerungen im Darm, was sich in entsprechender Körperfülle zeigt. **2**

24. Meine Verdauung im Magen ist generell langsam und schwach. **2**

25. Ich reagiere empfindlich auf kalte Temperaturen und feuchte Luft.

26. Ich neige zu dumpfen Schmerzen.

27. Ich neige zu lang anhaltendem, niedrigem Fieber.

28. Ich neige zur Ansammlung von Wasser im Gewebe (Ödeme).

29. Ich neige zur Ansammlung von Schleim in Stirn- und Nebenhöhlen, Bronchien, Darm etc.

30. Ich neige zu häufigen Erkältungen – Husten, Schnupfen, Bronchitis etc.

31. Ich neige zur Fettspeicherung im Gewebe.

32. Ich neige zu Antriebslosigkeit, Schläfrigkeit, Bequemlichkeit oder Inaktivität.

33. Ich bin kurzsichtig oder habe Altersdiabetes.

34. Ich habe oder hatte Gallensteine, Zysten, Myome oder Tumoren.

35. Ich schätze sanfte Behandlungsmethoden sowie einfühlsame Ärzte und Heilpraktiker.

36. Meine Gesamterscheinung ist gewichtig, in sich ruhend.

37. Beim Sex bin ich sehr lustbetont und fruchtbar.

38. Beim Sex bin ich sehr ausdauernd, einfühlsam, anschmiegsam und fantasievoll; ich betone das Vorspiel.

39. Meine körperliche Aktivität ist gering, ich bewege mich meistens langsam.

40. Ich liebe Entspannung und Faulenzen; ich neige zu geruhsamem und gemütlichem Tun.

41. Meine körperliche Ausdauer ist an sich hoch, ich sehe jedoch nur wenig Veranlassung für Aktivität.

42. Ich werde durch Mitgefühl oder Aussicht auf Sex motiviert.

43. Körperliche Bewegung vermeide ich am liebsten.

44. Ich schlafe gut und tief.

45. Ich neige dazu, sehr viel (auch tagsüber!) zu schlafen und zu dösen. 3

46. Ich bin mir meiner Träume selten bewusst und erinnere mich nur an den Inhalt bedeutungsvoller Träume. 2

47. Ich erinnere mich an Träume, in denen Gefühle oder Wasser eine Hauptrolle spielen, zum Beispiel romantische Träume. 1

48. Ich habe ein sehr gutes Langzeitgedächtnis. 3

49. Ich erinnere mich an Sinnliches, Gefühlsmäßiges, an Töne und Farben. 2

50. Meine Rede ist langsam, abwägend und bedächtig. 1

51. Meine Rede ist ohne Rücksicht auf den Zuhörer unaufhörlich fließend. 0

52. Ich schätze das Motto: »Reden ist Silber, Schweigen ist Gold!« 0

53. Meine Stimme ist klar, voll, tief, melodisch; ich kann gut singen. 2

54. Ich mag Routine; Veränderungen verunsichern mich. 3

55. Menschliches zählt für mich mehr als Leistung. 3

56. Ich sorge vor allem für ein gutes Arbeitsklima, eine gute Stimmung, für Gemütlichkeit. 2

57. Ich bin vor allem romantisch, anhänglich und häuslich. 1

58. Ich ändere meine Meinung nach Gefühl und Wellenschlag. 2

59. Ich bin ausgesprochen gefühlsbetont und eher passiv. 7

60. Andere Leute empfinden mich als angenehm und friedlich. 2

61. Es dauert sehr lange, bis ich ärgerlich oder gereizt werde. 0

62. Ich habe eine oder mehrere (kleine) Süchte, zum Beispiel ein starkes Verlangen nach Essen, Trinken, Drogen, Sex, Beziehungen, Abhängigkeit, Geld etc. 1

89

63. Ich liebe Luxus, Kunst und Bequemlichkeit.
64. Ich bin sehr einfühlsam, sensibel und spüre schnell, wie andere Menschen fühlen.
65. Ich bin vereinnahmend, klammernd und/oder manipulativ.
66. Ich bin hingebungsvoll und kann mich nicht abgrenzen.
67. Liebe, Demut und Unterordnung sind meine hervorragendsten Tugenden.
68. Verhaftung, Identifikation und Unselbstständigkeit gehören zu meinen größten Schwächen.
69. Ich kann zutiefst vertrauen, bin jedoch leicht verletzt.
70. Ich kann Geld zusammenhalten und sparen.
71. Geld soll den Mitmenschen helfen.
72. Ich mag Süßes und stärkehaltige Kost.
73. Ich liebe Flüssiges und Breiiges.

D. Das Erdelement

1. Ich bin groß und stämmig oder vollschlank.
2. Ich nehme während meines Lebens langsam, aber stetig zu und kann dann nur schwer wieder abnehmen.
3. Mein Knochenbau ist massig, stabil und stark.
4. Meine Bewegungen sind eher mechanisch und eckig.
5. Meine Muskeln sind hart, kompakt oder drahtig-sehnig.
6. Meine Haut ist dick, fest und eher trocken.
7. Meine Haut bräunt langsam, aber gleichmäßig, und sie bleibt lange braun.
8. Meine Augen sind mittelgroß, ruhig, fest und bestimmt.
9. Mein Haar ist trocken, steif, grob und voll.

10. Ich habe besonders viel Körperhaar.

11. Meine Fingernägel sind dick und fest.

12. Meine Gelenke sind kräftig und sehr belastbar.

13. Mein Kreislauf ist mittel bis schwach, er neigt zur Blockierung.

14. Mein Puls ist gleichmäßig, stark und auch nach Bewegung langsam.

15. Ich esse gewohnheitsmäßig (pünktlich!) und diszipliniert.

16. Ich esse meist alles, was man mir vorsetzt.

17. Ich lege Wert auf ordentliche Tischsitten.

18. Mein Durst ist gering; ich trinke zu wenig.

19. Ich schwitze nur wenig.

20. Mein träger Stuhlgang führt zu langen »Sitzungen«.

21. Der Stuhl ist voluminös, aber trocken.

22. Meine Verdauung im Magen ist gut, aber etwas langsam.

23. Ich reagiere empfindlich auf kalte Temperaturen und trockene Luft; generell bin ich wenig empfindlich.

24. Ich neige zu Blutstau durch Verstopfung und Ablagerung in den Blutgefäßen (zum Beispiel Arterien).

25. Typisch für mich sind Abnutzungsleiden wie etwa eine Arthrose.

26. Ich habe mir »eine dicke Haut« zugelegt und bin geistig wenig flexibel.

27. Ich habe Taubheitsgefühle in einem oder mehreren Körperteilen.

28. Ich leide unter starker Verschlackung und Verkalkung meines Körpers.

29. Mich plagen Arteriosklerose, Gicht oder Rheuma.

30. Ich weise Verwachsungen, Verdickungen oder Schwielen auf.

31. Ich habe Gallen- oder Blasensteine. _0_

32. Ich leide unter Depressionen oder Verfolgungswahn. _1_

33. Ich kann manche Dinge einfach nicht vergessen
und manchen Menschen nicht vergeben. _2_

34. Ich nehme Methoden zur Verbesserung meiner
Gesundheit sehr ernst und genau: »Was ich mache,
das mache ich hundertprozentig.« _0_

35. Ich tendiere eher zu bewährten, konservativen, wissen-
schaftlich beweisbaren Behandlungsmethoden. _0_

36. Ich bin sehr pflichtbewusst und melde mich erst krank,
wenn es wirklich nicht mehr anders geht. _0_

37. Meine Gesamterscheinung ist würdevoll, Respekt
einflößend und sehr beeindruckend. _0_

38. Mein sexuelles Verlangen ist gleichmäßig konstant
und fordernd. _0_

39. Beim Sex geht es mir nicht nur um Lust, sondern
um die Befriedigung aller fünf Sinne; ich liebe es zum
Beispiel, massiert zu werden oder zu massieren. _1_

40. Körperliche Aktivität schätze ich besonders; ich bin
dabei lang anhaltend und gleich bleibend stark. _0_

41. Ich liebe besonders ausgiebige Bewegung in der Natur,
zum Beispiel Wandern oder Gartenarbeit. _1_

42. Meine körperliche Ausdauer ist sehr groß, ich habe
auch viel Bereitschaft für Aktivitäten. _0_

43. Durch praktische, vernünftige, realistische Argumente
kann man mich am ehesten motivieren. _1_

44. Man kann mich für Tätigkeiten gewinnen, die handfest,
sicher und geordnet sind und die materiellen Gewinn
abwerfen. _0_

45. Ich treibe (mit Disziplin!) Sport und Gymnastik,
weil ich mich damit beweglich und fit halten kann. _0_

46. Ich schlafe gewöhnlich gut und tief.

47. Ich schränke den Schlaf öfters ein, weil er mich vom Arbeiten abhält.

48. Ich bin mir meiner Träume meist bewusst und kann mich auch recht gut an ihren Inhalt erinnern.

49 Meine Träume sind realitäts- und geschäftsbezogen.

50. Mein Gedächtnis ist gut; ich merke mir viele Details.

51. Am besten erinnere ich mich an Rationales, Materielles, Praktisches und Mechanisches.

52. Meine Rede ist getragen, deutlich, sachlich oder autoritär.

53. Ich meide unnützes Geschwätz.

54. Meine Stimme ist kontrolliert und eher etwas grob, schwerfällig oder unmelodiös.

55. Ich mag vernünftige Planung und Routine.

56. Besonders schätze ich Regeln, Vorschriften, Ver- und Gebote, »Ruhe und Ordnung«.

57. Ich meine, dass ohne genaue Einhaltung von Arbeitsplatzbeschreibungen und einer strikten Organisation jede Verwaltung zusammenbricht.

58. Ich frage nach praktischen, materiellen Resultaten, nach Sinn, Zweck und Gewinn.

59. Ich bin gut im Organisieren und Durchführen; ich habe dabei außerordentliche Ausdauer.

60. Ich fühle mich für meine Arbeit und die mir anvertrauten Menschen zutiefst verantwortlich.

61. Sitte, Anstand und Moral sind die Grundlagen menschlichen Zusammenlebens.

62. Ich ändere meine Meinung nur selten; wenn doch, dann nur schwer und nach langer, reiflicher Überlegung.

63. Ich bezeichne mich als sehr vernunft- und realitätsbetont.

64. Für mich zählen im Leben nur konkrete, mit den fünf Sinnen erfassbare Dinge; Übersinnliches halte ich für Einbildung. 〇

65. Ich bin sehr verlässlich, gründlich, solide, standhaft und treu. 〇

66. Ich arbeite stetig und konzentriert, kümmere mich mit viel Geduld auch um Einzelheiten. 〇

67. Ich bin eher formell, kühl, trocken und distanziert. 〇

68. Ich lege Wert auf Etikette, Status, Ansehen und Recht und strebe nach Besitz und Sicherheit. 〇

69. Manche Menschen bezeichnen mich als stur, stockkonservativ oder zu wenig flexibel. 〇

70. Geld verwende ich nur nach sorgfältiger Überlegung. 〇

71. Geld wird bei mir gut eingeteilt und vor allem auch für Notfälle gespart. 〇

72. Ich liebe fette, schwere Speisen. 3

73. Ich schätze deftige Hausmannskost. 1

Luft   Feuer   H₂O   Erde

73 + 52 + 122 + 55 = D 302   55

20%   77%   43%   21%

37%, 20%, 60%, 21%.

Wenn Sie alle Antworten, die auf Sie zutreffen, bewertet haben (siehe Seite 78), bilden Sie die Summen für die einzelnen Elemente A, B, C und D. Dann bilden Sie eine Gesamtsumme für alle Element (A+B+C+D = S). Durch diese Summe teilen Sie nun die Einzelwerte für die Elemente (A bis D), multiplizieren mit hundert, runden auf oder ab und erhalten so die Prozentanteile der Elemente. Mit diesen Werten können Sie dann die Prozentwerte vom Horoskop vergleichen.

1) *Wasser Feuer Luft Erde*

43% 13% 29% 14%,

2) *Luft* 24 ,

3) 14% *Erde*

   14% *Feuer*

Das Horoskop und das Bio*Vitalis-Programm

Die Elementeverteilung Ihrer Grundkonstitution lässt sich aus dem Horoskop errechnen. Bis vor relativ kurzer Zeit gab es dazu lediglich sehr einfache Formeln, mit denen man in der Regel nur die Position der Planeten in den Tierkreiszeichen betrachtete, einige wenige berücksichtigten auch noch die Planeten in den Häusern. Die Wertung der Gestirne war sehr unterschiedlich. Auch in der ersten Auflage dieses Buches wurde so eine einfache Art der Ausrechnung angeboten, die jedoch immer nur unter Berücksichtigung weiterer Gegebenheiten aus dem Gesamthoroskop sinnvoll war. Dieser Berechnung liegt folgende Wertung zu Grunde, mit der Sie aus einem vorliegenden Horoskop selbst die Elemente in dieser vereinfachten Form ausrechnen können:

- *Luft:*   Zwilling, Waage, Wassermann.
- *Feuer:*   Widder, Löwe, Schütze.
- *Wasser:*   Krebs, Skorpion, Fische.
- *Erde:*   Stier, Jungfrau, Steinbock.

Der Mond erhält 20 Prozentpunkte, weil er für das Thema Ernährung am wichtigsten ist, Aszendenten (ASC) und Sonne erhalten jeweils 11 Prozentpunkte. Die Himmelsmitte (MC) macht 8 Prozentpunkte aus. Merkur, Venus, Mars, Jupiter und Saturn erhalten jeweils 6 Prozent. Chiron, Uranus, Neptun, Pluto und absteigender Mondknoten werden mit je 4 Prozentpunkten gewertet. Das ergibt insgesamt 100 Prozent. Wenn Ihre Sonne zum Beispiel im Schützen steht, dann berechnen Sie 11 Prozent für Feuer. Wenn das MC im Skorpion steht, dann gibt's 8 Prozent für Wasser – usw.

Da man bei der Berechnung nur die Planeten in den Tierkreiszeichen berücksichtigt, müssen die Ergebnisse, wenn man
es genau machen will, durch Beachtung von anderen Details
aus dem Horoskop verändert werden. Deshalb können diese
ersten Resultate von denen des im Folgenden beschriebenen
Computerprogramms im Detail abweichen. Dennoch kann
man auch mit der herkömmlichen Methode sinnvoll arbeiten.

Bei dem Bio*Vitalis-Computerprogramm (Bezugsquelle siehe
Anhang) können Sie Ihre persönliche Verteilung der vier Elemente aus dem Horoskop und aus dem Fragebogen (auch im
Programm integriert) jedoch ohne großen Aufwand exakt
bestimmen. Durch Anwendung dieses Programms erfahren
Sie Ihr Lebenspotenzial, die Summe Ihrer Anlagen, Begabungen, Stärken und Schwächen sowie Ihren Körper- und Ver-
dauungstyp, dem Sie von Geburt aus zuzuordnen sind. Außerdem erhalten Sie Informationen darüber, wie Sie Ihr Potenzial bisher genutzt haben und welchem Typus Sie zurzeit
zugerechnet werden. Daraus ergibt sich also Folgendes:
- Ihr individuell optimales Entschlackungs- und Gewichts-
  managementprogramm,
- Ihre individuell optimale Ernährung, die langfristig zu Ihnen passt, und
- Ihr individueller Lebensstil, der ihr Potenzial auf bestmög-
  liche Weise zum Ausdruck bringt.

Die im Rahmen des Bio*Vitalis-Programms »errechnete«,
auf den Einzelnen zugeschnittene Ernährungs- und Lebens-
form basiert auf den in diesem Buch beschriebenen vier Elementen Luft, Feuer, Wasser und Erde. Das Programm infor-
miert Sie somit über dreierlei:

- die Elementeverteilung Ihres Potenzials auf Grund Ihrer Geburtsdaten, aus denen sich Ihre Grundlage ergibt, das, wohin Sie sich im Laufe des Lebens entwickeln möchten,
- die Berechnung des Elements der Mondstellung zum Zeitpunkt Ihrer Geburt, was Ihren Stoffwechsel- bzw. Körpertyp ergibt,
- die Berechnung der Elementeverteilung Ihres derzeitigen Zustandes (nach dem Fragebogen), der das darstellt, was Sie aus Ihrem Lebenspotenzial bisher gemacht haben und welche Variante Ihres Grundtyps Sie leben.

Aus dem Vergleich zwischen Ihrer Anlage (Potenzial nach den Geburtsdaten) und dem jetzigen Ist-Zustand (Fragebogen) sowie dem Element Ihrer Mondstellung ergeben sich Ihre ganz persönliche harmonische Ernährung, Gesundheitsvorsorge und der individuell zu Ihnen passende Lebensstil, der zu einem erfüllten Leben und zu einem Fortschritt im Wachstum Ihres Bewusstseins führt.

Die Elementeverteilung auf Grund der Geburtsdaten zeigt Ihnen, welche Aufgaben Sie sich für dieses Leben vorgenommen haben. In der Regel sind hierbei zwei Elemente stärker als die anderen. Die in diesem Buch beschriebenen Eigenschaften der vier Elemente geben diejenigen Attribute wieder, die Sie hätten, wenn Sie Ihr Potenzial voll zum Ausdruck brächten.

Die Stellung des Mondes in einem der vier Elemente wirft ein besonderes Licht auf Ihre körperlichen Eigenschaften, besonders auf den Stoffwechsel, die Verdauungskraft entlang des gesamten Mund-Magen-Darm Traktes Auch wenn das der individuellen Mondstellung entsprechende Element in der Gesamtbewertung Ihres Potenzials nach den Geburtsdaten nicht das stärkste ist, so hat dieses Element trotzdem für Ihre individuelle Ernährung und Gesundheit besondere Bedeutung, wenn nicht sogar ausschlaggebende.

Das Element der Mondstellung zeigt auch Eigenschaften an, die Sie bereits beherrschen, auf die Sie in der Regel zurückgreifen und auf die Sie sich verlassen können, wenn Sie in Stresssituationen oder in Schwierigkeiten sind. Hier besteht – wie immer – jedoch die Möglichkeit, dass Sie diese Eigenschaften nicht leben, zum Beispiel, wenn sie so stark ausgeprägt sind, dass sie als gefährlich erachtet werden.

Die in meinem Buch *Entschlackung, Entsäuerung, Entgiftung* (siehe Literaturverzeichnis) beschriebenen Programme zur Entschlackung und zum Gewichtsmanagement richten sich nach dem Element der Mondstellung; mit anderen Worten: Sie wählen diejenigen Vorschläge, die dem Element entsprechen, in dem Ihr Mond steht. Für die Entwicklung Ihrer Charaktereigenschaften, Ihrer beruflichen Qualifikation sowie Ihres Verhaltens in Partnerschaften etc. ist jedoch die Gesamtelementeverteilung ausschlaggebend. Der Einfluss des Mondelements sollte im Rahmen der neuen Erfahrungen mit zunehmendem Alter in diesen nicht gesundheitlichen Bereichen immer weniger wichtig werden. Für Kinder bis etwa sieben Jahre hat das Mondelement jedoch eine alles überragende Bedeutung in allen Lebensbereichen.

Die Elementeverteilung nach dem Fragebogen ist entscheidend für die Beurteilung Ihres gegenwärtigen Typs – für die Bestimmung Ihrer täglichen Ernährung und Ihres Verhaltens im Alltag. Von ihr müssen Sie zunächst ausgehen; denn dort stehen Sie! Doch wie gesagt: Ihr durch den Fragebogen erkanntes Ungleichgewicht werden Sie leichter ausgleichen können, wenn Sie Ihren Grundtyp kennen, der sich aus der

Elementeverteilung nach den Geburtsdaten und aus der Mondstellung ergibt. Sie können dann gezielter und sicherer vorgehen, weil Sie wissen, was im Grunde genommen – wenn auch zurzeit zu wenig gelebt – vorhanden ist.

Je mehr die Prozentzahlen aus beiden Quellen (Horoskop und Fragebogen) übereinstimmen, umso mehr dürfen Sie sich auf Dauer dem Elementetyp zurechnen, der die höchste Punktzahl auf sich vereint. Dies gilt ganz besonders für Ihren Stoffwechsel, wenn jener das Element des Mondes einschließt. Für Ihren langfristig zu entwickelnden Lebensstil ist das Element des Erdtrabanten jedoch nach und nach von geringerer Bedeutung.

Ihr Ziel besteht darin, im Laufe des Lebens die Elementeverteilung zu erreichen, die Ihrem Lebenspotenzial entspricht, wie sie sich aus den Geburtsdaten ergibt. Es geht also nicht darum, von allen vier Elementen gleich viel zu haben. Jeder Mensch ist einmalig und hat sich vorgenommen seine einmalige Individualität zu leben. Wenn Sie von Geburt aus eine ausgeglichene Elementeverteilung aufweisen, dann sollten Sie diese auch leben und nicht in einem Bereich so massiv vorwärtsstürmen, dass ein Ungleichgewicht entsteht. Einfach ist es jedoch nicht, eine ausgeglichene Veranlagung zu meistern. Diese Menschen wissen häufig nicht recht, was sie tun sollen, weil sie auf allen Gebieten gleichermaßen gut/schlecht/mittelmäßig sind. Eine völlig ausgeglichene Elementeverteilung auf Grund der Geburtsdaten ist allerdings relativ selten. Meist finden sich mehr oder weniger deutliche Ansätze zu speziellen Begabungen.

Eine ausgeglichene Elementeverteilung auf Grund der Auswertung des Fragebogens kommt jedoch verhältnismäßig häufig vor. Dies liegt daran, dass der Mensch unbewusst glaubt, es gehe ihm am besten, wenn er sich in keinem Lebensbereich exponiert, wenn er weder durch positive noch durch negative Eigenschaften und vor allem nicht durch Intensivität und Heftigkeit auffällt. Eine ausgeglichene Elementeverteilung auf Grund der Auswertung des Fragebogens ist in der Regel ein Zeichen davon, dass sich der betreffende Mensch ganz besonders gut an die gesellschaftlichen Normen angepasst hat, denn diese sind darauf aus, Unterschiede zwischen den Menschen möglichst auszuschalten. Alle sollen gefälligst gleich handeln, fühlen und denken, damit man sie besser beherrschen kann.

Durch die Wahl geeigneter Nahrungsmittel, Kräuter und Gewürze sowie bestimmter Aspekte Ihrer Lebensweise können Sie im Laufe des Lebens übertrieben schwach oder stark gewordene Elementeeigenschaften wieder ausgleichen. Auf diese Weise nähern Sie sich immer mehr Ihrem Potenzial an. Sie gehen dabei nicht gegen ein zu starkes Element vor, sondern unterstützen die anderen bzw. das zu schwach gewordene Element.

Durch die Wahl geeigneter Nahrungsmittel, Kräuter und Gewürze sowie bestimmter Aspekte Ihrer Lebensweise können Sie aber auch in der Grundanlage besonders schwach oder stark entwickelte Elementeeigenschaften für besondere Aufgaben oder Lebensabschnitte vorübergehend so weit ausgleichen, dass es zu keinen lebensbedrohenden Störungen im Leben kommt bzw. dass extreme Veranlagungen den kreativen Ausdruck des Gesamtpotenzials nicht gefährden. Hierher gehört auch die häufig erforderliche dauerhafte Verstärkung des Feuerelements, wenn der Mond nicht im Feuer steht, um die Verdauung anzukurbeln, damit keine stoffwechselbedingten Krankheiten auftreten.

Die sechs Geschmacksrichtungen

Geschmack ist nur scheinbar eine ganz private, eher willkürliche Angelegenheit, über Geschmack kann man bekanntlich nicht streiten. Es handelt sich dabei um Vorlieben und Abneigungen, welche die meisten Menschen bis ins hohe Alter verfolgen. Sie reichen bis in die früheste Kindheit zurück und sind sehr tief verankert. Sie hängen damit zusammen, was man als Baby und Kleinkind vertrauensvoll gegessen hat, weil es von der Mutter kam. Da die meisten Mütter aber von individueller, gesunder Ernährung wenig verstehen, füttern sie das, was sie auf Grund von Büchern oder ihrer eigenen Erziehung für gut halten. Und das ist meist das Übliche, das Landestypische, oder das, was die Werbung am eindringlichsten anpreist. In Bezug auf Konstitutionstypen ist dies in der Tat absolut willkürlich und entspricht höchstens einmal zufällig dem, was ein Kind wirklich braucht!

In der Kindheit wird den armen Söhnen und Töchtern häufig das Essen mit erheblichem erzieherischem Aufwand aufgezwungen, nur weil es so besonders gesund sein soll, was es in der Regel noch nicht einmal allgemein gesehen ist – geschweige denn für das jeweilige Individuum. Viele Kinder mögen zum Beispiel von Anfang an kein Fleisch! Sie gewöhnen sich nur infolge des elterlichen Zwangs daran und legen damit den Grundstein für Krankheiten, denn von sich aus wären sie wahrscheinlich Vegetarier(innen) geworden. Babys haben noch einen natürlichen Nahrungsinstinkt, der sie alles ablehnen lässt, was ihnen nicht bekommt. Kinder weisen, wenn sie nicht wie üblich von ihrer Umwelt verbogen werden, gefühlsmäßig alles zurück, was ihnen schadet. Wenn sie nun zwangsweise etwas essen müssen, von dem auch noch behauptet wird, es sei gut für sie, verlieren sie das Vertrauen in ihren eigenen Instinkt und ihr Gefühl. Hiermit wird der Grundstock für eine unheilsame Konditionierung gelegt, die im Laufe der Erziehung das Individuelle untergräbt und der Entwicklung der Heranwachsenden zu willfährigen, unselbstständigen und kranken Menschen Vorschub leistet.

Was hat das alles mit dem Geschmack der Nahrung zu tun? Am Geschmack erkennt der Körper, was ihm gut tut und was ihm schadet! Geschmack ist kein Zufall. Geschmack hängt eng mit den biochemischen Eigenschaften der Lebensmittel zusammen. Der unverbildete Organismus kann mit Hilfe des Geschmacks abschätzen, ob ein Lebensmittel für ihn bekömmlich oder schädlich ist. Wissenschaftler behaupten zwar, dass das von der Zusammensetzung der Nahrung abhängt, von den Anteilen an Kohlenhydraten, Fett, Eiweiß, Mineralien und Vitalstoffen! Die moderne, naturwissenschaftliche Ernährungslehre sieht das so. Sie hat einen materiellen Ansatz. Wir verfolgen hier aber ein informativ-energetisches Konzept. Wir interessieren uns für die Energie*qualität* des einzelnen Menschen und der jeweiligen Nahrung. Wir klassifizieren den Menschen nach seinen Anteilen an den vier Elementen und damit nach den Eigenschaftspaaren: kalt/heiß, trocken/nass und leicht/schwer! Die Geschmacksrichtungen charakterisieren wir nach denselben Eigenschaften. Und dann können wir genau angeben, welche Geschmacksrich-

---

Eigenschaften der Geschmacksrichtungen & Elemente

- *Salzig:*   heiß, schwer, nass.
- *Scharf:*   heiß, leicht, trocken.
- *Sauer:*   heiß, leicht, nass.
- *Bitter:*   kalt, leicht, trocken.
- *Süß:*   kalt, schwer, nass.
- *Herb/adstringierend:* kalt, schwer, trocken.
- Luft: kalt, leicht, trocken.
- Feuer: heiß, leicht, trocken.
- Wasser: kalt, schwer, nass.
- Erde: kalt, schwer, trocken.

---

tung welches Element verstärkt oder abschwächt. Der Geschmack eines Lebensmittels lässt also direkt Rückschlüsse auf seine Wirkung als Heilmittel zu. Der richtige oder falsche Einsatz von Nahrung kann einen Menschen heilen oder verletzen; jedes Lebensmittel kann Gift oder Medizin sein.

Dieser energetische Ansatz ist übrigens nicht auf Ayurveda beschränkt, sondern findet sich auch in unserem Kulturraum: Hippokrates hat damit gearbeitet, die Medizin des gesamten klassischen Altertums, Hildegard von Bingen, die Ärzte des Mittelalters, Paracelsus usw. Erst die moderne Naturwissenschaft hat diese Sichtweise verdrängt. Im Grunde besteht aber kein Widerspruch zwischen beiden Denkweisen, da der Geschmack eines Lebensmittels ja von den Inhaltsstoffen abhängt. Nur lassen sich von Letzterem eben keine einfachen Beziehungen zum Einzelnen mehr herstellen.

In der Vollwerternährung finden wir wenigstens teilweise auch wieder einen energetischen Ansatz, und zwar dann, wenn man etwa sagt, es komme nicht in erster Linie darauf an, wie viel Joule eine Nahrung liefert, sondern dass sie möglichst naturnah, frisch und unverändert ist. Wohin die materielle Ausrichtung der Naturwissenschaften im Extrem führt, kann man erkennen, wenn man sich Fastfood und die Fertigkost ansieht, die von vielen Ernährungswissenschaftlern unterstützt bzw. nach ihrer Anleitung fabriziert werden. Die Lebensmittel stammen aus Massentierhaltung und industrieller Landwirtschaft. Kein Drei-Sterne-Koch würde jemals solche Zutaten verwenden! Dann werden sie auch noch denaturiert und mit synthetischen Zusatzstoffen versehen. Die daraus resultierenden so genannten Convenience-Foods würde ein »unverdorbener« qualitätsgewohnter Gaumen strikt ablehnen. Leider sind heutzutage bereits Kinder so verbildet, dass sie Dosenerbsen lieber mögen als frische oder dass ihnen H-Milch besser schmeckt als Rohmilch!

Je mehr wir uns kennen lernen, je mehr Abstand von »Mutters Küche«, wie sie hier erklärt wurde, wir gewinnen und je reiner und damit sensitiver wir werden, umso eher sind wir fähig, über den Geschmack das jeweils für uns Richtige auszuwählen! Wir beschränken uns dabei allerdings nicht auf den Instinkt, denn der versagt angeblich bei gegarten und gewürzten Speisen. Wir setzen den ganzen Menschen ein: Instinkt, Gefühl, Denken und Intuition! (Wie das im Einzelnen funktioniert, habe ich ausführlich in meinem Buch *Harmonische Ernährung* [siehe Literaturverzeichnis] beschrieben.)

Der Geschmack eines Lebensmittels oder einer Speise hat also direkt mit dem individuellen Gesundheitswert zu tun! Die ayurvedische Ernährungslehre unterscheidet sechs Geschmacksrichtungen: süß, sauer, salzig, scharf, bitter und zusammenziehend.

Das Feuerelement und die scharfe Geschmacksrichtung haben beide dieselben Eigenschaften. Das bedeutet, dass man mit der scharfen Geschmacksrichtung das Feuerelement am

> ### Geschmacksrichtung und Elemente
> - Luft: bitter, herb, scharf.
> - Feuer: scharf, sauer, salzig.
> - Wasser: süß, salzig, sauer.
> - Erde: süß, salzig, herb/zusammenziehend.

besten verstärken kann, also etwa durch scharfe Gewürze. Die saure Geschmacksrichtung ist immerhin noch heiß und leicht, unterstützt also ebenfalls Feuer, und ein wenig tut dies auch die salzige Geschmacksrichtung, denn sie ist wenigstens noch heiß. Die bittere Geschmacksrichtung unterstützt das Feuerelement nur indirekt durch Reinigung der betreffenden Organe; mit der zusammenziehenden und vor allem der süßen lässt sich das Feuerelement aber auf keinen Fall erhöhen.

Auf das Luftelement wirken die zusammenziehende und bittere Richtung verstärkend, Lufttypen sollten deshalb zur Anregung ihres Feuers keine bitteren Kräuter verwenden. Die scharfe Geschmacksrichtung darf zu diesem Zweck verwendet werden, wenn ihre leichten, trockenen Eigenschaften (die das Luftelement verstärken würden) durch gleichzeitigen Einsatz der süßen Geschmacksrichtung abgemildert werden, denn »süß« ist ja schwer und nass. Man würde dies zum Beispiel dadurch erreichen, dass man die scharfen Gewürze für einen Lufttyp mit Öl und Wurzelgemüse kombiniert.

> ### Geschmacks-Gegensatzpaare
> - Süß – scharf.
> - Bitter – salzig.
> - Herb/adstringierend – sauer.
> - Feuer – Wasser.
> - Luft – Erde.

Wasser und Erde lassen sich am besten durch die süße Geschmacksrichtung verstärken – was weithin bekannt ist, denn Süßes erhöht das Gewicht. Beide lassen sich aber vor allem durch scharfe Gewürze bekämpfen, denn scharf ist der genaue Gegensatz von süß! Deshalb verlangt der Körper nach einem scharfen Essen einen süßen Nachtisch – zur Harmonisierung! Auch Gefühle hängen eng mit den Geschmacksrichtungen zusammen.

Die süße Geschmacksrichtung

Dass die süße Geschmacksrichtung so bedeutsam ist, hat zwei Hauptgründe. Einmal ist der süße Geschmack im engeren Sinn von allen Richtungen am meisten mit dem Gefühlsleben des Menschen verbunden. Man spricht vom »süßen Leben« und meint damit die angenehmen Seiten unseres Daseins und Dinge, die übers Essen weit hinausgehen. Süßes ist als Liebesersatz bekannt, und Schokolade löst im Gehirn biochemische Prozesse aus, die denjenigen beim Verliebtsein ganz nahe kommen.

Zum anderen repräsentiert die süße Geschmacksrichtung im weiteren Sinne alles, was uns nährt, was uns aufbaut und erhält – alles Eigenschaften des Wasserelements, das für Vitalität, Fruchtbarkeit und Langlebigkeit steht.

Süße Lebensmittel nach dem Ayurveda

- Komplexe (Stärke) und einfache Kohlenhydrate (Zucker) aus
  - Getreide und getreideähnlichen Samen und Produkten daraus, wie Brot und Nudeln,
  - Kartoffeln und Wurzeln,
  - Zuckerrüben und Zuckerrohr, Obst, Honig.
- Fette. Öle aus Ölsaaten, Nüssen und Tieren.
- Protein (Eiweiß) aus
  - Milch und Milchprodukten, Fleisch, Fisch, Schalentieren, Eiern,
  - Hülsenfrüchten, Getreide, Samen, Nüssen.

Im Ayurveda rechnet man zur süßen Geschmacksrichtung sämtliche Substanz gebende und Energie spendende Nahrungsmittel, auch solche, die nur wenig süß im engeren Sinne schmecken. Wir kennen ihren süßen Geschmack häufig gar nicht, weil wir sie niemals roh und ungewürzt essen. Lebensmittel des süßen Geschmacks verstärken das Wasser- (nass) und das Erdelement (trocken), weil sie schwer, kalt und nass sind. Sie haben einen dickflüssigen, öligen, gelatinösen, Schleim bildenden, schlüpfrigen oder gar klebrigen Charakter. Sie heilen einen Feuerüberschuss, weil sie genau gegensätzliche Eigenschaften aufweisen. Sie reduzieren die Irritierbarkeit von zu viel Feuer und Luft. Sie lindern Trockenheit und Rauigkeit im Körper und auf der Haut. Zum Ausgleich von Luft sind sie nur in Zusammenhang mit anderen Geschmacksrichtungen optimal geeignet, weil Luft bereits kalt ist.

Lebensmittel der süßen Geschmacksrichtung sind stärkend, nährend, aufbauend, stabilisierend und beruhigend. Sie verstärken das Gefühl der Sicherheit, weil die Menschen bekommen, was sie brauchen. Sie fühlen sich angenommen, geliebt und versorgt. Deshalb versuchen viele Firmen, ihre Geschäftspartner nach einem guten Menü zur Vertragsunterzeichnung zu bewegen, deshalb lädt man eine schöne Frau, mit der man gern intim zusammen sein möchte, zunächst einmal zum Essen inklusive Dessert ein, und deshalb geben Mütter ihren Babys süßen Tee, damit sie ruhig einschlafen (dass gleichzeitig die Zähne zerstört werden, merken sie häufig zu spät).

Die süße Geschmacksrichtung schaltet auch Hemmungen aus und fördert oder verstärkt Süchte. Die meisten Esssüchtigen stürzen sich auf Lebensmittel und Speisen dieser Geschmacksrichtung. Alkohol gehört dazu! Lebensmittel und Speisen des süßen Geschmacks stellen die Hauptnahrung für

Aufbau, Regeneration, Reparatur und Stärkung dar. Sie heilen Rekonvaleszenten, Ausgezehrte und Abgemagerte und bauen Reserven auf für Arbeiter, Sportler und andere körperlich Aktive. Süße Speisen tonisieren! Man sollte jedoch gewisse Einschränkungen beachten:

- Die komplexen Kohlenhydrate (Stärke) sollten mit dem vollen Korn oder der gesamten Wurzel verzehrt werden (keine Auszugsprodukte oder ausgemahlenen Weißmehle!), denn der Körper braucht Mineralien und Spurenelemente und die Ballaststoffe für eine ordentliche Darmbewegung.
- Frucht- und Traubenzucker sollte immer zusammen mit der ganzen, möglichst frischen, rohen Frucht für sich allein und auf nüchternen Magen genossen werden (oder in Form von ganzen, am besten eingeweichten Trockenfrüchten).
- Fett und Protein sollten in der täglichen Ernährung gegenüber den Kohlenhydraten stark zurücktreten.

- Als Fett sind in erster Linie kaltgepresstes Pflanzenöl aus biologischem Anbau empfehlenswert, in zweiter Linie Butter und Sahne. Ayurveda empfiehlt besonders Ghee, ein speziell zubereitetes Butterschmalz. Achten Sie darauf, dass Sie genügend mehrfach ungesättigte Fettsäuren zu sich nehmen, verwenden Sie also in kleineren Mengen in Dressings auch Leinöl. Bei akutem Mangel nehmen Sie zur Nahrungsergänzung Kapseln mit Borretschöl oder Nachtkerzenöl.
- Tierisches Fett sollte nur gegessen werden, soweit es sich von Fisch und Fleisch nicht trennen lässt. Wählen Sie magere Sorten, und halten Sie sich mit tierischen Produkten generell zurück.
- Proteinspender sind in erster Linie Samen, Nüsse, Hülsenfrüchte und Getreide, in zweiter Linie Eier, in dritter Linie Milch und Milchprodukte, Fleisch und Fisch; Letztere sollten sukzessive eingeschränkt werden.

Wenn man zu viel süße Nahrung isst, wird man dick, denn es bilden sich Depots von Fett, Protein und Wasser. Was aber viel problematischer ist: Im Organismus lagert sich Schleim ab, besonders in Lungen, Stirnhöhlen, Mittelohr, Darm und an anderen Stellen. Dieser Schleim kann im Depot hart wie Wachs werden und die Funktion des betreffenden Organs stark behindern. Besonders verschleimend wirken Milch- und Milchprodukte sowie Getreide, allen voran der Weizen, und das, auch wenn man keine Allergie oder maskierte Unverträglichkeit gegenüber diesem Lebensmittel aufweist.

Wir sprechen hier also nicht von dem physiologisch ganz normalen Schleim, der notwendig ist, um die Schleimhäute in optimaler Funktion zu halten. Gemeint ist der so genannte »Notfallschleim«, den der Körper produziert, wenn im

Organismus etwas schief läuft und besonderer Schutz nötig wird. Diese Extra-Schutzüberzüge (etwa der Darminnenwände und der Zotten) werden nach Ende der »Notfallsituation« wieder abgebaut und ausgeschieden; wenn der »Notfall« aber über längere Zeit andauert, bilden sich dicke Schichten. Im Falle der Bronchien können diese nur noch durch Erwärmen mit heißen Bädern, Umschlägen, Wärmflasche, scharfen Gewürzen (Chili), Einreibungen mit erhitzenden Aromen wie Eukalyptus, Menthol und anderem geschmolzen und in einem Kraftakt, einer fiebrigen Erkrankung, bei der sich der Körper Bakterien zur Hilfe holt (Grippe, Erkältung etc.), ausgeschieden werden. Bei solchem Abhusten und Ausschneuzen werden mit dem Schleim auch die Substanzen ausgeschieden, die der Körper anders kaum loswerden könnte. Erkältungen sollte man also nicht unterdrücken.

Die verhärteten Schleimschlacken im Darm entfernt man durch erhitzende Kräuter, wie sie zum Beispiel im Éjuva-Darmentschlackungsprogramm enthalten sind. Schleim von Leinsamen oder Flohsamenschalenpulver und Ähnlichem trägt jedoch dazu bei, dass die Schleimhäute ordnungsgemäß arbeiten – ist also positiv zu bewerten. Zu viel süße Nahrung führt aber auch anderweitig zur Verschlackung: Das Überwiegen der Eigenschaften schwer, kalt und nass kann zu einer Stagnation von Energie im Körper führen, weshalb diese Menschen dann benommen, lethargisch und schläfrig werden. Schlaf verstärkt den Zustand aber noch. Bewegung wäre angesagt.

Zu viel Zucker verlangsamt die Verdauung sowie den gesamten Stoffwechsel und kühlt den Körper. Die Temperatur sinkt bis auf 36 Grad Celsius, kalte Hände und Füße sind die Folge. Bei einem Übermaß von süßer Nahrung und damit Überwiegen des Wasserelements verstärken sich bei Frauen die Symptome des prämenstruellen Syndroms: Krämpfe, Wasserspeicherung, Weinerlichkeit, Launenhaftigkeit, Irritierbarkeit, Unwohlsein. Die Menschen werden auch anfälliger für Wetterumschwünge, besonders macht eine kalte, nasse, neblige Witterung zu schaffen.

Das ist ein sehr beeindruckender Katalog von Nachteilen, der uns eigentlich davon abhalten sollte, zu viel Süßes zu essen. Aber das war noch nicht alles. Auch Unfruchtbarkeit kann die Folge von zu viel Nahrung sein. Wenn das Wasserelement im Körper allzu kräftig wird, lässt die Fruchtbarkeit schließlich nach bzw. setzt ganz aus, weil das Wasser Röhren blockiert, zum Beispiel die Ei- oder Samenleiter. Weitere Beschwerden sind Endometriose, Gebärmutterzysten, behinderter Samenfluss und Prostataschwellung. Die generelle Hauptursache für Unfruchtbarkeit ist jedoch in einem Mangel an Wasser und einem extremen Überwiegen des Luftelements zu sehen. Die mäßige Verstärkung eines ohnehin stark ausgebildeten Wasserelements durch zu viel süße Nahrung kann den Geschlechtstrieb (die Libido) erhöhen und in der Jugend zu vorzeitigen Geschlechtskontakten führen mit allen bekannten Nachteilen wie unerwünschter Schwangerschaft, sozialen und emotionalen Problemen. Auch bei Erwachsenen richtet eine übersteigerte Libido in der Regel eher Schaden an, als dass sie Nutzen stiftet.

In der Diskussion über weißen Fabrikzucker wird immer wieder ausgeführt, dass er nur leere Kalorien enthalte. Dies ist physiologisch betrachtet durchaus richtig, wenn man jedoch den ganzen Menschen einschließt, dann geht es um weit mehr. Wir müssen dazu etwas ausholen und über die Vorgänge im Gehirn sprechen. Es gibt da in diesem Zusammenhang einen Botenstoff, einen so genannten Neurotransmit-

112

ter, und zwar das Serotonin, das im Gehirn spezielle Informationen zwischen den Zellen überträgt. Es beeinflusst den Schlaf-wach-Rhythmus, das Sexualverhalten, Aggressionen, Impulsivität, Gedächtnis, Selbstmordneigung, Appetit, Angst und ganz allgemein das Lebensgefühl. Es übermittelt in erster Linie »Wohlbefinden«, »die guten Nachrichten«. Es entsteht im Gehirn aus einem Eiweißbaustein, der Aminosäure Tryptophan; diese gelangt leichter durch die Blut-Hirn-Schranke ins Gehirn, wenn wir Zucker gegessen haben: Zucker bewirkt einen Insulinschub, dieser erniedrigt den Blutzuckerspiegel und versorgt die Muskeln mit Aminosäuren – außer mit Tryptophan; Letzteres reichert sich so im Blut an und gelangt dadurch leichter ins Gehirn; Depressiven mangelt es an Serotonin; fast alle Psychopharmaka manipulieren den Serotoninstoffwechsel.

Zucker liefert deshalb nicht nur »leere Kalorien«, sondern beeinflusst nachhaltig den Gefühlskörper: Er beruhigt (zum Beispiel Babys), verbessert den Schlaf, lässt Schmerzen leichter ertragen, macht »Laune«. Er macht jedoch abhängig, weil er in den Serotoninstoffwechsel im Gehirn eingreift und so

zu Wohlbehagen führt: Er hilft gegen die »Winterdepression« (eine Folge von zu wenig Sonnenlicht), er erhöht den Serotoningehalt (Sonnenschein unterbindet seinen Abbau, Alkohol bremst seinen Abbau, Koffein stimuliert seine Neubildung); auch Bewegung erhöht den Serotoningehalt im Gehirn; aktive und körperlich schwer arbeitende Menschen verfallen nicht so leicht dem Süßhunger. Nachts wird Serotonin verstärkt abgebaut; Abhilfe schafft frühes Aufstehen.

Viele Menschen nehmen Zuflucht zu Zuckerersatzstoffen (Süßstoffen), weil sie glauben, dass diese »Genuss ohne Reue« bescheren. Dabei unterliegen sie jedoch einem fatalen Irrtum. Zuckerersatzstoffe werden nämlich in der Tierzucht als Masthilfsmittel eingesetzt und führen auch beim Menschen zur Gewichtszunahme! Und zwar ganz einfach deshalb, weil der Zuckerumsatz trotz Süßstoffen zugenommen hat! Die Leute essen mehr Zucker als zuvor – die Wirkung war die gleiche wie in der Tiermast!

Zurzeit sind in der Bundesrepublik vier künstliche Süßstoffe zugelassen: Saccharin, Cyclamat, Aspartam und Acesulfam-K. Diese künstlichen Süßstoffe (Chemikalien) haben eine starke bis sehr starke Süßkraft, werden aber außer Acesulfam nicht verstoffwechselt, das heißt, sie liefern keine (bzw. vernachlässigbare) Energie. Sie sind zum Abnehmen aber nicht geeignet, denn sie signalisieren dem Organismus Zuckerverzehr; dieser bereitet sich vor und schüttet Insulin aus. Wenn dann kein Zucker kommt, wird der Blutzuckerspiegel zu niedrig, und Heißhunger setzt ein – mit allen bekannten Folgen. Der Körper kann sich zwar daran gewöhnen und schüttet dann kein Insulin mehr aus; es setzt aber ein Stimmungstief ein und verursacht dann besonders starken Süßhunger …

Der Krebsverdacht gegen Saccharin und Cyclamat ist je-

> ### Damit stillt man am gesündesten
> ### sein Verlangen nach Süßem
>
> - Süße, reife, frische Früchte.
> - Trockenfrüchte, besonders Datteln und Feigen.
> - Mus aus eingeweichten und pürierten Datteln.
> - Ahornsirup Grade C, Apfel- und Birnendicksaft.
> - Nicht erhitzter Honig.
> - Stevia rebaudiana – als Tee oder Pulver (kalorienfrei, beeinflusst den Blutzucker nicht!).
> - Kandierter Ingwer oder geriebener Ingwer mit wenig Honig.
> - Sesammus mit wenig Honig oder Ahornsirup.
> - Nussmus mit wenig Honig oder Ahornsirup, Gewürze wie Ingwer, Kardamom, Zimt, Safran (dies alles in Maßen, und nach dem süßen Essen Zähneputzen nicht vergessen!).
>
> Außerdem:
> - »Süße« Farben, zum Beispiel Pastelltöne wie Rosa oder Pfirsich.
> - »Süße« Musik, zum Beispiel Albinoni: Kanon; Pachelbel: Kanon; Bach: Air in G; oder Sufimusik.
> - »Süße« Düfte: Aromen wie Rose, Zimt, Jasmin, Bergamotte, Lotus, Moschus und Blumen.
> - Eine liebevolle Atmosphäre und liebevolle Partner und Freunde.

doch bis heute nicht ausgeräumt: In Tierversuchen wurde bei sehr hohen Dosen eine Krebs erregende Wirkung nachgewiesen. Cyclamat wurde in Großbritannien, den USA und anderen Ländern verboten und ist in der EU für Säuglinge und Kleinkinder strikt verboten. Aspartam lässt die Tyrosinkonzentration im Gehirn um 300 Prozent steigen; zu viel Tyrosin kann zu Kopfschmerzen, Depressionen, Übelkeit, epileptischen Anfällen, Gedächtnisstörungen und Menstruationsbeschwerden führen. Abbaustoffe von Aspartam sind Formaldehyd und Methanol (Holzalkohol); beides sind für den Menschen hochgiftige Substanzen. Methanol führt zum Beispiel zum Erblinden.

Was hilft Ihnen gegen das Verlangen nach Süßem? Es sind bittere Kräuter wie Löwenzahn, Enzian, Berberitze und andere bittere Küchen- und Wildkräuter, bittere Salate wie Endivien, Radicchio, Rucola, Chicorée, Wasserkresse, Kapuzinerkresse, außerdem Gewürze wie Zimt und Gelbwurz (Kurkuma). Diese Kräuter und Gewürze versorgen den Organismus mit Mineralien und Vitalstoffen und regen – in unterschiedlichem Ausmaß – den Gallenfluss und damit die Verdauung an; sie machen leicht und luftig; bitte übertreiben Sie aber nicht! Da der Gegensatz zu süß würzig-scharf ist, sollten Sie also weniger würzen – zum Beispiel auch mit Knoblauch. Nach einem scharfen Essen helfen etwas Jogurt oder etwas Saures, etwa eine saure Gurke. Wenn Sie trotzdem unbedingt etwas Süßes haben wollen, versuchen Sie es zuerst mit ein bis zwei Datteln, häufig genügt das; bewährt hat sich auch ein Teelöffel geriebene frische Ingwerwurzel mit etwas Honig gesüßt.

Die saure Geschmacksrichtung

Macht sauer lustig? Ja, und zwar deshalb, weil die saure Geschmacksrichtung das Feuerelement verstärkt und deshalb Schwung gibt. Sie sollten das aber nicht mit der Übersäuerung des Körpers verwechseln, die selbstverständlich weder lustig macht noch ist. Die saure Geschmacksrichtung, von der wir hier sprechen, hat nichts mit einem Überschuss an Säure bildenden Mineralien wie Schwefel, Phosphor und Stickstoff oder Verbindungen wie Harnstoff aus dem tierischen Bereich zu tun. Hier geht es um organische Säuren aus dem Pflanzenbereich, die sauer schmecken, die im gesunden Organismus jedoch basisch verstoffwechselt werden, das heißt, sie hinterlassen nach der Verdauung basische Mineralien. Deshalb machen sie lustig.

Welche Säuren sind das? Das sind die Fruchtsäuren, die Oxalsäuren, die Milchsäure, die Essigsäure, die Weinsäure und andere. Sie finden sich in vielen Früchten, besonders in den Zitrusfrüchten und in vielen Beeren, aber auch in der Tamarinde, der Hagebutte und in fermentierten Nahrungsmitteln wie Sauerkraut, Ume-Su, Jogurt, Kefir, Essig und Wein. Welches sind die energetischen Charakteristika des sauren Geschmacks? Der saure Geschmack ist heiß, leicht und nass. Er verstärkt vor allem das Feuerelement und nur ganz leicht Wasser und Erde. Er stärkt also den Appetit, regt die Verdauung an und ist besonders hilfreich für Lufttypen.

Die genannten organischen Säuren

- regen den Speichelfluss an,
- unterstützen die Verdauung im Magen,
- helfen bei der Ausscheidung von Schleim,
- sind blähungstreibend,
- wirken deshalb entgiftend und reinigend,
- unterstützen den Kreislauf,
- reduzieren Kälte und Schwere,
- erhöhen die Körpertemperatur und
- sind schweißtreibend.

Die Erhöhung des Speichelflusses, der bei Menschen 1 bis 2 Liter pro Tag beträgt, ist sehr bedeutsam, denn der Speichel schützt die Mundschleimhaut und den Zahnschmelz, reinigt die Zähne, unterstützt die Immunabwehr, löst die Lebensmittelmoleküle, welche die Geschmacksknospen stimulieren. Außerdem macht er feste Nahrung kaubar, weich, breiig und schluckbar und leitet durch seinen Gehalt an Ptyalin die enzymatische Aufspaltung von Stärke ein. Dabei muss darauf geachtet werden, dass saure Nahrung nicht mit Stärke kombiniert werden darf, weil die Säure das Ptyalin im Speichel zerstört. Eine Anregung des Speichelflusses durch Saures darf also nur vor, aber nicht während des Verzehrs von stärkehaltiger Nahrung erfolgen. Vorteilhaft ist auch, dass Saures den Abgang von Gärungs- und Fäulnisgasen aus dem Verdauungstrakt erleichtert, wo sie nicht hingehören! Gas im Darm verursacht einen Blähbauch, Blähungen, versetzte Winde und Aufstoßen. Daraus folgen stechende Schmerzen, Zuckungen, Stottern, Migräne, konfuses Denken etc. – alles Luftsymptome, die dadurch beseitigt werden!

So wird der Körper gereinigt, denn die giftigen Gase können nicht mehr in die Blutbahn gelangen; deshalb verschwin-

Die Folgen von zu viel saurer Nahrung

- Schädigung der Leber, dem Sitz des Verdauungsfeuers.
- Überstimulierung des abbauenden Teils des Stoffwechsels.
- Schweißausbrüche, zu rasche Passage der Speisen durch den Magen-Darm-Trakt und daher Mangelsymptome und schließlich Auszehrung und Erschöpfung.
- Zu rasche Entgiftung mit unnötig starken, die betreffenden Organe auf Dauer schädigenden Entgiftungssymptomen und einem Verlust an nützlicher Darmflora.
- Austrocknung des Körpers durch starke Durchfälle und folglich eine Störung des Elektrolythaushaltes im Körper; das heißt, wertvolle Mineralien gehen unnötig verloren.
- Durst, Fieber, Benommenheit, Schwindel, schmerzhafte Menstruation (Dysmenorrhö).
- Verlust an sexuellem Verlangen (Libido), dunkle Augenringe und Muskelschwäche.

det auch Mundgeruch; Auswurf und Fieber werden möglich, und natürliche Entgiftung und Heilung können stattfinden. Das hört sich fantastisch an und ist der Grund dafür, dass so viel Sauerkonserven, Essig und Zitrusfrüchte verzehrt werden. Leider übertreiben viele Menschen und schädigen sich dadurch, wie zum Beispiel die jungen Mädchen, die spindeldürr und partout nicht weiblich-erwachsen werden möchten und deshalb ein bis zwei Wochen nur Zitronen und Ahornsirup essen. Viele haben sich dabei einen Schaden fürs Leben geholt. Das beste Beispiel ist das englische Model Twiggy.

Viele Menschen schädigen sich auf diese Weise. Denken Sie nur einmal an die Salatteller, die man in so genannten gutbürgerlichen Restaurants bekommt, auf denen alles in Essig schwimmt. Im Lebensmittelgroßhandel, in dem ich früher einkaufte, gibt es einen 25 Meter langen Gang mit hohen Regalen auf beiden Seiten nur für Sauerkonserven! Essig, Ketchup und andere saure Fertigsaucen stehen in einem weiteren Gang.

Wenn man mit der sauren Geschmacksrichtung entgiften will, dann sollte man das sehr vorsichtig tun, am besten durch eine Entschlackungskur, bei der man vormittags nur Obst isst oder frisch gepresste Obstsäfte trinkt. Es sollten aber nicht nur Zitrusfrüchte sein. Diese regen die Entgiftung ganz besonders – und deshalb meist unerwünscht stark – an.

Viele Menschen sind durch eine mit tierischen Produkten und Getreide überlastete Ernährung sowie durch Stress, Angst, Ärger und andere negative Emotionen stark übersäuert. Diesen Zustand nennt man Azidose. In ihrem Gewebe lagert zum Beispiel in Mengen die Harnsäure aus Fleisch, Wurst und Fisch. Der Körper kann die Säuren nur ausscheiden, wenn er genügend basische Mineralien in Reserve hat, welche die Säuren zuvor neutralisieren. Der Säurewert (pH) des Blutes muss ständig im basischen Bereich (bei 7,4 plus/minus 0,4) gehalten werden, damit nicht der Tod eintritt.

Um dies zu verhindern, leitet der Organismus (wenn er keine anderen Reserven mehr hat!) basische Mineralien aus dem Nervensystem, aus den Muskeln sowie aus den Knochen in den Blutstrom, denn das Blut muss zuerst gesund gehalten werden. Diese Bereiche werden durch die übermäßige Schutzreaktion des Körpers jedoch geschädigt, und man fühlt sich nicht mehr wohl, wird krank. In letzter Konsequenz entwickelt sich eine Osteoporose.

Wenn nun ein solcher Mensch viel saure Nahrung zu sich nimmt, kommt er zusätzlich in Schwierigkeiten. Die oben genannten organischen Säuren müssen nämlich, bevor sie abgebaut und als Kohlensäuren abgeatmet werden können, zunächst erst einmal neutralisiert werden. Womit aber? Die dazu nötigen basischen Mineralien (vor allem Kalzium, Kalium, Natrium, Magnesium, Eisen) fehlen ja gerade! Falls sie dann doch noch irgendwo im Organismus »zusammengekratzt« werden können und die Säuren neutralisiert sind, dann kann es in einem durch Azidose bereits geschädigten Körper dazu kommen, dass sie sofort über den Urin ausgeschieden werden. Damit sind aber die basischen Mineralien ebenfalls verloren, und von einer basischen Verstoffwechselung der organischen Säuren, wie sie im gesunden Körper stattfindet, kann keine Rede mehr sein.

Auch die organischen Säuren der sauren Geschmacksrichtung tragen also zur allgemeinen Körperübersäuerung bei, wenn der Körper bereits übersäuert ist. Ähnlich liegen die Verhältnisse auch, wenn man unreif geerntetes Obst isst, wobei man wissen muss, dass dies auf sehr viele im Handel angebotene Früchte zutrifft. Nachreifen zu Hause genügt nicht. Wenn Sie übersäuert sind und etwas dagegen unternehmen wollen, dann tun Sie dies am sichersten mit Salaten und frisch gepressten Gemüsesäften, denn darin sind keine Säuren enthalten. Sie sollten diese Säfte aber mit reinem Wasser verdünnen. In schweren Fällen können Sie kurzfristig auch so genannte Basica nehmen. Sehr hilfreich ist zusätzlich Tiefengewebsmassage mit anschließenden Ausleitungsbädern in der Wanne.

Die salzige Geschmacksrichtung

An der großen Bedeutung des Salzhandels in vergangenen Zeiten sieht man, dass Salz für den Menschen sehr wichtig ist. Woran liegt das? Salz ist eine Art Geschmacksverstärker – jede Speise gewinnt geschmacklich durch eine kleine Menge davon. Sogar in Pudding, Kuchen, Brot und Schokolade darf eine kleine Prise nicht fehlen. Und da für die meisten Menschen der Geschmack einer Speise das Wichtigste ist, braucht man sich nicht zu wundern, dass Kochsalz früher als weißes Gold bezeichnet wurde, mit dem man seine Steuern bezahlte und dessen Besitz Arm und Reich voneinander unterschied.

Die salzige Geschmacksrichtung ist – energetisch gesehen – heiß, schwer und nass und erhöht dementsprechend Feuer, Wasser und Erde. Da sie heiß und etwas scharf und stimulierend, anregend ist, verstärkt sie das Feuerelement. Hierher rührt ihre Wirkung als Geschmacksverstärker. Weil Kochsalz als kristallisiertes Mineral schwer ist und sich (als Kristall) ölig anfühlt, verstärkt es Erde und Wasser. Schließlich ist Salz hygroskopisch, das heißt, es zieht Wasser an, ist deshalb nass und erhöht selbstverständlich das Wasserelement im Körper – vor allem langfristig. Nach Salzkonsum absorbiert der Körper Wasser, um die vorhandene Lösung zu verdünnen. Dies hilft dem Lufttyp, weil er zur Trockenheit tendiert und weil er Spurenelemente benötigt, die er zum Beispiel über salzige Meeresalgen erhält. So werden Austrocknen und vorzeitiges Altern des Körpers verhindert.

Salz erhöht den Speichelfluss und die Absonderung anderer Verdauungssäfte, schließlich ist Kochsalz (NaCl) der Grundstoff für Salzsäure (HCl), die im Magen bei der Fett- und Proteinverdauung benötigt wird. Salz unterstützt nicht nur den Appetit und die Verdauung, sondern auch die Entgiftung: Weil es Wasser mitbringt und im Körper hält, hilft es, Schleim zu lösen und blockierte Kanäle zu öffnen. Es unterstützt den Kreislauf und mildert Nervosität, weil es das Wasserelement erhöht. In hohen Dosen wirkt es als Brechmittel.

Salz hat also die Eigenschaft, so gegensätzliche Elemente zu verstärken wie Feuer und Wasser! Über Salzgenuss oder Salzausscheidung harmonisieren wir im Körper die Elemente Feuer und Wasser. Seine stimulierenden Eigenschaften sind feurig, die hygroskopischen Eigenschaften wässrig. Letztere lindern und reinigen, sie lösen Schlacken, die Organe und Röhren behindern oder verstopfen. Zum Beispiel macht man Nasen- oder Darmspülungen (Prakshalana) mit Meer- oder Salzwasser. Der wässrige Anteil des Salzes beruhigt auch die Nerven und macht den Verstand klar und konzentriert. Rudolf Steiner sagte dazu, wir salzen unsere Speisen nicht nur, um sie geschmackvoll zu machen, sondern damit wir überhaupt denken können. Wenn jemand so krank sei, dass er alles Salzige schon im Magen oder Darm ablagere und nicht verdauen könne, werde er schwachsinnig.

Doch es gibt auch Nachteile, die die Verwendung von Salz mit sich bringen kann: Ein hohes Bedürfnis nach Salz zeigt eine zu starke Verbindung von Persönlichkeit, Gefühl-, Vital- und physischem Körper, also eine zu starke irdische, materialistische Verhaftung, wie sie auch durch tierische Nahrung hervorgerufen wird. Salz verstärkt damit die Bedürftigkeit, Begehrlichkeit und Gier. Es schränkt ein, macht engstirnig und rigide. Es erzeugt ein übersteigertes Selbstbewusstsein und führt zu Selbstgerechtigkeit. Es macht den von ihm beherrschten Menschen zutiefst erdig: konservativ bis völlig unbeweglich.

Wer zu viel Salz isst und nicht genug trinkt, um es wieder auszuschwemmen, trocknet seinen Körper aus. Die Haut wird spröde, faltig, juckend, dunkel und fleckig – alles Luftsymptome vorzeitigen Alterns. Weiterhin beobachtet man Entzündungen und Schwellungen der Lymphgefäße. Typisch sind auch Giftbelastungen des Blutes (Toxämie, toxisches Feuer), Gicht, Rheuma und generell Körperübersäuerung. Weitere Alterungssymptome wie lockere Zähne, Kahlheit und Impotenz stellen sich ein. Wegen der allgemeinen Hitze und Trockenheit im Körper sind Abnutzungserscheinungen unvermeidlich.

Die weit verbreitete Ansicht, dass für Personen mit Bluthochdruck Kochsalz besonders gefährlich ist, kann man heute nicht mehr begründen. Die weltweite Inter-salt-Studie (zitiert bei Pollmer [siehe Literaturverzeichnis]) mit über 10 000 Personen in 32 Ländern zum Beispiel besagt, dass die Beziehung zwischen Kochsalzaufnahme und Blutdruckhöhe, wenn überhaupt vorhanden, sehr schwach ist. Die Ergebnisse innerhalb einzelner Studienorte sind widersprüchlich. Dies bedeutet, dass die Menschen sehr unterschiedlich auf eine Verringerung der Salzzufuhr reagierten. Beim Vergleich verschiedener Studienorte miteinander ergibt sich keine relevante Beziehung zwischen Kochsalz und Bluthochdruck. Dies wird durch andere Studien bestätigt, bedeutet jedoch nicht, dass Sie, falls Sie Hochdruckpatient sind, nicht doch einmal probieren sollten, ob Sie zu den Menschen zählen, die von weniger Kochsalz profitieren.

Trotzdem bestreitet niemand, dass die meisten Menschen hier zu Lande zu viel Salz essen. Wir leben ja in einer sehr

> ### Warum Sie Tafelsalz aus Salinen meiden sollten
>
> - Es wurde erhitzt und raffiniert und wirkt deshalb auf den Körper eher ätzend, brennend.
> - Es kann einen scharfen oder bitteren Beigeschmack haben.
> - Es enthält unzählige schädliche Zusätze (zum Beispiel Rieselfähigmacher) und meistens Jodid, das der Körper aus einer solchen Quelle nicht gut verwenden kann.
> - Es kann sogar radioaktiv bestrahlt sein!
> - Es bindet keine Feuchtigkeit, verstärkt also die genannten negativen Wirkungen von Salz.

materialistischen Gesellschaft. Nach Rudolf Steiner kann der Mensch täglich maximal 1 Gramm Kochsalz ordnungsgemäß verstoffwechseln, und das erst seit etwa 2000 Jahren. Auch ist dies das einzige anorganische Salz, das der Mensch richtig verwerten kann. Manche moderne Quellen geben an, dass 0,25 Gramm täglich ausreichen, andere verdammen Salz völlig. Die moderne Ernährungswissenschaft empfiehlt täglich rund 5 Gramm, der durchschnittliche Salzverbrauch in der Bundesrepublik beträgt jedoch 10 bis 12 Gramm mit Extremen von 4 bis 30 Gramm. Diese hohen Salzmengen stammen nur zum Teil aus dem Salzstreuer in der Küche oder bei Tisch. Sehr viel verstecktes Salz ist in Brot, Schinken, Wurst, Käse, Fischwaren, Fertiggerichten und Knabberartikeln enthalten. Salz dient hier nicht nur als Geschmacksverstärker, sondern zum Teil auch als Konservierungsmittel, ähnlich wie Zucker, mit dem es häufig zusammen auftritt – zum Beispiel im Ketchup (Zuckergehalt: bis zu 30 Prozent!).

Einen sehr hohen Salzverbrauch findet man auch in der Makrobiotik, wobei die erdende Eigenschaft des Salzes entscheidend ist, da die Menschen in Japan und den Ländern Südostasiens häufig eine sehr luftige Konstitution haben.

Am besten ist Salz aus Salat, Gemüse, Meeresalgen (inklusive Kelp) und aus Irisch und Isländisch Moos. An zweiter Stelle folgt sonnengetrocknetes Meersalz. Gleichwertig ist selbst gemahlenes oder zerstampftes Steinsalz.

Jod im Kochsalz ist so überflüssig wie ein Kropf! Um das zu erklären, möchte ich ein wenig ausholen. Haben Sie sich schon einmal Gedanken darüber gemacht, wie die Werte in den Tabellen zu Stande kommen, die angeben, wie viel von einem Nährstoff wir täglich benötigen? Diese Angaben sind unsicher und ungenau. Die hochwissenschaftlich und verlässlich anmutenden Werte beruhen in erster Linie auf Schätzungen und Vergleichen. Sie gründen

- auf Tierversuchen, die auf den Menschen nicht übertragbar sind,
- auf Statistiken, die schon so manchen in die Irre geführt haben und die oft auf zu wenigen bzw. wackligen Basiswerten stehen,
- auf Mangelsymptomen, die häufig weder wirklich spezifisch noch eindeutig noch charakteristisch sind,
- und auf einem völlig ungenügenden Wissen darüber, was in der menschlichen Physiologie wirklich abläuft; so weit ist die Wissenschaft leider noch nicht.

Es ist eine Rechnung mit so vielen Unbekannten, dass mit einem sinnvollen Ergebnis nicht gerechnet werden kann, was die zuständigen Wissenschaftler tunlichst nicht zugeben. Außerdem sind die Zahlen aus juristischen Gründen verfälscht, damit sich niemand beschweren kann, er hätte nicht genug bekommen. Dies alles kann man schon allein daraus ermessen, dass die Tabellen in verschiedenen Ländern krass voneinander abweichen und dass die Angaben alle paar Jahre kräftig verändert werden ...

Will nun der Einzelne berechnen, wie viel und was er essen sollte, um diesen Tabellen gerecht zu werden, kommt er zusätzlich in Kalamitäten:

- Erstens weiß er nicht, wie viel er persönlich braucht, denn es gibt nur wenige Menschen, die dem Durchschnitt entsprechen; die individuellen Bedürfnisse schwanken sehr.
- Zweitens weiß er auch nicht, wie viel von den betrachteten Stoffen die Lebensmittel wirklich enthalten, die er zu essen gedenkt. Wenn man Inhaltstabellen aus verschiedenen Büchern, Ländern und verschiedenen Zeiten betrachtet, dann findet man wiederum sehr erheblich schwankende Angaben zu den jeweils selben Nahrungsmitteln.
- Drittens geben die Tabellen keine Auskunft darüber, was man jeweils abziehen muss, weil die betrachteten Lebensmittel Bestandteile von stark denaturierten Industrieprodukten sind oder weil die Lebensmittel vor dem Verzehr in der Küche verändert werden. Unterschiede in Böden, Kultivierungsart, Erntezeitpunkt, Lagerung, Transport etc. verändern die Gehalte an Inhaltsstoffen erheblich.
- Viertens erfährt kaum jemand, welche Spurenelemente oder Vitamine man heutzutage so nebenbei in Mengen aufnimmt, nur weil diese Stoffe in der Lebensmittelindustrie routinemäßig zur Verbesserung des Produktionsablaufs zugesetzt werden. Dies trifft zum Beispiel auf Jod und Karotin zu, die in der Kropfdiskussion eine große Rolle spielen.

Wenn Sie versuchen, Ihre Nahrung auf Grund der verschiedenen Tabellen zusammenzustellen, gelangen Sie niemals zu einem vernünftigen Ergebnis – ganz davon zu schweigen, dass die sinnliche Befriedigung der Speisen dabei auf der Strecke bleibt, wenn Sie ständig rechnen und zählen müssen.

Noch nicht einmal die Angaben zu Kohlenhydraten, Fett und Eiweiß und zur Menge der benötigten Energie (in Kalorien oder Joule) sind verlässlich zu berechnen bzw. nur von untergeordneter Bedeutung!

Unter diesem Gesichtspunkt betrachten Sie nun bitte den Jodbedarf des Menschen, seine Anfälligkeit für Kröpfe und die Forderung nach jodiertem Speisesalz! Es geistert der Fehlglaube durch die Literatur, Kröpfe seien ein Zeichen von Jodmangel. Der Endokrinologe Professor Hellmut Haubold aus München hat aber schon 1955 zweifelsfrei nachgewiesen, dass dies nicht zutrifft! Darüber hinaus ist seit langem bekannt, dass reichliche Jodzufuhr gerade zu Kröpfen führen kann. Dies belegen Untersuchungen aus einer ganzen Reihe von Ländern, wogegen die abenteuerliche These von der Auswaschung der oberbayerischen Böden durch die Eiszeit schon aus geologischer Sicht mehr als zweifelhaft erscheint. Außerdem gibt es extrem jodarme Gegenden, in denen der Kropf unbekannt ist. Und schließlich werden wir schon seit geraumer Zeit von Flensburg bis Bad Reichenhall mit Produkten von allen nur denkbaren Böden gleichmäßig beliefert.

Schilddrüsenstörungen und Kröpfe sind heutzutage häufig durch Umweltschadstoffe bedingt. Hierbei ist zuerst Nitrat zu nennen, das im Körper die Bildung von Vitamin A aus Carotin hemmt. Vitamin-A-Mangel ist jedoch bei der Kropfentstehung von erstrangiger Bedeutung. Die Schilddrüse wird aber auch geschädigt durch manche Pilz-, Insekten- und Unkrautvertilgungsmittel, die berüchtigten Biphenyle (PCB), Weichmacher, Dioxin, Blei, aromatische Kohlenwasserstoffe und Verbindungen aus Zigarettenrauch, denen wir nicht leicht entgehen können. Jodiertes Speisesalz zum Ausgleich angeblichen Jodmangels ist in Deutschland zugelassen, und seit

1993 dürfen Lebensmittel auch ohne Kennzeichnung Jodsalz enthalten.

Glücklicherweise ist die vorbeugende Einnahme von Jodsalz aber keine Pflicht. Sie sollte es nie werden, denn Arbeiten aus verschiedenen Gebieten der Erde zeigen, dass Schilddrüsenstörungen dann zunehmen. Besonders ältere Menschen sind davon betroffen. Quellen für überschüssiges Jod sind jedoch auch viele Arzneimittel, ein Überkonsum von Algen und vor allem Milch. Sie brauchen sich um eine ausreichende Jodversorgung keine Sorgen zu machen, wenn Sie eine natürliche, abwechslungsreiche Nahrung zu sich nehmen, wie ich sie in meinem Buch *Harmonische Ernährung* und hier beschreibe.

Die Jodbefürworter haben bei »Otto Normalverbraucher« jedoch – dank der Werbung – ihr Ziel erreicht: Das Frühstück stellt heute bei vielen Menschen eine hochjodierte Mahlzeit dar. Das Brötchen bzw. Brot ist in der Regel mit jodiertem Salz gebacken, die Butter stammt von jodhaltiger Milch, weil die Kühe mit jodierten Mineralfuttermischungen gefüttert und ihre Euter mit jodhaltigen Desinfektionsmitteln behandelt wurden. Wurst und Käse enthalten Jod gleich doppelt: erstens durch jodiertes Fleisch bzw. Milch und zweitens durch das bei der Weiterverarbeitung verwendete jodierte Salz. Auch das Frühstücksei enthält Jod, weil die Hennen mit jodiertem Futter traktiert wurden.

Richtig dick kommt es dann beim Kaffee, wenn Sie ihn mit Milch oder Sahne trinken. Hier können sich unter dem Einfluss der Chlorogensäure des Kaffees und Thiozyanats im Speichel aus den in Milch oder Sahne enthaltenen Jodiden Nitrosamine bilden. Diese jedoch sind aggressive Krebsauslöser – die aggressivsten kanzerogenen Stoffe überhaupt. Ihr duftender und ganz harmlos aussehender Frühstückskaffee kann auf diese Weise zum hoch wirksamen Krebscocktail werden. Für eine erfolgreiche Krebsprophylaxe ist es erforderlich, auf den übermäßigen Verzehr von jodhaltigen Nahrungsmitteln zu verzichten.

Die scharfe Geschmacksrichtung

Der scharfe Geschmack hat in Deutschland einen guten Ruf. Meerrettich ist seit alters beliebt, Knoblauch hat sich in den letzten Jahrzehnten stark durchgesetzt, schwarzer Pfeffer gehört zur Standardausrüstung jeder Küche, und eingelegte scharfe Peperoni (Pfefferoni) stehen in jedem Supermarkt. In chinesischen, thailändischen und indonesischen Restaurants sieht man die Gäste eifrig zur scharfen Chilipaste Sambal Oelek greifen, und beim Inder und Mexikaner bestellen viele ihr Essen extra scharf. Wie kann man sich das erklären?

In einer Überflussgesellschaft, in der man so viel essen kann und möchte wie möglich, sind Mittel zur Anregung der Verdauung immer recht. Die scharfe Geschmacksrichtung regt die Verdauung besonders an; deshalb steht sie an erster Stelle. Außerdem spielt sie eine bedeutsame Rolle, weil unsere Gesellschaft sehr auf Ellenbogen, Durchsetzungsvermögen, Vorwärtsdrängen, Erfolg, Selbstbehauptung und aggressives Verhalten gepolt ist. Dies sind die feurigen Eigenschaften, die von scharfen Speisen angeregt und unterstützt werden. Es ist die radschasische Form der Ernährung, welche die Menschen für den Existenzkampf stählt.

Die scharfe Geschmacksrichtung hat folgende Grundeigenschaften: Sie ist leicht, heiß und trocken (genau wie das Feuerelement), das Gegenteil ist süß mit den Eigenschaften schwer, kalt und feucht (genau wie das Wasserelement). Scharf und süß sind also ebenso exakte Gegensätze wie Feuer und

Zimtrinde

Wasser. Wenn der Mund brennt, essen die Inder Jogurt! Nach einem scharfen Mahl möchte man zur Abrundung und Harmonisierung einen süßen Nachtisch!

Der scharfe Geschmack stammt von Aromaölen aus Pflanzen. Er erzeugt zunächst ein Brennen auf der Zunge und führt dann zu Speichel- und Tränenfluss und schließlich dazu, dass auch die Nase läuft. Er regt die Produktion von Verdauungssäften an, allen voran aus Bauchspeicheldrüse und Galle. Der scharfe Geschmack steigert deshalb Appetit und Verdauung und ermöglicht eine bessere Aufnahme der Inhaltsstoffe der Nahrung – vorausgesetzt, man übertreibt es nicht und der Durchsatz der Nahrung wird nicht zu schnell, denn Scharfes regt auch die Darmbewegung (die Peristaltik) und damit die Ausscheidung an. Scharfes löst Schleim im Körper, zum Beispiel im Hals-Nasen-Ohren-Bereich oder auch im Darm, und unterstützt generell Entschlackung und Entgiftung.

Scharf-Aromatisches
- Cayennepfeffer, Chili, rote Pfefferschote,
- grüne Pfefferschote, mexikanische Yalapenjo,
- grüne, weiße und schwarze Pfefferkörner,
- roter Szechuanpfeffer,
- Galgant, Ingwer, Asa foetida (Stinkasant),
- Knoblauch, Meerrettich, Zwiebel,
- scharfes Paprikapulver.

Die Geschmacksrichtung scharf hilft bei der Behandlung von Diabetes, denn sie stimuliert die Insulinproduktion. Insulin gehört wie Verdauungssäfte und Enzyme im Körper zum Feuerelement, das die scharfe Geschmacksrichtung unterstützt. Scharfes reduziert den Cholesterin- und Zuckerspiegel im Blut und reinigt die Arterien. Dadurch sinkt langfristig der Blutdruck, obwohl der Kreislauf im Ganzen angeregt wird. Herz-Kreislauf-Krankheiten entstehen aus Verdauungsproblemen! Man darf aber nicht glauben, man könne Fleisch, Wurst und Nudeln in hohen Mengen weiterfuttern, wenn man die Speisen nur scharf genug würzte. Alles hat seine Grenzen!

Scharfe Gewürze reduzieren das Wasserelement, weil sie diuretisch (harntreibend) wirken. Das trifft zum Beispiel auf Nelken, Zimt, Fenchel und Koriander zu. Sie werden deshalb zur Gewichtsreduktion bei Wasserspeicherung im Gewebe eingesetzt. Die eben genannten mittelscharfen, aromatischen Gewürze reduzieren auch den Wunsch nach Süßem, was ebenfalls beim Abnehmen hilft. Sehr scharfe Gewürze wie Chili (Cayennepfeffer) reduzieren ebenfalls das Wasserelement, regen jedoch das Verlangen nach Süßem an.

Scharfe Gewürze reduzieren auch das Erdelement, weil sie den Stoffwechsel ankurbeln, entschlacken und munter machen. Sehr erdige Typen sollten den scharfen Geschmack jedoch in wässrigen Speisen (Suppen, Saucen, Drinks) genießen, denn scharf verstärkt trocken, was die Erdtypen schon im Übermaß sind – das sind doch die Zeitgenossen mit dem »trockenen Humor«! Lufttypen sollten die scharfen Gewürze bei der Anregung ihrer wechselhaften Verdauung zusammen mit Öl genießen, weil auch sie zur Trockenheit tendieren.

Pfeffer, Zimt, Ingwer und Kardamom können zum Beispiel heiße Milch leichter verdaulich machen: Milch ist kalt, feucht und schwer, auf diese Weise werden alle diese Eigenschaften ausgeglichen. Die Milch wird dabei aber nicht besonders gründlich ausgenutzt. Eine zerdrückte Kapsel Kardamom (und/oder geriebene Muskatnuss) pro Tasse mitgekocht macht Kaffee leichter verträglich. In Ägypten oder in der Türkei trinkt man Mokka gerne mit Kardamom. Probieren Sie's, es schmeckt sehr gut!

Scharfe Gewürze bekämpfen alle Arten von Parasiten im Körper, besonders im Darm. Chili, Ingwer und Knoblauch

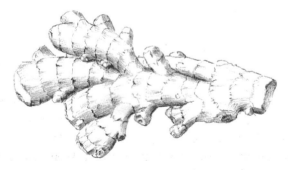

Ingwerwurzel

> ### *Ingwer*
>
> - Überbrühen Sie für einen Ingwertee pro Glas einen viertel bis halben Teelöffel geriebene frische Ingwerwurzel mit heißem Wasser, und trinken Sie den Tee heiß; Sie brauchen ihn nicht abzugießen.
> - Zur Entschlackung, Wärmung und Normalisierung des Blutdrucks und des Kreislaufs trinken Sie ein bis zwei Gläser gleich nach dem Aufstehen und weitere im Lauf des Vormittags.
> - Geriebene frische Ingwerwurzel ist auch in Dressings und Saucen sehr gesundheitsfördernd. Sparen Sie nicht damit. Sie können Ingwerscheibchen auch auf dem Butterbrot essen oder sich kandierten Ingwer kaufen. Es gibt sogar Ingwerbier: das Ginger-Ale!

unterstützen zum Beispiel (im Verein mit Kurkuma) jede Therapie gegen Schwermetalle und Darmpilze (etwa Candida albicans) sehr wirkungsvoll. Knoblauch wirkt auch äußerlich gegen Hautpilz. Um die Wirksamkeit der scharfen Geschmacksrichtung deutlich zu machen, möchte ich noch darauf hinweisen, dass Knoblauch zum Beispiel auch das Auskeimen von Kartoffeln verhindert: Feuer verhindert Wachstum!

Ingwer hat im Übrigen alle medizinischen Wirkungen von Knoblauch – besonders im Verdauungs-, Entschlackungsbereich, bei der Bekämpfung von Herz-Kreislauf-Problemen, bei zu dickflüssigem Blut und anderem –, ohne die für viele unangenehme »Duftnote« zu hinterlassen. Freunden Sie sich mit der frischen Ingwerwurzel an, die Sie inzwischen schon bei einheimischen Gemüseständen finden, und trinken Sie zumindest täglich ein bis zwei Gläser heißen Ingwertee frühmorgens als Erstes zur Entschlackung – es sei denn, Sie sind ein Super-Feuertyp, der das nicht braucht. Wenn Sie in einem indischen Lokal gegessen haben, dann bringt Ihnen der

Ober mit der Rechnung (auf Wunsch) ein kleines Schälchen mit einer Gewürzmischung aus Anis, Dill, Fenchel und ein paar anderen Zutaten. Sie nehmen sich davon so viel, wie zwischen drei Finger passt, und kauen es. Auf diese Weise vermeiden Sie Blähungen und Mundgeruch.

Scharfe Gewürze werden auch häufig zur Konservierung eingesetzt, oft zusammen mit anderen konservierenden Geschmacksrichtungen, besonders mit süß, sauer und salzig. Hier muss ich unbedingt auf die Chutneys hinweisen, die bei keiner ordentlichen indischen Mahlzeit fehlen dürfen. Chutneys kann man frisch zubereiten und sofort verzehren, dann spielt die konservierende Wirkung der scharfen Geschmacksrichtung natürlich keine Rolle. Zum Beispiel erhält man in Südindien und Sri Lanka zum Essen häufig eine Mischung aus frisch gemahlener Kokosnuss zusammen mit Chili und anderen scharf-aromatischen Gewürzen. Sehr weit verbreitet sind jedoch die konservierten Chutneys in Gläsern. Es sind gekochte Obst- und/oder Gemüsestückchen in einer süß-scharfen oder sauer-scharfen oder süß-sauer-scharfen (leicht salzigen) dicken Sauce. Außerdem gibt es noch die Pickles, die keinen Zucker und außer den Obst- und/oder Gemüsestückchen nur wenig Flüssiges enthalten. Sie können mild bis höllisch scharf sein. Am bekanntesten sind Mango-Chutneys und Mixedpickles. Man isst sie in kleinen bis kleinsten Mengen zu den Mahlzeiten. Sie passen durchaus auch zu vielen nichtindischen Gerichten und sind bei der Verdauung sehr hilfreich.

Sie sollten scharfe Gewürze meiden, wenn Sie ein extremer Feuertyp, fiebrig, übermäßig erhitzt oder ärgerlich sind, wenn Sie unter Hämorrhoiden leiden, Punkte vor den Augen sehen, zittern oder während der Periode. Scharfe Gewürze erhöhen den Anteil des Feuerelements und damit die genannten Zustände.

Falls Sie sich entscheiden, durch Einsatz von aromatischen Gewürzen Ihre Verdauung und Entschlackung zu verbessern, dann sollten Sie langsam damit beginnen. Am besten testen Sie zuerst die Wirkung der mild-aromatischen Gewürze aus (die immer noch eine gewisse Schärfe aufweisen) und gehen dann allmählich zu den schärferen über. Steigern Sie die Menge langsam. Der Körper muss sich erst daran gewöhnen.

Mild-aromatische sind folgende Gewürze (nur wenig scharf)
- Kardamom, Nelken, Zimt,
- Rosenpaprika,
- Basilikum, Minze, Senfsamen,
- Anis, Dill, Fenchel,
- Kümmel, Kreuzkümmel.

Als nicht wärmende Gewürze und Kräuter sind die folgenden auch für Feuertypen geeignet:
- frische Kräuter wie Dill, Koriander, Petersilie, Pfefferminz, Schnittlauch,
- Anis, Bockshornkleeblätter (Kasuri Methi), Fenchel,
- Bockshornkleesamen und Kurkuma (beide bitter),
- viele bittere Küchenkräuter.

Die bittere Geschmacksrichtung

Die bittere Geschmacksrichtung hat bei uns keinen guten Ruf. Ich denke, das liegt daran, dass man Bitteres mit Krankheiten verbindet. Man sagt, Medizin müsse so schmecken, wenn sie helfen soll. Wenn jemand etwas Unangenehmes oder Schwieriges durchzustehen hat, spricht er davon, dass er eine bittere Pille zu schlucken habe. »Bitter« steht für »unzufrieden« und dafür, dass man etwas ändern muss, was viele Menschen nur ungern tun. Bitter zerstört die lieb gewonnenen Illusionen und führt uns die Realität vor Augen. Freiwillig nimmt man solche Mittel nicht gern, es sei denn, sie sind mit Alkohol verbunden, der einen gleich wieder in neue Illusionen führt. Zu nennen wäre hier der Schweden- und die Magenbitter, Liköre oder Weine.

Viele Menschen nehmen den bitteren Geschmack nur über Kaffee oder Bier auf! Das ist sicherlich keine gute Idee, denn mit den beiden Getränken allein kann man die Segnungen dieser Geschmacksrichtung auch nicht recht genießen, beide enthalten unerwünschte Stoffe, die schon in den üblichen Mengen gesundheitsschädlich wirken können, das ist ja allgemein bekannt.

Der bittere Geschmack rührt von organischen, basisch (alkalisch) reagierenden Substanzen her, den Alkaloiden. Es sind über 3000 verschiedene Alkaloide bekannt, am besten das Koffein, das Nikotin, die Bitterstoffe aus dem Hopfen, das Berberin aus der Berberitze oder die Bitterstoffe aus bitteren Wild- und Gartenkräutern und Salaten. Besonders die Letzteren enthalten immer auch größere Mengen an basischen Mineralien.

Da die meisten Menschen unter Übersäuerung leiden, ist die bittere Geschmacksrichtung zunächst einmal deshalb wirksam, weil sie stark alkalisch reagiert und deshalb Basenreserven schafft, mit denen die überschüssigen Säuren im Gewebe abgebaut und ausgeschieden werden können. Zum anderen besitzen die Alkaloide eine sehr feine Molekülstruktur, die es ihnen ermöglicht, auch durch sehr kleine Öffnungen in den Körper einzudringen und dort entgiftend und reinigend zu wirken.

Der bittere Geschmack wirkt in erster Linie auf das Verdauungssystem, allen voran auf Leber, Galle und Bauchspeicheldrüse. Die westliche Kräuterheilkunde (Phytotherapie) setzt bittere Kräuter zur Anregung der Verdauung ein, der Ayurveda spricht weniger von Anregung des Feuerelements als von einer Reinigung und Regenerierung der Verdauungsorgane. Im Endeffekt läuft beides auf dasselbe hinaus: Verdauung und Ausscheidung werden verbessert, die Leber wird gereinigt und regeneriert, das Blut wird rein, hellrot und dünnflüssig.

Körperlich wirkt sich das so aus, dass sich zunächst einmal durch Einnahme von Bitterstoffen der Gallefluss und damit Appetit und Verdauungskraft erhöhen, also das gesunde Feuer! Die Nahrung wird besser aufgenommen, verdaut und ausgeschieden – Mundgeruch verschwindet! Zum anderen wird durch vermehrte Tätigkeit der Leber der Körper besser gereinigt, sodass Hautunreinheiten, Ausschläge, Ekzeme, Flecken und Jucken ursächlich, von innen heraus beseitigt werden, weil die zu Grunde liegenden Gifte (das toxische Feuer) ausgeschieden werden. Auf diese Weise beseitigen bittere

Kräuter auch die Ursachen von Fieber, Entzündungen und von Gelbsucht (toxisches Feuer) und töten Darmparasiten und unerwünschte Bakterien ab. Als Folge verbessert sich die Sehschärfe, und die Menschen werden munterer.

Auch die Verteilung der vier Elemente wird beeinflusst: Dr. Vasant Lad, ein bekannter ayurvedischer Arzt, sagt: »Bitter ist besser.« In kleinen Mengen harmonisiert Bitteres alle anderen Geschmacksrichtungen in ihrem Zusammenwirken im Körper, etwa so, wie eine »kleine« Unzufriedenheit Sie dazu verleitet, in Ihrem Leben etwas zu ändern. Durch seine Eigenschaft kalt, leicht und trocken verstärkt die bittere Geschmacksrichtung – wenn sie vermehrt angewandt wird – das Luftelement, weil diese dieselben Eigenschaften aufweist. Das Feuerelement wird harmonisiert, Erde und Wasser werden verringert. Auf diese Weise werden die mentale Aufnahmefähigkeit und Wachheit verbessert.

Besonders bemerkenswert ist, dass bittere Nahrung das Verlangen nach Süßem neutralisiert; denn mit Ausnahme von kalt ist bitter energetisch das Gegenteil von süß: Bitter ist leicht und trocken, süß ist schwer und feucht. Auch kleine Mengen an scharfen Gewürzen – die das exakte Gegenteil von süß darstellen – können die süße Geschmacksrichtung ausbalancieren. Hier besteht jedoch immer die Gefahr, dass man die Grenze des Nützlichen überschreitet, zu scharf isst und den Wunsch nach Süßem verstärkt, weil die Schärfe harmonisiert werden will. Bittere Salate und Kräuter sind der sichere Weg gegen das Verlangen nach Süßem. Die bittere Geschmacksrichtung gleicht auch Wasserüberschuss aus, denn das Wasserelement hat dieselben Eigenschaften wie die süße Geschmacksrichtung, und deshalb wird die bittere Geschmacksrichtung sehr bedeutungsvoll für alle, die abnehmen möchten.

Bittere Kräuter bauen Schleim, Eiter und Ödeme (Wasserspeicherungen im Gewebe) ab, reinigen Röhren und Kanäle und regen die Zirkulation an. Dadurch, dass die bittere Geschmacksrichtung den gesamten Stoffwechsel in Schwung bringt, unterstützt sie den Abbau von Fett und Gewebe und hilft Diabetikern.

Die Krankheitsanzeichen, die bei zu viel bitterer Nahrung auftreten sind alles Luftsymptome. Lufttypen, die zu diesen Auffälligkeiten neigen, sollten mit Bitterem zurückhaltend umgehen:
• Der Mund wird trocken,
• die Haut empfindlich und rau.
• Die Nägel werden brüchig.
• Die Haare fallen aus.
• Verstopfung, Libidoverlust,
• allgemeine Schwäche,
• ein Mangel an Ausdauer,
• unerwünschter Gewichtsverlust sowie
• Auszehrung und Altersschwäche.

Als Kräuterbitter sind besonders die beiden Produkte *Gallexier* und *Bitterstern* zu empfehlen. Die Wirkstoffe des Kräuterbitters *Gallexier* sind Artischocke, Benediktenkraut, Bitterklee, Enzian, Kalmus, Kurkuma, Löwenzahn, Mariendistel, Schafgarbe, Wermut und andere. Gallexier ist im Gegensatz zum traditionellen Schwedenbitter zwar alkoholfrei, enthält aber Zucker (Fruktose)! Der Hersteller empfiehlt vor den Mahlzeiten 2 bis 4 Esslöffel. Der *Bitterstern*, den die Heilpraktikerin Fischer-Freska auf der Grundlage einer alten Klosterrezeptur zusätzlich mit Kräutern aus der chinesischen, ayurvedischen und indianischen Medizin auf dem Hintergrund

Bittere Nahrung

- Artischocken, Endivien,
- Radicchio, Rucola,
- Brunnenkresse, Schikoree,
- Kapuzinerkresse, Löwenzahnblätter,
- Bok Choii (Chinesischer Senfkohl), Spitzwegerich.

der Hildegardis-Medizin entwickelt hat, ist vom energetischen Standpunkt aus besonders hochwertig, wie Kirlianfotografien (der Aura) vor und nach der Einnahme zeigen. Bitterstern enthält Wirkstoffe aus achtzehn Kräutern und Gewürzen, unter anderem aus Zimt, Ingwer, Galgant, Majoran, Koriander, Kardamom, Lavendel und Kümmel. Die bittere Geschmacksrichtung dominiert, andere ergänzen sie.

Bitterstern ist ein echtes »Lebensmittel«; er belebt und wirkt bei allen Beschwerden, die auf Übersäuerung beruhen bzw. bei denen ein Mangel an basischen Mineralien eine Rolle spielt. Er ist weit mehr als einer der üblichen, verdauungsfördernden Magenbitter; er hilft gegen Sodbrennen, Mundgeruch, Gastritis, Blähungen, Durchfall und Verstopfung; er normalisiert die Magensäureproduktion sowie die Sekretion der Verdauungsdrüsen. Er unterstützt die Leber bei der Ausleitung von Schwermetallen und damit der Behandlung von Pilzkrankheiten und Beschwerden durch Darmparasiten.

Er ist ein hervorragendes Entsäuerungs- und Entschlackungsmittel; als solches ist Bitterstern auch sehr hilfreich bei der Gewichtsabnahme und der Zügelung des Verlangens nach Süßem. Er kann innerlich und äußerlich angewandt werden, denn er wird auch sehr gut durch die Haut aufgenommen. Muskelschmerzen, die durch Säure- und andere Schlackendepots im Unterhautfettgewebe bedingt sind, las-

> ### Bittere Gewürze
>
> - Bockshornkleesamen (auch angekeimt), Koriandersamen
> - Gelbwurz (Turmerik, Kurkuma, Haldit, Pulver und frisch).
>   - Gelbwurz ist ein besserer Radikalfänger als die Vitamine A, C, E,
>   - wirkt stark gegen Krebs und andere Tumoren,
>   - emulgiert Fett bei der Verdauung im Magen und
>   - stoppt Blutungen von Wunden.

sen sich durch Einreiben mit Bitterstern günstig beeinflussen, weil die bitteren Substanzen aus den Kräutern und Gewürzen die Säuren neutralisieren und so deren Abtransport unterstützen. Da bittere und andere Kräuterwirkstoffe in Alkohol viel besser bzw. manche in Wasser gar nicht löslich sind, enthält Bitterstern traditionell Alkohol. Die Wirkstoffe sind jedoch so konzentriert, dass 7 Tropfen vor den Mahlzeiten völlig genügen. Beachten Sie aber, dass der Einsatz von Kräutern und Gewürzen zwar sehr hilfreich ist, eine typgerechte Ernährungs- und Lebensweise jedoch nicht ersetzt! In Österreich ist der Bitterstern leicht verändert unter dem Namen Bittersegen erhältlich.

Die zusammenziehende Geschmacksrichtung

Der zusammenziehende Geschmack heißt auch herb oder adstringierend. Das bedeutet, dass diese Geschmacksrichtung das Gewebe zusammenzieht, wenn es damit in Berührung kommt. Wenn Sie zum Beispiel Schlehen essen, dann zieht es Ihnen den Mund zusammen, und das nicht nur, weil Schlehen sauer sind, sondern weil sie adstringierend wirken. Sauer und adstringierend treten häufig gemeinsam auf, weshalb die chinesische Ernährungslehre zwischen den beiden gar nicht unterscheidet.

Der zusammenziehende Effekt rührt von so genannten Gerbstoffen her, den Tanninen. Das sind Säuren, die man zum Beispiel früher aus Galläpfeln zum Gerben von Leder gewonnen hat. Er verstärkt das Luftelement und (weniger) das Erdelement; er reduziert Feuer und Wasser. Er wirkt leicht aufbauend (anabolisch) und beruhigend, weil er die Feinfühligkeit und Irritierbarkeit reduziert. Er trocknet das Gewebe, indem er es zusammenzieht, auspresst. Er wirkt harntreibend (diuretisch). »Zusammenziehend« steht für »introvertiert«, dafür, dass man sich von Stimulation und Aufregung zurückzieht. Wenn man dies übertreibt, wird man unsicher, ängstlich, furchtsam. Man »schrumpelt ein wie eine Backpflaume«, man »spürt die kalte, knochige Hand der Angst an der Kehle«. Adstringierend bewahrt einen vor der Selbstzufriedenheit des Erdelements und vor dem übersteigerten Selbstbewusstsein des Feuerelements. Es führt zur Furcht, nicht genügend geis-

> ### Zusammenziehende Nahrung
> - Amaranth, Buchweizen,
> - Maismehl, Mandelhäute,
> - alter Honig, unreife Persimonen.

tige Nahrung zu erhalten, und verstärkt so das Luftelement. Man sollte zusammenziehende Nahrung in folgenden Fällen meiden:

- Die zusammenziehende Geschmacksrichtung ist (wie die bittere) am wenigsten geeignet für alte Menschen, die bereits über reichlich Luftsymptome verfügen.
- Wenn der Körper kalt und schwach ist,
- wenn Blähungen und Verstopfung vorliegen.
- Bei Impotenz und Altersschwäche ist sie nicht angebracht,
- genauso wenig bei Herzklopfen und Herzstechen,
- Hämorrhoiden,
- Lähmungen,
- Heiserkeit,
- Stottern und Stammeln.

Gemischte Geschmacksrichtung

Die Geschmacksrichtungen kommen in der Natur selten getrennt vor. Viele Lebensmittel, Kräuter und Gewürze stellen eine Kombination aus mehreren dar. Meistens gibt es einen Haupt- und einen Nebengeschmack. Manchmal haben Speisen bis zu fünf verschiedene Richtungen:
- Süß und sauer ist nicht so kalt wie süß allein und sehr gut für Lufttypen geeignet. Sie tritt in vielen Früchten auf, vor allem in (fast) allen Beeren und in Zitrusfrüchten.
- Süß und bitter ist etwas leichter als süß allein und gut für Feuertypen. Es sind vor allem die Kräuter Aloe vera (innerlich als Frischpresssaft oder äußerlich als Gel), Ginseng, Kalmus, Löwenzahn, Safran und Süßholz.
- Süß und scharf ist ausgeglichener, weder zu kalt noch zu heiß; zur Verdauungsanregung besonders gut für Lufttypen. Gewürze, Gemüse und Kräuter: Fenchel, Ingwer, Pfefferminz, Stechwinde (Sarsaparille), Sternanis, Zimt und Zwiebel.
- Süß und zusammenziehend ist weniger feucht als süß, weil zusammenziehend trocken ist; gut für Feuertypen. Gewürze und Kräuter: Alfalfa, Beinwell, Hibiskus, Psyllium (Flohsamenschalen), Sandelholz und Rotulme.
- Scharf und bitter ist kühler als scharf; sehr gut für Wassertypen. Gewürze und Kräuter: Echter Beifuss, Herzgespann, Schafgarbe und Wermut.
- Scharf und zusammenziehend ist gut für Wassertypen.

Gewürze und Kräuter: Salbei, Wachsbeerenstrauch und Zimt.

- Bitter und zusammenziehend sind häufig zusammen anzutreffen; harntreibend; gut für Feuertypen. Gewürze und Kräuter: Bärentraubenblätter, Kanadische Gelbwurz und Wegerich.
- Sauer und zusammenziehend kommt häufig vor; in der chinesischen Ernährungslehre immer zusammen als sauer bezeichnet. Kräuter bzw. Obst/Gemüse: Rhabarber (Oxalsäure) und Spinat.

Ernährung und Lebensweise für den Lufttyp

Damit er seine »luftigen« Begabungen nutzen kann, ohne sich zu schaden, empfehlen sich für den Lufttyp die in diesem Kapitel beschriebene Zusammensetzung seiner Nahrung und die Gestaltung seines Lebensstils. Ebenso findet der »Gegentyp« – zu wenig Luft – Anregungen, wie er für ein Gleichgewicht in seiner Elementeverteilung sorgen kann.

Doch um zu wissen, wie man den Lufttyp erkennt, nenne ich Ihnen zunächst tabellarisch die wichtigsten Merkmale (das sind die Störungen, die auftreten, wenn das Luftelement zu stark wird). Leichte Auffälligkeiten sind die folgenden:
- trockene, raue Haut, brüchige, gerillte Nägel,
- gespaltene Haarspitzen (Spliss), knackende, steife Gelenke,
- ruheloser, gestörter Schlaf,
- trocken, durstig,
- kleinere Krämpfe, Zuckungen, Niesen, Schluckauf,
- Verstopfung, Blähungen, Gewichtsverlust, Abmagerung,
- schlechte Konzentration, Energiemangel.

Als schwere Störungen bei zu viel Luft sind die folgenden Symptome signifikant:

- nervös, fahrig, abwesend, zerstreut und verwirrt,
- hyperaktiv, schlaflos, übermüdet, schwindlig,
- vergesslich, unverantwortlich, chaotisch, nachlässig,
- unfruchtbar, asexuell, vorzeitig alternd und vergreisend,
- starke Zuckungen, Lähmungen, Zittern, Frieren,
- Unfälle aus Unachtsamkeit und Koordinationsverlust,
- Osteoporose, Knochenbrüche, multiple Sklerose,
- Arthritis, Allergien, Asthma, Ischias, Immunschwäche.

Essen bei Überwiegen des Luftelements

Das Luftelement steht zusammen mit dem Feuer prinzipiell für den abbauenden Stoffwechsel; Luft und Feuer schaffen keine Energiereserven im Körper, sie verbrauchen diese. Wenn in einem Menschen Luft und Feuer überwiegen, dann fällt es dieser Person schwer, sich zu regenerieren, auszuspannen und wieder aufzutanken. Das Wasser- und das Erdelement begünstigen den aufbauenden Stoffwechsel. Wasser und Erde sollten also unterstützt werden, um kein Ungleichgewicht zuzulassen.

Drei gleich große Mahlzeiten mit Betonung des Frühstücks sind hier sinnvoll, vor allem wenn man etwas Gewicht zulegen möchte. Zum Frühstück bietet sich beispielsweise ein Schälchen Müsli an aus über Nacht eingeweichtem, geschrotetem Leinsamen, angereichert und geschmacklich verfeinert durch gemahlene Chufas-Nüssli (Erdmandelflocken), Kokosmilch und frisch geriebenen Ingwer, Kurkuma, Kardamom und Zimt. Das sättigt anhaltend und ist ein wahrer Balsam für den Darm. Verstopfung und Blähungen, zu denen der Lufttyp vor allem auf Reisen neigt, gehören dann bald der Vergangenheit an. Falls gewünscht, kann man auch gemahlenen, eingeweichten Mohn oder Flohsamenschalen hineingeben oder eine andere Kombination aus den angegebenen Zutaten wählen. Kaffee und Schwarztee sollten gemieden werden, ebenso wie Süßes und Brötchen mit Marmelade.

Auch Colagetränke würden schaden, denn das wären ja Koffein und Zucker zugleich! Man würde damit wieder nur die Schilddrüse stimulieren, und die ist bei Lufttypen häufig überreizt. Die Schilddrüse spielt bei diesem Typ die Hauptrolle im Konzert der Drüsen, sie ist für die Steuerung des Stoffwechsels zuständig. Wenn sie durch ein Übermaß an Süßem und raffinierter Stärke sowie an Koffein und Tein überstimuliert wird, dann kann der Stoffwechsel entweder in typisch luftiger Weise mit Abmagerung reagieren. Er kann aber auch, wenn in der Konstitution der betreffenden Person ein zusätzliches Problem im Wasser-, also im Gefühlsbereich besteht und wenn sehr häufig und viel gegessen wird, ins Gegenteil umschlagen und Übergewicht produzieren.

In der Auswahl der Lebensmittel sind beide Untertypen in etwa gleich, in der Menge unterscheiden sie sich natürlich. Bei beiden müsste das Luftelement harmonisiert, bei beiden sollte die Schilddrüse beruhigt werden. Sie sollten alle Lebensmittel vermeiden oder zumindest stark einschränken, welche die Schilddrüse weiter stimulieren und luftig machen. Stattdessen heben wir das Erdelement an – wir verstärken Standfestigkeit, Durchhaltevermögen und Geduld. Das Erdelement wird übrigens durch die Nebennieren (einer weiteren innersekretorischen Drüse) repräsentiert. Sie verleiht die genannten Eigenschaften, darf allerdings ebenfalls nicht überreizt werden, sonst kann sie zur Gewichtszunahme fülren. Die meisten Menschen haben einen Drang, ihren eigenen Typ zu verstärken. Wenn Sie ein Lufttyp sind, dann wollen Sie (unbewusst) noch luftiger werden, bzw. wenn Sie

> ### Lebensmittel für den Lufttyp
>
> Folgende Nahrungsmittel (bzw. ihre Einschränkung) verhindern, dass das Luftelement weiter verstärkt wird und dann auf ungesunde Weise überwiegt:
> - rohes, weniger süßes Obst in der warmen Jahreszeit,
> - wenig Gemüserohkost, am besten mittags mit Dressing,
> - reichlich Blattsalate und Kräuter mit Dressing,
> - reichlich schonend gegartes Gemüse, besonders Wurzelgemüse: Kartoffeln, Squash, Kürbis, Zucchini, Rote Bete, Okra, Lauch, Zwiebeln, Knoblauch, wenig Kohl
> - mild bis mittelscharf-aromatische Gewürze mit Öl,
> - Sesamöl, Olivenöl, Leinöl, Nussöl, Ghee (Butterfett), Sahne,
> - wenig heiße Milch mit Gewürzen, kein Käse etc.,
> - wenig Vollkornbrot, kein Weißbrot, Kuchen oder Zucker,
> - reichlich gekochter Dinkel, Reis, Hafer, Gerste,
> - Linsen und Erbsen in Maßen, keine Bohnen,
> - Bockshornkleesamen als Tee, gesprosst oder als Gewürz,
> - Mohn, Leinsamen, Flohsamenschalen, Chufas-Nüssli (Erdmandelflocken),
> - Kudzu-Wurzeln, Algen, Nussmus, Sesammus, Kokosmilch,
> - Suppen, Eintöpfe, Brei, nahrhafte Saucen und Dressings.

ein »Schilddrüsentyp« sind, dann stimulieren Sie (unbewusst) immer wieder und hauptsächlich Ihre Schilddrüse – was auf ein und dasselbe hinausläuft. Die Lösung des Problems besteht darin, zum Ausgleich die innersektretorische Drüse im Körper zu stimulieren, die bisher zu kurz gekommen ist, in Ihrem Fall die Nebennieren.

Das gelingt, wenn man die Kohlenhydrate reduziert (Süßes, Brot, Nudeln, Knödel, Kartoffeln etc.) und Koffein weglässt. Stattdessen nehmen Sie mehr Protein zu sich. Am stärksten wirkt tierisches Protein, also Fleisch und Fisch. Es kann aber auch pflanzliches Protein sein, was den Vorteil hat, dass Sie dann nicht so viele unerwünschte Nebenstoffe mitessen. Für

Lufttypen sind Eier der optimale Kompromiss. Lufttypen sind die Sprinter, die Kurzstreckenmeister; Erdtypen die Marathonläufer. Erstere trinken Kaffee, essen Süßes und putschen damit ihren Blutzuckerspiegel über Gebühr nach oben. Dann sind sie vorübergehend leistungsfähig, aber eher im Sinne von völlig aufgedreht! Der Körper schüttet dann Insulin aus, und nach ein bis eineinhalb Stunden ist der Blutzuckerspiegel tiefer als zuvor. Man sagt, der betreffende Mensch ist in die Unterzuckerung (Hypoglykämie) hineingeraten. Und wieder strebt er zitternd zur Kaffeemaschine und zum Zuckerbäcker, und der Zyklus beginnt von vorne. Man nennt das die tägliche Berg-und-Tal-Fahrt der Energiekurve. Auf diese Weise lassen sich Nervosität und die Sucht nach Süßem aus der Körperchemie zwanglos erklären. Dabei spielen jedoch auch noch andere Dinge eine Rolle, etwa eine Schwermetallvergiftung und dadurch ausgelöster Pilzbefall.

Für alle Aktivitäten, für die Arbeit ebenso wie fürs Vergnügen, ist es viel besser, eine Energiekurve anzustreben, die normal (gemäßigt) ansteigt, also keine Notausschüttung von Insulin erfordert, sich dann lange Zeit auf einem Niveau hält und bis zur nächsten Hauptmahlzeit nur langsam abfällt. Dann müssen wir natürlich noch berücksichtigen, dass Lufttypen keine verlässlich gute Verdauungskraft in Magen und Dünndarm haben. Mal ist sie gut, mal weniger – wie ein Fähnchen im Winde, wie das tägliche Wetter. Solche Menschen sagen: »Ich hab einen nervösen Magen.« An manchen Tagen ist der Appetit gut, an anderen schwach, und dies ist ein getreues Abbild der Verdauungskraft, des Verdauungsfeuers. Der Appetit kann so schwach werden, dass die Menschen vor lauter geistiger Regsamkeit ganz vergessen zu essen. Dagegen helfen Gewürze wie Ingwer, Kardamom, Zimt, Nelken, Koriander, Kreuzkümmel, schwarzer Pfeffer, Paprika, Fenchel, Anis, Bockshornklee und Kurkuma (Gelbwurz). Diese zum Teil der aromatisch-scharfen Geschmacksrichtung angehörenden Gewürze sind für das Luftelement sehr gut geeignet, das Feuerelement im Körper zu erhöhen. Diese Gewürze sollten in Butter, Butterfett (Ghee) oder Pflanzenöl angebraten und mit dem Gemüse zusammen gegart werden. Da sie das Feuerelement erhöhen, haben sie nämlich auch einen trockenen Einfluss, den wir für das Luftelement nicht wollen, denn Luft neigt von sich aus schon zu Trockenheit. Das wird durch diese Zubereitungsart vermieden. Sehr scharfe Gewürze wie Chilis sollte der Lufttyp meiden, weil sie zu stark stimulieren.

Man kann die Verdauung auch durch bittere Kräuter anregen, welche die Verdauungsorgane reinigen (Schwedenbitter, Gallexier, Bitterstern etc.), aber das verstärkt das Luftelement. Auch die Geschmacksrichtung sauer und salzig unterstützen die Verdauung; wir empfehlen Erstere nur bedingt, weil die meisten Menschen übersäuert sind, und Letztere schon gar nicht, weil die meisten Menschen eh viel zu viel Salz essen. Stark riechende Gewürze erhöhen das Erdelement, deshalb sollte der Lufttyp Knoblauch, Zwiebeln und Lauch essen, damit er nicht noch luftiger wird. In saucigen Gerichten hat sich auch der Stinkasant (Asa foetida, ein Wurzelharz aus den Tropen) bewährt, der ebenfalls sehr erdet.

Vor allem aber sollten Luft-, Feuer- und Wassertyp tagein, tagaus viel trinken – und zwar am besten reines, mineralarmes, kohlensäurefreies Wasser, das zumindest Raumtemperatur hat, wenn nicht sogar noch wärmer ist. Ich empfehle auch frischen Ingwertee, Yogitee (siehe Seite 216) oder blankes heißes Wasser, weil das sehr entgiftet: Es handelt sich um abgekochtes bzw. destilliertes Wasser, das eine besonders

Gewürze und Kräuter für den Lufttyp

- *Für die Schleimhäute, gegen Trockenheit:* Bockshornklee-samen, Süßholz, Marshmallow (Eibischteig) Beinwellwur-zel, Borretsch, Irisch und Isländisch Moos, Lotuswurzel, Haferstroh, Shatavari (indisch).
- *Für die Verdauung und Entschlackung:* Ingwer, Kurkuma, Galgant, Zimt, Kardamom, Nelken, Curry, Kreuzkümmel, Koriander, Fenchel, Paprika, Pfeffer, Dillsamen, Knoblauch, Zwiebel, Asa foetida (Stinkasant).
- *Als Abführmittel:* Flohsamenschalenpulver, Leinsamen, Süßholz, Kleie, Backpflaumen, Triphala (indisch).
- *Zur Beruhigung:* Baldrian, Frauenschuh, Ashwaghanda, Muskatnuss, Mohn, Thymian, Pfefferminz, Beifuß.
- *Zur Stärkung:* Ginseng, Tang Kuei, Fo Ti, Süßholz, Kelp, Beinwellwurzel, Brunnen- oder Wasserkresse, Spirulina, Chlorella, Weizengrassaft, Blütenpollen.
- *Gegen Rheuma und Arthritis:* Angelikawurzel, Tang Kuei, Osha, Myrre.

hohe innere Reinigungskraft aufweist. Sie entschlacken und entsäuern damit optimal – eine seit 5000 Jahren bewährte Methode aus Indien.

Und das ist noch nicht alles. Der Körper wird ja nicht nur durch die Versorgung mit Kohlenhydraten, Protein und Fett genährt, sondern durch Gefühle und Gedanken, durch eine liebevolle Umgebung und vieles andere mehr. Der Mensch lebt nicht vom Brot allein. Kultivieren Sie deshalb Wärme in Nahrung, Kleidung und innerer Haltung.

Wenn der Darm wieder besser in Schwung ist, können Sie das oben genannte Frühstück für den Lufttyp variieren. Sie essen dann nur noch eine kleine Menge von diesem Müsli und dürfen sich ein bis zwei gekochte Eier genehmigen, und wenn Sie wollen, sogar von dem guten Dinkel-Vollkorntoast. Und dann sollten sich beide Lufttypen noch bei den grünen

Blattsalaten und Kräutern bedienen. Vor allem die gehaltvolleren Salate mit dem leicht bitteren Geschmack sind am mineralreichsten, also Radicchio, Rucola, Endivien, Chicorée, Löwenzahn, alle Arten von Kresse, vor allem die Brunnenkresse und ein paar Blätter Kapuzinerkresse. Diese Salate reduzieren das Verlangen nach Süßem. Eis- und Kopfsalate können Sie vergessen, die enthalten so wenig, dass es sich nicht lohnt. Stattdessen sollten Sie bei jeder Mahlzeit eine Hand voll Sprossen (angekeimte Saaten) essen. Besonders gut sind diejenigen aus Hülsenfrüchten, allen voran die Mungosprossen, weil sie mehr Protein enthalten und also eher die Nebennieren und damit das Erdelement stärken. Das ergibt alles in allem ein recht ungewöhnliches Frühstück.

Die Diamonds haben in ihrem Buch *Fit fürs Leben* (siehe Literaturverzeichnis) das Obstessen am Vormittag propagiert und gesagt, dass man damit am besten entschlacken und abnehmen kann. Obstessen am Vormittag ist sicherlich eine gute Idee, es fragt sich nur, für wen – jedenfalls nicht für den Lufttypen, und das aus verschiedenen Gründen:

• Obst macht leicht, das sind Lufttypen aber schon.
• Obst kühlt, Lufttypen neigen aber zum Frieren.
• Das meiste Obst enthält reichlich Zucker, der die Schilddrüse stimuliert; die ist bei den Lufttypen aber häufig schon überstimuliert.

Man kann selbstverständlich kleine Mengen an Obst essen, aber nur, wenn man danach nicht friert; dies kann jedoch durch Ingwer- oder Yogitee ausgeglichen werden. Am besten isst man einheimisches, nicht zu süßes Obst, und das in Maßen.

Das Luftelement ist kalt, leicht und trocken. Die korrespondierende Nahrung sollte deshalb heiß, schwer und feucht sein. Da die Lufttypen jedoch eine schwache Verdauung haben, müssen sie schwer verdauliche Lebensmittel wie Milch für sich allein, heiß und mit Gewürzen wie Zimt, Ingwer, Kardamom und Anis verzehren. So ist Milch leichter verdaulich und erhöht wohltuend das Wasserelement. Naturjogurt oder Quark können ebenfalls mit Gewürzen verzehrt werden, Käse würde ich meiden – er ist für Lufttypen zu schwer verdaulich.

Man sollte überhaupt keine Milchprodukte zu sich nehmen, wenn sich zu viel Wasser im Körper eingelagert hat, und vor allem dann, wenn man Zöliakie (Milchzuckerunverträglichkeit) oder eine Allergie bzw. sonstige maskierte Nahrungsmittelunverträglichkeit auf Kuhmilch hat, was häufig vorkommt. Menschen mit einem sehr starken Anteil von Luft in der Konstitution sind auch nicht die geborenen Rohköstler. Ihr Schwerpunkt liegt bei den Mahlzeiten auf schonend (!) Gegartem. Dies sollte Sie zwar nicht hindern, vor allem mittags die Mahlzeit mit einem kleinen Salatteller zu beginnen, wobei Wurzelrohkost jedoch nicht in Frage kommt. Diese ist – ganz besonders am Abend – für luftige Menschen (und andere mit schwacher Verdauung) so gut wie unverdaulich.

Es gibt die unterschiedlichsten Arten von schonend gegartem Gemüse (gedünstet, gedämpft, im Wok gebraten) mit verschiedenen, köstlich gewürzten Saucen – daran sollten sich die Lufttypen vor allem halten. Die Vertreter der Kohlfamilie sollten sie jedoch nur in Maßen verzehren und Pilze ganz meiden. Beide verstärken unter anderem das Luftelement. Dann sind verschiedene Sorten gekochten Getreides hilfreich, wovon ich vor allem Reis, Weizen, Gerste und Hafer und in kleinen Mengen Hirse oder Buchweizen empfehle. Auch gekochte Kartoffeln sind gut, wenn man sich davon

157

nicht unkontrolliert voll stopft! Als Lufttyp isst man sie am besten gewürzt zusammen mit Öl oder Butter, weil sie sonst austrocknend wirken. Dann sollte in jeder Mahlzeit auch ein gewisser Anteil an Proteinträgern (Lebensmittel, die Eiweiß in nennenswerten Mengen enthalten) sein: also entweder tierisches Protein (Fisch, Fleisch) oder pflanzliches Protein (Hülsenfrüchte, Nüsse, Samen).

Wurst sollten Sie strikt meiden. Was er da alles hineingibt, verrät so mancher Metzger noch nicht einmal seiner eigenen Frau, und das aus gutem Grund – die könnte die Wurst dann kaum noch reinen Gewissens verkaufen. Das verstößt zwar gegen die Regeln der Trennkost-Lebensmittel-Kombination, eine Mahlzeit jedoch, die zu 60 Prozent aus Salat und Gemüse und zu 20 Prozent aus Proteinträgern und zu 20 Prozent aus Kohlenhydraten besteht, wird in den meisten Fällen keine Probleme machen. Sie wirkt durch den hohen Gehalt an wasserreichen Lebensmitteln fast wie eine Trennkostmahlzeit. Wenn Sie jedoch ein tellergroßes Schnitzel mit einem Berg Pommes oder eine Pizza verzehren, dann verstoßen Sie gegen die »Regeln«. Die Menge spielt hier die entscheidende Rolle.

Das hat etwas mit der Energieproduktion im Körper zu tun. Die Verwendung der nach Verdauung in Magen und Dünndarm in den Blutkreislauf aufgenommenen Nahrungsbestandteile im Körper (allen voran die Energieproduktion) verläuft ökonomischer, wenn gewisse von Typ zu Typ verschiedene Mengenverhältnisse eingehalten werden. Reine Kohlenhydratmahlzeiten wären für einen Lufttyp ungünstig, ebenso wie reine Proteinmahlzeiten für den Erdtyp – das würde ihn noch schwerer machen. Man kann bei dieser gemäßigten Trennkost zunehmen, wenn man den Anteil an Vollkorn-Getreide und Kartoffeln auf 30 Prozent erhöht und generell kräftig zulangt. Als Lufttyp sollte man jedoch mit

Brot, vor allem Weißbrot, eher sparsam umgehen; das hat folgende Gründe:

- Weißbrot besteht aus feinstvermahlenem Mehl und aus Luft; es verstärkt also das Luftelement.
- Brot enthält Treibmittel, zum Beispiel Hefe, und das kann ebenfalls das Luftelement erhöhen.
- Brot enthält eine Art »Kleister«, der sehr schwer verdaulich ist und unangenehm verschleimt.

Ganze gekochte Körner sind kompakt und erhöhen eher das Erdelement, sind also für Lufttypen, in Maßen genossen, verträglich. Brotsorten wie Pumpernickel sind selbstverständlich auch erdend, aber für Lufttypen einfach zu schwer verdaulich. Hülsenfrüchte, allen voran die Bohnen, können Blähungen erzeugen und sind deshalb nicht gut für sie. Es gibt aber Ausnahmen: zum Beispiel die roten Feuerlinsen, die beim Kochen gelb werden und ohne Einweichen in 15 bis 20 Minuten weich gekocht sind. Wenn diese gut gewürzt als Brei oder Suppe verzehrt werden, wirken sie auch für den Lufttyp segensreich.

Samen sollten nicht mit Mehl oder den handelsüblichen Saucenandickern sämig gemacht werden. Viel besser und abwechslungsreicher sind gemahlene Kudzuwurzel, Pfahlwurzelmehl, Sesammus (Tahin), Mandelmus, Mischnussmus, Erdnussmus oder eingedickte Kokosmilch. Zugleich sind die meisten von ihnen wertvolle Eiweißlieferanten. Kleine Mengen über Nacht eingeweichter Nüsse machen sich auch gut in frischen Salaten; eingeweicht sind Sie viel leichter verdaulich und schmecken obendrein angenehm knackig.

Lufttypen sollten in der Nahrung wie auch zum Einreiben vor und nach dem Baden gute kaltgepresste Pflanzenöle reichlich verwenden. Auch Ghee (Butterfett) ist gut geeignet. Gemüse sollten sie in Öl garen und Salate mit öligem Dressing essen. Für Lufttypen empfehle ich besonders das Sesam- und das Olivenöl, für Salate auch das Leinöl. Sie werden im Naturkostladen verschiedene Algenarten finden. Versuchen Sie, sich an die eine oder andere Art zu gewöhnen. In kleinen Mengen sind sie sehr gute Lieferanten von Mineralien und Spurenelementen, woran es dem Lufttyp häufig mangelt. Wenn Sie damit nicht zurechtkommen, können Sie täglich zwei Kelptabletten nehmen. Das sind gemahlene Algen, die Sie einfach schlucken. Algen kann man auch ins Badewasser tun, ebenso wie Meersalz, Aromen und frisch geriebenen Ingwer.

Lebensweise bei Überwiegen des Luftelements

Wir betrachten die Lebensweise eines Lufttyps an einem Beispiel: Barbara, so wollen wir sie hier nennen, ist eine quirlige Mittdreißigerin, die mich zur Beratung aufsucht. Mit ihrer schlanken, feingliedrigen, knabenhaften Figur stolpert sie über die Schwelle meiner Eingangstür und die Treppe hinauf. Ich schätze sie auf 165 Zentimeter und 48 Kilo. Ihre fein geschnittene, spitz zulaufende, vorwärts drängende Nase steht in leichtem Kontrast zu ihrem zarten Gesicht mit den hohen Backenknochen und ihrer eher durchlässig wirkenden Erscheinung. Dünnes, trockenes Haar umrahmt ihre kleinen, nervösen Augen, und während sie mit ihrer hohen, hellen Stimme aufgeregt zu mir spricht, gestikuliert sie heftig mit den Armen und rutscht nervös auf dem Stuhl herum. Zwischen ihren schmalen Lippen blitzen kleine, unregelmäßige Zähne. Sie beklagt sich über trockene Haut, brüchige Nägel, Haarausfall, Verstopfung, Blähungen und Nervosität. Sie arbeitet in einer Werbeagentur als Texterin. Sie raucht täglich ein Päckchen Zigaretten.

Barbara: »Ich bin bei unseren Redaktionsbesprechungen immer ganz bei der Sache und beteilige mich rege, und das Debattieren macht mir sehr viel Spaß. Wenn ich aber nicht das Wichtigste mitschreibe, weiß ich am nächsten Tag oder gar in der nächsten Woche, wenn ich die Pläne an meinem Bildschirm umsetzen will, keine Einzelheiten mehr.«

Otfried Weise: »Ganz recht, Lufttypen wie Sie haben zwar einen großen ›Arbeitsspeicher‹, sind sehr aufnahmefähig und können mit neuen Informationen sofort arbeiten, aber eine viel zu kleine ›Festplatte‹, also ein schlechtes Gedächtnis. Sie können sich nur das merken, was sie brennend interessiert und womit sie täglich umgehen. Arbeit am Computer ist für Sie, Barbara, übrigens nicht eben förderlich – seine elektromagnetische Strahlung verstärkt das Luftelement, mit dem Sie überreichlich gesegnet sind.«

B.: »Das Problem ist aber vor allem, dass ich vom Hundersten ins Tausendste komme, mich nicht konzentrieren kann und mich durch allerlei Neues, durch meine Kollegen, durch Zeitschriften, Bücher usw. ablenken und anderweitig stimulieren lasse. Schließlich ist das Chaos auf meinem Schreibtisch ein getreues Ebenbild meiner Gedanken, und der Chef wird ärgerlich, weil ich die gewünschten Texte wieder nicht pünktlich abliefern kann.«

O.W.: »Und wenn Sie nach Hause kommen, haben Sie natürlich auch keine Lust, Ordnung zu machen oder zu kochen, und lassen sich lieber zum Abendessen einladen.«

B. nickt und fährt fort: »In meine Unordnung kann ich natürlich auch kaum jemanden einladen, und ich selbst fühle mich auch nicht mehr recht wohl dort. So schlafe ich etwa die Hälfte der Nächte auswärts, heute hier und morgen dort, bei meinen vielen Freundinnen und Freunden. Neulich ist überraschend mein Vermieter aufgetaucht. Er faselte was von regelmäßigen Renovationen laut Mietvertrag und von Kündigung, falls ich nicht endlich pünktlich zahlte. Er stellt sich das so einfach vor. Ich bin meist schon bei Monatsmitte blank, und ob das mit den regelmäßigen Renovierungen wirklich im Mietvertrag steht, weiß ich nicht, ich erinnere mich nicht einmal, wo ich den Vertrag hingelegt habe, und überhaupt hab ich andere Sorgen. Kennen Sie übrigens den neuen Roman von Clavell?«

O.W.: »Und jetzt, bei dem ständig wechselnden, windigen Aprilwetter, haben Ihre Beschwerden noch zugenommen.«

B.: »Deshalb bin ich ja gekommen. Langsam wird es mir unheimlich. Am schlimmsten war es am letzten Wochenende, obwohl ich da eine Obstkur gemacht habe, die ja so gesund sein soll.«

O.W.: »Das wundert mich gar nicht, denn am Sonntag waren Vollmond und Föhn zugleich; und wenn Sie dann nur Obst essen, werden Sie so leicht und luftig, dass Sie nicht mehr gefahrlos über die Kreuzung gehen können, weil Sie in Gedanken überall, nur nicht dort sind, wo sich Ihr Körper gerade befindet.«

»Beinahe wäre ich unter die Räder gekommen«, bestätigt sie hastig und noch aufgeregter. »Dieser blöde Typ, fast hätte er mich erwischt, hätte er nicht seine Augen aufsperren können?«

»Hat er das nicht? Ist nicht er ausgewichen?«, werfe ich provozierend ein. »Schließlich hat er Sie *nicht* überfahren.«

Das wirkte! – Stille! »Übrigens«, werfe ich schließlich wie beiläufig ein, »können Sie eigentlich nachts gut schlafen?«

»Müssen Sie wirklich in allen meinen wunden Punkten herumstochern?«, schießt sie zurück.

»Wer stellt hier die Fragen? Wem soll hier geholfen werden?«, frage ich.

»Nein«, spricht sie trotzig, »ich kann häufig nachts nicht schlafen, wälze mich im Bett und mach mir Sorgen; ich hab Angst, mir könnten beim Texten keine guten Einfälle mehr kommen, ich befürchte, meine Freunde könnten mich verlassen, ich gerate in Panik bei dem Gedanken, dass ich alt und älter werde und das Leben nutz- und sinnlos an mir vorbei-

> **Das Luftelement verstärkt sich:**
> - morgens zwischen 2 und 6 Uhr,
> - in trockenem, windigem Wetter,
> - in kühlem, trockenem Höhenklima,
> - beim Wechsel der Jahreszeiten,
> - besonders zu Frühlingsanfang,
> - durch Unterdrückung natürlicher Körperfunktionen, zum Beispiel Niesen oder Harnlassen,
> - bei Belastung durch Elektrosmog,
> - bei Belastung durch radioaktive oder Röntgenstrahlung,
> - durch elektrischen oder emotionalen Schock,
> - durch mentale und sinnliche Überstimulierung,
> - durch schlechte Luft, Gestank, Lärm, Kälte, Schmutz, Chaos.

zieht, ohne festen Partner, ohne roten Faden, ohne Ziel, ohne Substanz.«

O.W.: »Vielleicht steht Ihr Bett auf einer Wasserader, oder neben Monitor, Fernseher, Radiogerät, Telefon, Elektrowecker und Stereoanlage ist kaum noch Platz für das Bett oder eine schöne Pflanze. Elektronische Geräte haben in einem Schlafzimmer nichts verloren. Sie schaden dem Nervensystem, erhöhen das Luftelement.«

»Ich schau doch so gerne Krimis vor dem Schlafengehen«, protestiert sie.

»Stattdessen sollten Sie lieber durch den Park laufen«, antworte ich.

B.: »Morgens zwischen zwei und sechs Uhr ist es ganz besonders schlimm, obwohl ich dann den Schlaf am nötigsten hätte, weil ich doch so spät einschlafe.«

»So steht es im Lehrbuch«, erkläre ich ihr. »Sie verhalten sich wirklich durch die Bank so, dass Sie Ihre überdurchschnittlich luftige Konstitution noch nach allen Regeln der

Kunst verstärken. Wenn Sie so weitermachen, werden Sie bald unfruchtbar sein und auch nicht besonders alt werden.«

Dieses scharfe Geschütz musste ich jetzt bei so viel Leichtlebigkeit einfach auffahren. Hier konnte nur noch ein Schock helfen. Sie zuckt zusammen und erklärt demonstrativ: »Ich fahr jetzt erstmal in Urlaub.« Diese Art von Verdrängung ist mir von anderen Klienten wohl bekannt. »Ich fahr in die Nordosttürkei, da kenn ich ein paar dufte Typen, wir gehen in die Berge.«

»Das wäre das Letzte, was ich Ihnen empfehlen würde«, werfe ich ein. »Trockenes, windiges Wetter in einem kühlen Höhenklima können Sie jetzt am allerwenigsten brauchen; wollen Sie ganz davonfliegen?«

»Das ist unfair! Sie gönnen mir rein gar nichts«, faucht sie mich an.

Ich pausiere und biete ihr erst einmal – möglichst langsam und bedächtig – einen Rosenblütentee an. Dann lehne ich mich genüsslich zurück und spreche mit ihr eher beiläufig über den Nestfarn und die vielen anderen Pflanzen in meinem Zimmer, über meine Sitzposition am Schreibtisch mit Blick auf die Tür, über den leise plätschernden Zimmerbrunnen und das Wasserfallplakat an der Wand, bei dessen Anblick man den Eindruck bekommt, bald müsse das ganze Zimmer mit Gischt erfüllt sein und unter Wasser stehen. Ich erkläre ihr die Energie verteilende und haltende Wirkung des Windspiels vor der breiten Fensterfront zum Garten, und wir genießen gemeinsam die frische Frühlingsluft, die durch die offen stehende Balkontür hereinstreicht. Man hört Vogelgezwitscher; der Verkehrslärm von der fernen Straße klingt nur gedämpft an unser Ohr.

»Hier würde ich auch gern arbeiten«, sagt sie schließlich.

»Sie haben es erfasst!«, sage ich. »Eine solche Atmosphäre

ist heilsam für Menschen mit viel Luft – ich hab auch reichlich davon. Diese Maßnahmen erhöhen vor allem das Wasserelement, und das ist Balsam für Menschen, die zu Trockenheit neigen; Sie sollten versuchen, Ihr Büro umzugestalten!«

»Versprochen«, sagt sie und lacht.

»Und auf dem Heimweg kaufen Sie eine Flasche guten Rotwein und laden von Ihren Freundinnen die energischste, die resoluteste zu einer Entrümpelungsparty ein. Und dann werfen Sie beide alles raus, was sich in den Jahren angesammelt hat, was Sie aber schon lange nicht mehr benutzen, mochten, sehen konnten. Machen Sie klar Schiff! Besonders leer und frei sollte das Schlafzimmer sein! Außer vielleicht einem Batteriewecker sollte kein Elektrogerät dort verbleiben – auch keine Niedervolt-Leselampe. Am besten wäre es, wenn Sie einen Netzfreischalter einbauen ließen oder vor dem Schlafengehen jeweils die Sicherung für diesen Raum herausdrehen würden. Elektrosmog ist nachts besonders schädlich. Sie erleiden täglich im Büro so viel Stress durch Elektrosmog, dass Sie unbedingt darauf achten sollten, dass dies nicht zu Hause noch fortgesetzt wird. – Und besorgen Sie sich leichte, gut waschbare Gardinen und eine neue Matratze, die nicht staubt. Eine ohne Sprungfedern! Überhaupt sollte Ihr Bett keine Metallteile enthalten.«

»Oh, oh«, wirft sie ein, »das wird teuer!«

»Was man nicht mehr braucht, kann man doch verkaufen«, entgegne ich. »Sie sollten immer mit offenem Fenster schlafen, Lufttypen brauchen stets viel frische Luft, besonders wenn sie unglücklicherweise auch noch rauchen.«

»Ich bin immer ganz lufthungrig, wenn ich aus dem Büro komme«, bestätigt sie.

»Sagen Sie einmal, Barbara«, fahre ich nach einem Schluck

Tee fort, »müssen Sie wirklich in der Innenstadt im 14. Stock eines Hochhauses wohnen?«

»Ich bin auf dem Land aufgewachsen, das hat mir damals sicherlich gut getan, aber jetzt finde ich es dort fad, ich fühle mich dort einsam. Ich hab nicht genug Anregung, finde zu wenig Gleichgesinnte und keine Abwechslung; mir fehlt ganz einfach die Betriebsamkeit der Stadt.«

O.W.: »Das kann ich gut verstehen – aber sind wir uns nicht einig, dass Sie sich unbedingt mehr erden müssen? Sie sollten auf dem Land in einem Einfamilienhaus wohnen und im Keller oder Erdgeschoss möglichst nah am Boden schlafen. Durchs offene Fenster sollten Sie die Gartenerde und die Pflanzen riechen! In Ihrer Freizeit sind Umgraben, Hacken, Jäten, Pflanzen und andere Gartenarbeiten angesagt – oder Töpfern, Mineraliensammeln, Wandern in Wald und Flur. Urlaub sollten Sie im Tiefland in feuchtem Klima, an einem Wasserfall, Fluss, See oder am Meer im Zelt verbringen. Sie sollten mehr Regelmäßigkeit und Rhythmus in Ihr Leben bringen. Alles in der Natur läuft rhythmisch: Tag und Nacht, hell und dunkel, Sommer und Winter, jedes Organ hat im Tagesrhythmus seine Hauptwirkzeit – alles richtet sich nach der Sonne oder anderen kosmischen Rhythmen. – Einen realistischen Tagesplan sollten Sie sich machen und sich wenigstens probeweise eine Zeit lang daran halten.«

»Das auch noch? Ich liebe es, spontan zu sein!«

»Liebe Barbara, handeln Sie nicht eher zerstreut, fahrig, zwanghaft, extrem, extravagant?«, werfe ich mitfühlend ein. »Können Sie überhaupt Termine einhalten? Hier sind Sie ja auch eine halbe Stunde zu spät gekommen!«

Sie will protestieren, nickt aber schließlich zustimmend, wenn auch recht zögerlich. Ich bemerke ein nervöses Zucken unter ihrem rechten Auge. Sie fährt sich zum x-ten Male mit beiden Händen hastig durch die Haare.

»Sie sind in Ihrer Nervosität und Leichtigkeit ein schwerer Fall. Schwere Fälle brauchen gründliche Lösungen. Mit Ernährung allein werden Sie nicht weiterkommen, vor allem schon deshalb nicht, weil eine gesunde, erdende Ernährung zurzeit nicht im Geringsten zu Ihrem Lebensstil passt. Sie würden sie nicht durchführen, geschweige denn durchhalten können. Ändern Sie zunächst möglichst viel von dem, was wir heute besprochen haben, und wenn Sie das nächste Mal kommen, reden wir über Ihre Ernährung. Man kann nicht alles auf einmal ändern!«

B.: »Das ist eine gute Idee – mir raucht sowieso schon der Kopf. Sie haben mich ganz schön aufgemischt! Mein Kopf fühlt sich jetzt an wie ein Bienenschwarm.«

»Das tu ich doch gern«, bemerke ich lachend. »Sie rufen mich jetzt jeden Mittwoch um 18 Uhr an und berichten über Ihr Umstellungsprogramm. Sobald ich spüre, dass Sie Neues verkraften, machen wir einen Termin für eine reine Ernährungsberatung; später können wir, falls Sie das wünschen, auch noch darüber sprechen, wie Sie in Ihre eigene Mitte kommen und im Leben Sinn und Ziel finden.«

Lebensweise bei (zu) viel Luft

Stärken Sie Ihr Erdelement und Ihr Immunsystem durch folgende Maßnahmen:

- Kultivieren Sie Stetigkeit, Regelmäßigkeit und Ordnung im Leben, vor allem beim Essen, Arbeiten und Schlafen; denken Sie daran, dass alles in der Natur rhythmisch abläuft und Sie sich diesem Rhythmus nicht ganz entziehen sollten, wenn es Ihnen gut gehen soll.
- Konzentrieren Sie sich auf wenige Projekte bzw. Fachgebiete gleichzeitig und vertiefen Sie diese; verzetteln Sie sich nicht!
- Beschäftigen Sie sich nicht gleichzeitig mit mehreren Dingen.
- Essen Sie langsam, kauen Sie gründlich, genießen Sie das Essen.
- Vermeiden Sie anstrengende Freizeitbeschäftigungen bis tief in die Nacht.
- Vermeiden Sie Elektrosmog, Erdstrahlen, schlechtes Feng Shui etc.
- Meiden Sie anstrengenden Sport und bevorzugen Sie langsame, rhythmische Tätigkeiten wie Wandern, Barfussgehen, Gärtnern, Töpfern, das Sammeln von Pflanzen und Steinen in der Natur; Buchführung.
- Üben Sie sich in stetig wiederholenden, mechanischen, körperlichen Tätigkeiten wie Abwaschen, Aufräumen, Ausmisten, Ordnen.
- Schlafen Sie im Erdgeschoss oder Keller, nahe am Boden.
- Entwickeln Sie ein tief gehendes materielles und spirituelles Sicherheitsgefühl: durch Kontrolle Ihrer Umwelt, durch gute Organisation, Ordnung in den Finanzen und durch Wachstum Ihres Urvertrauens, durch Gebet, Meditation und Affirmation, damit Angst, Unsicherheit und Unruhe abnehmen.
- Verbessern Sie Ihren Geruchssinn mit Aromaölen wie Eukalyptus, Pfefferminz, Rose, Sandelholz, Ingwer, Zimt, Kardamom.
- Stärken Sie Ihr Herz durch Walzertanzen.

Stärken Sie Ihr Wasserelement durch folgende Maßnahmen:
- durch »Wassermusik«, zum Beispiel Händel, Chopin, Mahler, Adagios von Albinoni, Pachelbel, Bach, Harfenmusik, zum Beispiel von Vollenweider.
- Leben und urlauben Sie an Gewässern, naturnah und in guter Luft.
- Duschen, baden, schwimmen und tauchen Sie häufig.
- Verwenden Sie vor oder nach dem Bad ein gutes Öl, zum Beispiel Sesamöl.

Stärken Sie Ihr Feuerelement durch folgende Maßnahmen:
- Kultivieren Sie Wärme in Nahrung, Kleidung und geistiger Haltung.
- Schließen Sie Freundschaften mit offenen, mutigen Menschen.

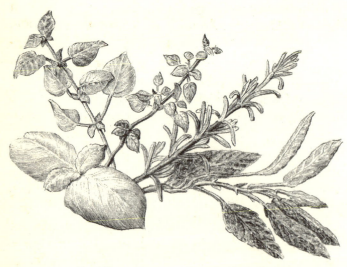

Basilikum, Oregano, Rosmarin, Salbei

Gefühle: (k)ein Thema für die Lufttypen

Lufttypen haben oft Probleme im Umgang mit ihrem Gefühlsbereich. Es kommt häufig vor, dass sie Gefühle kaum wahrnehmen, jedenfalls würden sie sie am liebsten nicht ausdrücken. Dadurch geraten sie noch mehr »in die Luft« und verlieren auf diese Weise die Fähigkeit zu tiefer gehenden menschlichen Beziehungen. Sie führen natürlich »gute Gründe« für ihr Verhalten an. Sie sind der Ansicht,

- der Mensch sei in erster Linie ein *denkendes* Wesen,
- Gefühle seien in früheren Entwicklungsstufen bedeutsam gewesen, jetzt nicht mehr,
- Gefühle seien kein Zeichen von Intelligenz,
- Gefühle ändern sich ständig und seien deshalb nicht zuverlässig,
- Gefühle verleiteten uns zu unzweckmäßigen und unmoralischen Handlungen,
- der Ausdruck von Gefühlen sei unmännlich,
- das Zeigen von Gefühlen sei in den meisten Situationen unpassend,
- durch »Zurschaustellung« von Glück erregte man den Neid anderer,
- durch Ausdrücken von Leid und Schmerz werden diese eher schlimmer,
- Gefühle auszudrücken, sei unvernünftig und überflüssig,
- steter Gleichmut, äußerlich dargeboten mit einem »Pokerface«, sei ein erstrebenswertes Ideal,
- das Wahrnehmen und Ausdrücken von Gefühlen sei reine Zeitverschwendung und halte nur vom Denken und Handeln ab.

Wir sollten natürlich trotzdem unsere Gefühle wahrnehmen und ausdrücken, denn:

- Der Mensch unterscheidet sich bekanntermaßen zwar vom Tier dadurch, dass er denken kann; er ist aber immer noch hauptsächlich astral polarisiert, das heißt, sein Gefühlskörper hat am meisten Energie.
- Es ist unabdingbar, dass wir möglichst genau wissen, was in uns vorgeht;
- denn nur dann erfahren wir unsere wahren Motive und Prioritäten.
- Dies ist besonders deshalb bedeutsam, weil wir noch immer über 85 Prozent unserer Entscheidungen »aus dem Bauch heraus«, also gefühlsmäßig, treffen.
- Durch Unterdrücken von Glücksempfinden und Freude unterdrücken wir unsere Vitalität und schädigen unser Immunsystem.
- Durch Unterdrücken von Schmerz und Leid bzw. von unerwünschten Eigenschaften erweitern wir unseren unterbewussten Anteil: unseren Schatten, der uns erheblich Energie raubt und zu falschen Schlüssen und Handlungen treibt.
- Die Wahrnehmung unserer eigenen Gefühle befreit uns von der ungerechtfertigten Projektion derselben auf andere und von der unbewussten Übernahme von Gefühlen Fremder.
- Durch den Ausdruck unserer Gefühle geben wir den Mitmenschen klare Botschaften über unseren inneren Zustand und können uns mit ihnen solidarisieren.
- Das Ausdrücken unserer Gefühle hindert uns daran, ein reiner, unausgeglichener Kopfmensch zu sein.

Wir sollten unseren Gefühlen folgen,
- wenn sie häufig wiederkehren und sehr beeindruckend sind,

- wenn wir dadurch niemandem schaden,
- wenn es Mut kostet,
- wenn auch eine uneigennützige Komponente enthalten ist,
- wenn es sich um die Stimme unserer Seele handelt.

Wir sollten unseren Gefühlen nicht ohne weiteres folgen,
- wenn es sich um einen bequemen Ausweg handelt,
- wenn wir dadurch einer notwendigen Entscheidung aus dem Wege gehen,
- wenn wir dadurch die Freiheit anderer einschränken,
- wenn wir dadurch anderen schaden.

Papaya

Der Lufttyp und das Thema
»Grenzen und Identität«

Luftmenschen haben Angst vor Enge und Grenzen. Sie fürchten, vereinnahmt zu werden, und halten deshalb in menschlichen Beziehungen generell Abstand. Sie brauchen Platz und Freiheit (die »lange Leine«); wenn Sie einen Lufttyp gängeln und einengen, sind Sie ihn schnell wieder los. Lufttypen weiten ihre eigenen Grenzen ständig aus – sie wollen, vor allem geistig, ständig Neuland betreten. Deshalb nutzen sie ihre Beziehungen in erster Linie zur geistigen Anregung. Sie sind daher unbeständig und tendieren zu Partnerwechseln, denn sie brauchen immer wieder neue, frische Anregungen (Aufregungen). Sie bevorzugen deshalb oberflächliche Beziehungen zu vielen und kennen und lieben viel häufiger »Geschwister« – Beziehungen, in denen es überhaupt nicht auf Sex ankommt. Darüber hinaus verachten sie institutionalisierte Partnerschaften ohne Harmonie und lassen sich scheiden, wenn Liebe und Harmonie zu stark nachgelassen haben. Sie passen also schlecht in die üblichen Moralvorstellungen, von denen sie genau wissen, dass sie nur der Ausdruck der gegenwärtigen Gesellschaft sind und keinen prinzipiellen oder bleibenden Wert haben.

Lufttypen entwickeln in Beziehungen Loyalität auf Grund von Fairness und nicht auf Grund von Gruppenzugehörigkeit oder Familienbanden. In einem Mafiaclan würden sie sich unwohl fühlen, weil sie wissen, dass es unmöglich stimmen kann, dass der Clan »immer Recht hat«. Sie brauchen Disziplin zur Kontrolle ihrer Zerstreutheit und ihrer Neigung, in niemals endender Faszination Energie zu verschleudern und zu verschwenden. Lufttypen kennen in mitmenschlichen Beziehungen ihre Grenzen und können zwischen sich und

174

anderen gut unterscheiden. Sie identifizieren sich über ihre (zahlreichen) Beziehungen und treten generell für faire, »rechte« Beziehungen ein. Ja, nicht nur das, sie stellen sogar die Regeln für den rechten mitmenschlichen Umgang auf, indem sie »Benimmbücher« schreiben. Bevor sie jemandem näher treten oder ihn stören könnten, fragen sie höflich, weil sie selbst auch nicht ungefragt in Beschlag gelegt werden möchten. Sie verachten Unterschiede von Status, Rasse, Religion und Geschlecht, sind aber am liebsten unter Luftmenschen (also mit ihresgleichen). Sie sind von allen Typen am ehesten asexuell oder homosexuell.

Essen und Lebensweise bei zu wenig Luft

Es ist ein typisches Zeichen von zu wenig Luft, wenn man inflexibel ist, lieber beim Alten bleibt und es schwer fällt, sich zum Beispiel neue Arbeitsmethoden und Organisationsstrukturen vorzustellen. Wenn jemand mit solchen Eigenschaften anfängt zu meditieren, bedeutet dies, dass er bewusster, feinfühliger, »spüriger« werden möchte. Er will sich aus den Verstrickungen der schweren Materie dieser Erde etwas lösen und mehr ins Luftelement gehen. Dies ist nicht nur eine interessante Sichtweise – »handfeste« Resultate lassen sich damit erzielen. Vieles von dem, was Sie jetzt lesen, würde die besonders erdigen Typen, denen es an Luft mangelt, ein bisschen lockern; es gilt aber auch für bereits Meditierende; es wird sich bei diesen jedoch stärker auswirken, weil sie sich systematisch und intensiver damit beschäftigen.

Wenn das Luftelement unterentwickelt (und damit das Erdelement stark) ist, sind Verdauung in Magen und Dünndarm und die Bewegung des Kots im Darm träge. Der Speisebrei hält sich folglich zu lange im Darm auf, wird nährstoffmäßig sehr gründlich ausgenutzt, sehr stark eingetrocknet, und es können sich in Ausbuchtungen im Darm (in so genannten Divertikeln) Kotreste ansammeln, die dort viele Jahre bis Jahrzehnte lagern. Auch Gärung und Fäulnis können auftreten, mit allen möglichen Rückvergiftungen aus dem Darm in den Körper. Der Tod sitzt im Darm, denn viele Menschen tragen ihre eigene Jauchegrube mit sich selbst herum. F.X.

Mayr, der berühmte Fastenarzt, spricht zum Beispiel vom Kotbauch. Solche Menschen nehmen zusätzlich an Gewicht zu, weil sie meist zu viel essen und weil ihr Energieumsatz zu langsam läuft; sie speichern dann alles, was sie zurzeit brauchen, im Körper zur späteren Verwendung. Sie sind die typischen guten Futterverwerter. Das passt gut zu ihrer Einstellung, sie sind nämlich meist darauf aus, sich Sicherheit zu verschaffen, Reserven zurückzulegen, vorzusorgen. Und dabei verpassen sie bisweilen die Notwendigkeiten der Gegenwart. Abhilfe bringt hier eine Verstärkung der Verdauungskraft sowie der Aktivität auf zellulärer und nervlicher Ebene.

Luftmangel bedeutet, dass der Körper zu schwer und zu unbeweglich geworden ist. Abhilfe schaffen deshalb Lebensmittel, die leicht, trocken und anregend sind. Schwere Speisen sollten so wenig wie möglich gegessen werden; dies sind folgende Nahrungsmittel:
- Fleisch, Fisch, Wurst, Milch und Milchprodukte, Öl und Fett,
- Brot, Kuchen und anderes Gebäck, besonders solches mit viel Zucker und Fett (leichtes, luftiges Brot wie Baguette, Brötchen und Toast sind, in Maßen, unbedenklich, zumindest machen sie leicht, wenn sie auch den Körper nicht optimal versorgen),
- Süßigkeiten, Schokolade, Pralinen, Schokoriegel etc.
- Salz sollte nur sparsam verwendet werden.

Das schränkt zwar alles ein, wovon die Luftmangeltypen normalerweise leben, aber nur so kann man eine Wendung zum Besseren bewirken. Bei denen, die unter ihrer Schwere auch körperlich leiden, wird man trotzdem ein offenes Ohr

Essen und Lebensweise bei (zu) wenig Luft

- Lassen Sie täglich eine Mahlzeit aus, vorzugsweise das Frühstück.
- Fasten Sie wöchentlich einen Tag oder jährlich einmal ein bis zwei Wochen.
- Essen Sie nur, wenn Sie hungrig sind, nicht aus Gewohnheit.
- Wählen Sie leicht verdauliche und richtig kombinierte Speisen.
- Schränken Sie alle tierischen Produkte ein (die erden besonders).
- Bevorzugen Sie Obst, Gemüse, Salate und (in Maßen) Körner.
- Regen Sie Ihr Verdauungsfeuer mit Kräutern und Gewürzen an.
- Treiben Sie Sport; dabei kommt es auf Geschicklichkeit, Wendigkeit und generell auf das Spielerische, Leichte an.
- Schlafen Sie weniger.
- Beschäftigen Sie sich mit geistigen Dingen: Lesen Sie, bilden Sie sich weiter, lassen Sie sich stimulieren.
- Reisen Sie, das erweitert den Horizont und relativiert!

finden. Rohkost ist die beste Ernährungsform für Menschen mit zu wenig Luft! Vor allem rohes Gemüse, Salate und frisch gepresste Obst- und Gemüsesäfte sollten es sein. Stangensellerie, Blattsalate, Alfalfasprossen, alle Gemüse der Kohlfamilie, als da sind Weißkohl, Blaukraut, Rosenkohl, Wirsing, Blumenkohl, Brokkoli und Grünkohl. Diese Kohlsorten enthalten Schwefel, weshalb es im Hausflur riecht, wenn jemand Kohl kocht. Schwefel erhöht das Feuerelement, und man wird dadurch munterer; Kohl verstärkt auch das Luftelement.

Von den Gemüsesorten wie Kartoffeln, Süßkartoffeln, Squash, Zucchini und Kürbis sollten nur kleine Portionen gegessen werden, die machen eher schwer. Obst ist für schwere Menschen äußerst vorteilhaft, besonders zum Frühstück. Einen solchen Start in den Tag würde ich Luftmangeltypen in der warmen Jahreszeit wärmstens empfehlen. Der tägliche Genuss von Äpfeln hilft ebenfalls sehr, auch Trockenfrüchte sind angesagt, weil sie das Luftelement verstärken.

Sie sollten aber nicht nur wenig Brot essen, auch von gekochtem Getreide sollten keine Riesenportionen verzehrt werden. Am besten eignen sich die leichteren Sorten wie Hirse, Roggen und Buchweizen. Getreide zweiter Wahl sind hier Reis (besonders auch Reiswaffeln), Gerste und Mais (zum Beispiel Polenta oder besonders Popcorn). Die Luftmangeltypen sollten eine Anleihe machen bei Mütterchen Russland und Kasha essen (das ist ein Brei aus geröstetem Buchweizen).

Hülsenfrüchte sind ebenfalls empfehlenswert, wenn sie – so weit nötig – gut eingeweicht und gewürzt wurden. Zu viel ist aber auch hier abträglich.

Im Umgang mit Gewürzen können und sollten Menschen mit zu wenig Luft großzügig sein, die Gewürze sollten aber nicht mit Öl angebraten oder in fettigen Speisen mitgekocht werden. Das würde das Erdelement verstärken. Ich empfehle Ingwerpulver, schwarzen Pfeffer, Koriander, Kümmel und Kardamom und rate ab von Knoblauch, Zwiebeln, Lauch und Bärlauch. Zur Anregung der Verdauung eignen sich hier besonders die bitteren Kräuter, die man zum Beispiel im Reformhaus als Bitterelixier oder Schwedenkräuter kaufen kann, denn sie erhöhen neben dem Verdauungsfeuer auch das Luftelement. Die Betroffenen freuen sich, wenn man ihnen Enzianschnaps, Magenbitter und andere Verdauungselixiere empfiehlt. Für jemanden, der meditieren oder nach dem Essen geistig arbeiten will, sind natürlich die alkoholfreien Bitter besser.

Aufgeschlossene Menschen dieser Art können in der Regel eine Darmreinigungskur wie zum Beispiel Éjuva gut gebrauchen und vertragen (in meinem Entschlackungsbuch habe ich ausführlich darüber berichtet [siehe Literaturverzeichnis]). Im Schrifttum der Zeitlosen Weisheit, auf dem alle Religionen basieren, gibt Meister Morya den Rat, Pfefferminz zur Verbesserung des Denkvermögens zu verwenden, was Luftmangeltypen besonders gebrauchen können. Eukalyptus hilft ebenfalls. Man kann diese Essenzen in einer Aromalampe verströmen. Ein guter Freund von mir reibt sich täglich mehrmals Pfefferminz in seinen Schnurrbart. Sie sollten das mal ausprobieren. Es wirkt sehr gut. Es hilft auch, während

Enzian und Enzianwurzel

geistiger Arbeit dünnen grünen Tee, Pfefferminztee, Ginseng-tee oder Kalmustee zu trinken.

Und noch etwas: Nüsse sind zwar für schwere Menschen nicht eben geeignet, denn sie machen noch schwerer. Eine kleine Portion täglich ist jedoch zumindest für Vegetarier wichtig, denn Nüsse erleichtern das Denkvermögen, weil sie Phosphor in Form von Lezithin enthalten. Schon im 19. Jahrhundert hat ein gewisser Moleschott nach umfangreichen chemischen Untersuchungen festgestellt: »Ohne Phosphor kein Gedanke«, und der berühmte Rudolf Steiner hat verkündet: »Ohne Phosphor könnten wir unser Gehirn gar nicht recht zum Denken nutzen.« Geistige Arbeit, Meditation und Bewusstwerdung sind jedoch ohne optimale Gehirntätigkeit nicht möglich. Am besten verdaulich sind Samen und Nüsse, wenn man sie über Nacht einweicht oder schon gemahlen, also feinstverteilt, kauft und noch mit Wasser, Kräutern und Gewürzen zu Saucen verarbeitet.

Ernährung und Lebensweise für den Feuertyp

Damit er seine »feurigen« Begabungen nutzen kann, ohne sich zu schaden, empfehlen sich für den Feuertyp die in diesem Kapitel beschriebene Zusammensetzung der Nahrung und die Gestaltung des Lebensstils. Es wird aber auch ausgeführt, wie der »Gegentyp« – zu wenig Feuer – sein Potenzial optimal nutzen kann.

Um zu wissen, wie man den Feuertyp erkennt, nenne ich Ihnen wie beim Lufttyp zunächst stichwortartig die wichtigsten Merkmale (das sind die Störungen, die auftreten, wenn das Feuerelement zu stark wird). Leichte Störungen bei viel Feuer sind die folgenden:
- gerötete Augen, fanatischer Blick, Ärger, Irritabilität,
- starkes Schwitzen und Körpergeruch, häufiges Erröten,
- zunehmender Durst und Appetit, Sodbrennen,
- Neigung zu Brennen und Entzündungen, Hautausschlag,
- Leichtsinn, Wagemut, geringer Überlebensinstinkt.

Als schwere Störungen bei zu viel Feuer sind die folgenden Symptome zu nennen:
- chronische Gereiztheit, Wutausbrüche, Gewalttätigkeit,

- Akne, Gelbsucht, Fieber, Durchfall, Hämorriden,
- Magengeschwüre, Übersäuerung, Sehstörungen,
- fiebrige Entkräftung, häufige und schwere Unfälle.

Essen bei Überwiegen des Feuerelements

Der »Super-Feuertyp« leidet oft unter einem unstillbaren Appetit. Ihn quält eine brennende Sehnsucht nach immer mehr Essen. Er isst häufig und stets Riesenportionen, nimmt aber weder zu, noch fühlt er sich voll – für Menschen mit starker Tendenz zur Gewichtszunahme bei geringem Verzehr ein beneidenswerter Zustand, für die Betreffenden indes gar nicht ungefährlich, weil der Organismus trotz der raschen Verdauung stark beansprucht wird, sodass sich mit zunehmendem Alter trotz aller Robustheit Störungen einstellen, die ein anderer, der seine Verdauungsschwäche kennt und verantwortungsvoll damit umgeht, leichter vermeidet.

Da sich Feuertypen »reinsten Wassers«, die ihr Feuer lieben, meist wie Machos oder Abenteurer benehmen, überstrapazieren sie sich generell und sehen dann in reifen Jahren aus wie jemand, der zwar siegreich, aber ramponiert aus der Schlacht nach Hause gehumpelt kommt. Feuertypen sollten ihren Appetit reduzieren. Sie sollten ihre Verdauung durch Scharfes, Saures oder Salziges nicht auch noch anregen. Lediglich milde, aromatische Gewürze sind in kleinen Mengen sinnvoll. Diese Menschen sollten viel frisch gepresste Fruchtsäfte und reichlich Wasser trinken.

Da Feuer durch die Eigenschaften heiß, leicht und trocken charakterisiert ist, isst man zum Ausgleich Speisen, die kalt, schwer und feucht sind. Feuertypen mit ihrer bärigen Verdauung kommen mit rohem Gemüse und Salat blendend zu-

Lebensmittel für den Feuertyp

Folgende Nahrungsmittel (bzw. ihre Einschränkung) verhindern, dass das Feuerelement weiter verstärkt wird und dann auf ungesunde Weise überwiegt:

- reichlich rohes Obst zu allen Jahreszeiten,
- reichlich Salate und Gemüserohkost, am besten ohne Dressing,
- wenig schonend Gegartes, mild gewürzt mit wenig/ohne Öl,
- keine Anregung der Verdauung durch Scharfes, Saures oder Salziges!
- Gut sind mild-aromatische Gewürze und frische Küchen- und Wildkräuter.
- Rohmilch und Rohmilchprodukte sind in Maßen zu empfehlen.
- Möglichst wenig Fleisch, Fisch, Schalentiere und Eier,
- wenig Vollkornbrot und -brötchen,
- reichlich Basmatireis, Hafer, Dinkel oder Weizen, Gerste,
- Mungobohnen, Erbsen, Kichererbsen und Tofu, *keine* Bohnen,
- nichts Gebratenes und Frittiertes, wenig Nüsse,
- wenig Sonnenblumen-, Kokos- und Sojaöl, Ghee (Butterfett) und Butter.
- Der Feuertyp verträgt Zucker, Eiskrem, Kuchen etc. noch am ehesten.
- Viel flüssige und wasserhaltige Nahrung, Kühlendes.

recht – nicht nur das, die Rohkost tut ihnen ausgesprochen wohl. Am besten essen sie diese so gut wie ohne Dressings – also weder mit Essig noch mit Öl –, und scharfe Gewürze wie Knoblauch, Lauch, Schnittlauch, Rettich, Zwiebeln etc. kommen besser erst gar nicht auf ihren Speiseplan. An Gewürzen dürfen sie (möglichst wenig!) Kreuzkümmel, Koriander, Fenchel, Kurkuma und in ganz kleinen Mengen auch Kardamom und Zimt verwenden. Frischer Koriander, Dill, Estragon, Petersilie, Pfefferminze, Zitronenmelisse und vergleichbare Kräuter sind gut für sie. Limonen oder Zitronen sind stark kühlend (wie auch Orangen und Grapefruit) und deshalb in kleinen Mengen hilfreich. Am zuträglichsten wäre es ihnen, wenn sie das Gemüse am Stück aus der Hand ohne Dressing äßen.

Karotten und Rote Bete gibt's nur in kleinen Mengen; neben Rohkost passt auch gedämpftes Gemüse. Vormittags ist Obst sehr hilfreich, aber nicht zu viel Saures, das regt nämlich wieder den Appetit an, was die Feuertypen tunlichst vermeiden sollten. Aus dem gleichen Grund sollten sie auch keine gekochten Tomaten essen, auch keinen Ketchup, denn die beiden sind sehr sauer. Der Ayurveda rät Feuertypen auch von Pfirsichen und Bananen ab.

Fisch und Fleisch erhitzen den Körper und sind für Feuertypen nicht empfehlenswert, Eier dagegen schon eher. Ein wenig Brot darf es sein, besser sind aber die kühlenden Getreidesorten, in Wasser gequollen und gekocht: Basmatireis, Hafer, Weizen oder noch besser Dinkel und Gerste. Getreidesorten, die erhitzen – wie Mais, Naturreis, Hirse, Roggen und Buchweizen –, isst man besser nur ab und zu. In erster Linie stehen sinnvollerweise Obst, Salate und Gemüse auf der Einkaufsliste. Nüsse und Samen finden eingeschränkt Verwendung, weil diese ebenfalls erhitzen; lediglich Kokosnüsse und Sonnenblumenkerne machen davon eine Ausnahme. Auch Bohnen stehen nicht auf dem Speiseplan des Feuertyps, weil sie ebenfalls Hitze im Körper erzeugen. Mungobohnen und Tofu sind »erlaubt«, weil beide kühlend auf den Körper wirken. Tofu ist für viele Menschen gelinde gesagt sehr gewöhnungsbedürftig. Wer ihn nicht mag, kann gut auf ihn verzichten. Besonders gesund ist er eh nicht, er gilt noch nicht einmal als ein Vollwertprodukt. Feuertypen

> ### Gewürze und Kräuter für den Feuertyp
>
> - *Für die Verdauung:* wenig Kreuzkümmel, Koriander, Fenchel, Kurkuma; reichlich frischer Koriander, Dill, Estragon, Petersilie, Pfefferminz, Zitronenmelisse u.Ä.
> - *Zur Beruhigung, Leberentgiftung und Senkung des inneren Feuers:* Berberitzen Wurzelrinde, Enzian, Kanadische Gelbwurz, Kurkuma, Mariendistel, Aloe vera (täglich 3 EL Frischpresssaft)
> - *Zur Blutreinigung:* Krauser Ampfer, Klette, Sarsaparilla, Schwertlilie, Löwenzahn, Veilchen, Larrea divaricata für die Schleimhäute; gegen Trockenheit: Süßholz, Rotulme, Beinwellwurzel, Marshmallow (Eibisch)
> - *Zur Beruhigung:* Kamille, Chrysantheme, Sandelholz, Helmkraut, Echte Betonie, Eisenkraut.

sollten Gebratenes und Frittiertes vermeiden, also Kartoffelchips, Pommes frites, Tortillachips etc.

Die meisten Öle und Fette sind für die Feuertypen zu erhitzend. Lediglich Sonnenblumen-, Kokos- und Sojaöl sowie Butter und vor allem Ghee (Butterfett) sind empfehlenswert. Letzteres wirkt nach dem Ayurveda regulierend auf dieses Element. Milch dürfen »Feuermenschen« in Maßen trinken, sogar kalt und ungewürzt. Selbst Käse können sie gut verdauen, vorausgesetzt, er ist nicht Bestandteil eines Gratins (also erhitzt und geschmolzen) und nicht zu salzig – das würde wieder den Appetit erhöhen. Sauermilchprodukte verstärken die Körperübersäuerung und sollten daher nur in kleinen Mengen gegessen werden. Wir müssen nämlich davon ausgehen, dass Feuertypen ausgesprochen zur Übersäuerung neigen, denn sie haben in der Regel zeitlebens »gut« gegessen.

Wenn man abends beim Griechen oder Italiener war, dann ist man morgens meist noch satt, weil man so spät und so viel gegessen hat. Besonders dann sollte der Feuertyp morgens gut ohne Nahrung auskommen. Wir leben ja nicht nur von der Energie, die wir in Form von Lebensmitteln permanent zu uns nehmen, sondern von den Reserven der vorhergehenden Tage und Wochen. Eine Mahlzeit verbraucht zunächst Energie, denn sie muss verdaut werden. Und wenn man alle Organe zusammenzählt, die mit der Verdauung zu tun haben, dann wird man feststellen, dass eine sehr erhebliche Menge der im Körper verbrauchten Energie für die Verdauung verbraucht wird. Neueren Erkenntnissen zufolge bekommt der Mensch übrigens 80 Prozent der Energie, die er täglich verbraucht, gar nicht aus der Nahrung, sondern direkt von der Sonne.

Es gibt jedoch auch Lebensmittel, die sofort Energie geben: alles, was Zucker enthält. Er wird sehr leicht verdaut und geht rasch ins Blut. Häufig zu rasch! Wenn man Süßes isst, dann sollten es natürliche Produkte sein, also vor allem frische Früchte oder Trockenobst, und auch von denen sollte man nicht zu viel essen! Wenn es dem Feuertyp im Sommer zu heiß wird, sollte er frische Früchte essen, weil sie kühlen. Man könnte sich aber ebenso gut eine große Thermoskanne mit heißem (10 Minuten abgekochtem) Wasser mit zur Arbeit nehmen und davon immer wieder einmal ein paar Schlucke trinken. Das regt ebenfalls – wenn auch auf andere Weise – die körpereigene Kühlung an und entschlackt und entgiftet. Zur Abwechslung können Feuertypen auch Brennnessel- oder noch besser Mariendisteltee trinken, der hilft der Leber und der Milz. Menschen mit viel Feuer sollten immer darauf achten, dass sie der Leber nicht zu viel zumuten, zum Beispiel zu viel Alkohol trinken. (Ein ganz hervorragendes Leberstärkungsmittel ist das Gewürz Kurkuma, die Gelbwurz, auch Turmerik oder Haldi genannt. Es ist ein gelbes Pulver und der Hauptbestandteil vieler Currymischungen. Besonders die »Feuermenschen« sollten Kurkuma reichlich beim Kochen von Getreide und in Saucen und Dressings verwenden, aber auch den anderen Typen gereicht es zum Segen.)

Das Beste habe ich jedoch bis hierhin aufgehoben: Von allen Typen können Feuermenschen Süßigkeiten am ehesten vertragen. Im Hochsommer können sie sogar (ab und zu) in die Eisdiele gehen und einen Riesenbecher verzehren, ohne deshalb gleich Verdauungsbeschwerden oder einen kranken Magen zu bekommen. Industriezucker empfehlen wir natürlich nicht, und auch der Verzehr von Honig ist wenig anzuraten, weil er erhitzend wirkt. Ahornsirup kann ich für Feuertypen allerdings uneingeschränkt empfehlen!

Sternanis

Lebensweise bei Überwiegen des Feuerelements

Wie beim Lufttyp betrachten wir den Feuer-Lebensstil wieder an einem Beispiel. Vor ein paar Jahren rief mich ein Mann an und sagte: »Irgendetwas stimmt mit mir nicht. Ich habe innerhalb von zwei Jahren sechs schwere Fahrradunfälle gehabt, bei denen ich mich zum Teil ganz erheblich verletzte: tiefe Fleischwunden und Knochenbrüche, die monatelang nicht verheilten. Was mach ich bloß falsch, dass es mich dauernd so erwischt?«

»Das kann ich Ihnen ohne genaue Analyse nicht sagen«, antwortete ich. »Ich sende Ihnen meine Fragebögen zu, die füllen Sie aus und senden sie zurück. Dann können wir einen Termin ausmachen. Wir werden eine Lösung finden. Da bin ich ganz zuversichtlich.«

»Darf ich meine Frau zu dem Termin mitbringen?«, fragte er.

»Klar dürfen Sie das.«

Zwei Wochen später kommt das Ehepaar, nennen wir es Meisel, (mit einiger Verspätung) zu mir. Herr Meisel ist 39 Jahre alt, 185 Zentimeter groß und wiegt 74 Kilo. Ein mittelstarker Körperbau stützt wohlproportionierte, drahtige Muskeln. An den Unterarmen und im Gesicht erkenne ich Leberflecken und Sommersprossen, am Kopf zeigt sich der Ansatz zu einer frühen Glatze. Aus dem Fragebogen geht unter anderem hervor, dass Herr Meisel,

- leicht zu- oder abnimmt,

- immer großen Appetit hat und gern viel und scharf isst,
- stets großen Durst hat,
- viel und stark schwitzt und einen ausgeprägten Körpergeruch hat.
- Seine Verdauung ist gewöhnlich schnell und gut.
- Wenn er krank wird, dann ist das meist mit hohem Fieber verbunden und eher akut entzündlich, infektiös; chronische Krankheiten hat er nicht.
- Seine Erscheinung ist unübersehbar und präsent.
- Er ist athletisch und mag Leistungssport.
- Er liebt den Wettkampf, er schläft schlecht bei Hitze und wenn er sich ärgert.
- Sein Temperament ist willensbetont, impulsiv.
- Er hatte schon zahlreiche Unfälle durch Wagemut und übertriebene Risikobereitschaft.

Das sind 30 Prozentpunkte für das Feuerelement. Aus dem Horoskop ergibt sich jedoch mehr als doppelt so viel Feuer! »Hier liegt des Rätsels Lösung«, denke ich im Stillen. Herr Meisel ist im Vergleich zu vorher jetzt eher zurückhaltend. Die ersten Worte spricht seine fünf Jahre ältere Frau, und ich spüre, dass sie in der Familie die Hauptverantwortung trägt. Ich erkläre den beiden mein System, was die Elemente bedeuten und welche Punktverteilung Herr Meisel in Horoskop und Fragebogen hat.

»Sie haben außerordentlich viel Feuer im Horoskop; Sie sind also von Ihrer Konstitution her jemand mit sehr starkem Willen, Durchsetzungsvermögen, Führungsqualitäten, Kreativität, Schwung für eigenständige, immer neue Projekte und vieles mehr. Das Feuerelement haben Sie aber mehr als halbiert und dafür das Erdelement von 12 Prozent im Horoskop auf über 50 Prozent gebracht – sehr bemerkenswert!«

Herr Meisel kommt mir vor wie ein ruhender Vulkan, der jeden Augenblick explodieren kann, was offensichtlich beim Radfahren des Öfteren passiert.

»Sie sind ein typischer Fall von latent verborgenem, unterdrücktem Feuer«, fahre ich fort. »Hier liegt Ihr Problem. Können Sie Ihr überreiches Feuer nicht beruflich ausleben?«

»Leider nein.«, antwortet er. »Ich bin in der Revisionsabteilung einer Bundesbehörde. In meiner Arbeit geht es ums Aufspüren von Fehlern, ums Überwachen von Vorschriften, um genaue Kontrolle. Wir arbeiten nach festgelegtem Muster, alles richtet sich nach Vorschriften und Formularen. Ich habe nur wenig Entscheidungsfreiheit.«

»Auf diese Weise haben Sie das Erdelement kultiviert, aber natürlich auf Kosten des Feuers«, werfe ich ein, »haben Sie wenigstens Aufstiegschancen, können Sie Chef werden? Das würde Ihnen sehr entsprechen!«

Herr M.: »Wir sind fünf Prüfer an meinem Ort und ein Abteilungsleiter, der nur wenig älter ist als ich. Selbst wenn der aus welchen Gründen auch immer ginge, hätte ich keine Chance, denn meine Kollegen sind zum Teil besser als ich.«

»Weil sie im Gegensatz zu Ihnen für den Beruf geeignet sind und von Haus aus mehr Luft und Erde besitzen«, ergänze ich.

»Das ist sicher richtig. Sie arbeiten genauer. Ich neige zum großen Überblick, mag mich nicht in Kleinigkeiten verzetteln, hasse diese Erbsenzähler und Krämerseelen.«

»Aber gibt es denn keine andere Möglichkeit, Ihr Feuer auszuleben, zu Hause zum Beispiel?«

Stille. Herr Meisel schaut auf seine Frau, sie blickt ihn ungerührt an.

»Mit den Kindern herumtollen mag er nicht«, sagt sie schließlich. »Das ist ihm vielleicht nicht männlich genug.«

»Und das ist nur die halbe Wahrheit«, beginne ich vorsichtig nach einer Pause an ihn gewandt. »Könnte es sein, dass Sie das meiste Feuer in Ihrer Beziehung an Ihre Frau abgeben? Wenn einer der Partner ein Element überwiegend dem anderen überlässt, kann das auf Dauer nicht gut gehen, vor allem, wenn es sich um das Element handelt, von dem er mehr hat als der Partner.«

Herr Meisel zieht die Mundwinkel nach unten und zuckt mit den Schultern. »Ich bin wegen meiner Unfälle gekommen«, sagt er. »Was ist damit?«

»Wir sind bereits am Ball. Ich sehe das so: Rennrad und Mountainbike sind für Sie die einzige Möglichkeit, Ihr außergewöhnlich hohes Feuer auszuleben. Da Sie extrem viel davon besitzen und es sonst nicht verwenden, kommt es beim Radfahren vulkanartig zum Ausbruch. Sehr aufmerksam können Sie sich deshalb dabei nicht verhalten, und deshalb fahren Sie dann wie ein Wilder ohne Rücksicht auf die Umgebung. Stimmt's?«

Herr Meisel sieht mich erschrocken an: »Wirklich?«

»Wirklich! Fragen Sie Ihre Frau.«

Sie nickt.

O.W.: »Ich würde Ihnen eine andere Sportart empfehlen, eine, die weniger gefährlich ist und bei der Sie Feuer viel leichter verwenden können: Schwimmen – das kühlt, und die Verletzungsgefahr ist gering.«

»Siehst du«, sagt er aufgeregt zu seiner Frau, »letzten Monat wollte ich mir eine Jahreskarte fürs Schwimmbad besorgen, und du hast es mir ausgeredet!«

»Mach's nur, mach's nur«, sagt sie beschwichtigend. »Ich kenne einen Feuertypen, der wohnt in Lindau und geht jeden Tag im Jahr im Bodensee schwimmen. Im Winter hackt er sogar das Eis auf! Ich würde allein vom Zusehen schon frieren.«

»Als Zwanzigjähriger hab ich das auch gemacht«, lässt er sich vernehmen.

O.W.: »Und dann ist da natürlich noch die Ernährung. Wenn Sie schon so viel Feuer und trotz zeitweiliger Unterdrückung (noch) keine Verdauungsprobleme haben, dann würde ich Ihnen raten, keine scharfen Gewürze zu verwenden. Warum sollten Sie Ihr Feuer anstacheln, wenn Sie es sowieso nicht richtig leben?«

»Ich wundere mich schon lange, warum er so scharf nachwürzt«, wirft Frau Meisel ein.

Ich nehme die beiden mit auf den Balkon und erkläre Herrn Meisel bei einem Blick in den Garten, dass er mehr Obst, Rohkost, Salat und Gemüse verzehren sollte. Die verträgt das Feuerelement am besten von allen Konstitutionen. Rohes Obst kühlt und harmonisiert deshalb die ärgsten Feuerspitzen. Und dass Rohkost gesund ist, wird nur von wenigen in Zweifel gezogen. Als die beiden wieder vor mir sitzen, frage ich Herrn Meisel, ob er bereit wäre für ein Experiment. Als er nach kurzem Zögern zustimmt, sage ich zu ihm:

Knoblauch, Chili

»Bitte schließen Sie die Augen. Stellen Sie sich jetzt Folgendes vor:

- Sie haben bis zur Pensionierung noch zirka ein viertel Jahrhundert lang zu arbeiten.
- Mit anderen Worten: Sie sind noch ein viertel Jahrhundert lang Beamter.
- Sie müssen noch ein viertel Jahrhundert in der Arbeit anderer Leute herumschnüffeln.
- Sie haben noch ein viertel Jahrhundert lang wöchentlich vierzig Stunden mit Erbsenzählern und Krämerseelen von Kollegen zu tun.
- Sie können in dieser Zeit nicht Chef werden.
- Sie müssen sich noch fünfundzwanzig Jahre lang beruflich einengen und unterordnen.«

Nach einer Pause sage ich: »Und nun schauen Sie ganz tief in sich hinein und sagen Sie mir dann: Wie fühlt sich dieses Szenario an?«

Herr Meisel ist sprachlos. Hat er sich das wirklich noch nie vor Augen geführt?

»Aber ich bin doch Beamter auf Lebenszeit«, sagt er schließlich. »Das gibt man doch nicht auf!«

»Sie sind aber kein ›man‹, kein ›irgendwer‹. Sie sind ein Super-Feuertyp. Sie sollten selbstständig und Ihr eigener Chef sein. Wenn Sie so weitermachen, geht womöglich Ihre Ehe kaputt, und krank werden Sie auch. Ein Mensch mit so viel Feuer wie Sie kann dieses nicht nur in einem engen Sektor seines Lebens, nämlich in einem Hobby, ausleben!«

Er schaut mich sprachlos an und will protestieren. Seine Frau legt ihre Hand auf sein Knie und spricht: »Wir sollten das einmal ernsthaft erwägen und Alternativen durchdiskutieren. Ich sehe das auch so wie Herr Weise. Ich beobachte dich schließlich seit Jahren. Ich kann mich zeitweilig einschränken. Wir könnten zusammen eine neue Existenz aufbauen. Ich würde dich voll unterstützen.«

»Alle Achtung«, sage ich zu Frau Meisel – und zu Herrn Meisel gewandt: »Auf dieses Angebot sollten Sie unbedingt eingehen. Passen Sie aber auf, dass Sie Ihr neues Berufsfeld nach Ihren und nicht nach den Wünschen Ihrer Frau aussuchen.«

Eineinhalb Jahre später erkundige ich mich bei Herrn Meisel und erfahre, dass er jetzt zwar regelmäßig schwimmt, dass sich aber weder beruflich noch im häuslichen Bereich etwas Grundlegendes verändert hat. Er hatte vor einem halben Jahr einen schweren Skiunfall und überlebte vor vier Tagen einen selbst verschuldeten Autounfall mit Totalschaden glimpflich. Tags zuvor ist er beim Radfahren mit einer Radlerin zusammengestoßen. Jetzt ist er wieder im Krankenstand. Der Löwe leckt seine Wunden … Er hat die Botschaft noch nicht verstanden.

Am Telefon erklärt er mir: »Eigentlich bin ich bei meiner Behörde ganz zufrieden.«

Als ob es im Leben ausreichte, »ganz zufrieden« zu sein, wenn eine massive Veränderung, eine Transformation angesagt ist!

Er meint: »Ich sehe keine Alternative, ich hab keine Perspektiven.«

Mein Gefühl ist, er will sie nicht sehen, er hat sich noch gar nicht ernsthaft darum bemüht; aber der nächste Unfall ist schon programmiert!

Das nächste Beispiel hat mir eine Kollegin erzählt; es ist anders gelagert. Wieder klingelt das Telefon, und am anderen Ende meldet sich eine zögerliche, schüchterne Frauenstimme. Sie fragt, ob sie einen Beratungstermin haben könne, gerade so, als ob sie sich nicht sicher wäre, ob sie so etwas überhaupt verdiene. Sie erhält einen Termin und teilt die Horoskopdaten mit: Geburtsort, Jahr und die genaue Uhrzeit. Zum Termin kommt Frau Lindsay zwar pünktlich, ist aber genauso schüchtern wie am Telefon. Sie klingelt nur ganz kurz und bringt kaum ein Wort heraus.

Ein Vergleich zwischen Geburtshoroskop und Fragebogen ergibt: Hier sitzt ein Super-Feuertyp. Im Fragebogen hat sie das Feuer jedoch fast völlig eingebüßt. Sie ist 27 Jahre alt, hat lange blonde Haare, ein »süßes« Gesicht und ist kleinmädchenhaft gekleidet. Ihre Hände hält sie geschlossen im Schoß. Ein Blitzen in ihren Augen verrät, dass sie eine feurige Person ist; ihr Verhalten zeigt aber eindeutig, dass sie davon nicht das Geringste ahnt. Ja, es stellt sich im Gespräch heraus, dass sie keinen Schimmer davon hat, was Feuer überhaupt bedeutet. Sie weiß nicht, was es heißt, sich durchzusetzen oder auch einmal aggressiv zu sein. In der Kindheit erlebte sie sehr strenge Eltern. Der Vater war Wissenschaftler gewesen und hatte zu Hause gearbeitet. Die Kinder mussten stets brav und ruhig sein. Der Vater durfte durch Kinderlärm nicht gestört werden. So konnte sie ihr Feuer nie kennen lernen. Ihr Ehemann hatte sie vor zehn Jahren direkt aus ihrem Elternhaus heraus geheiratet, und seither wohnt sie mit ihm allein in einem entlegenen Haus auf dem Lande, wo sie brav den Haushalt macht und sich um das Töchterchen kümmert, während ihr Mann als Vertreter tagsüber abwesend ist.

Sie beklagt sich, dass sie sich schon seit Jahren so apathisch und müde fühlt, antriebsarm und lustlos. Ihr Mann bezeichnet sie als langweilig. Sie hat 10 Kilo Übergewicht, ihre Verdauung ist träge, alles liegt ihr im Magen, sie kann sich selbst nicht mehr leiden. Es ist klar, dass ein Gespräch über Feuer hier gar nichts bringen würde. Sie würde nichts verstehen. Was ist zu tun? Die Kollegin geht ins Nebenzimmer und bringt ein Fläschchen mit gefüllten Gelantinekapseln und gibt sie der Ratsuchenden. Sie soll je eine vor den drei Hauptmahlzeiten nehmen und nach vier Tagen wiederkommen.

Am fünften Tag läutet es Sturm an der Haustür. Mit einem Riesensatz springt sie ins Beratungszimmer und schreit, dass sich die Stimme fast überschlägt: »Ha! Heute Morgen habe ich mich das erste Mal im Leben so richtig mit meinem Mann gestritten. Ich fühl mich so lebendig wie seit Jahrzehnten nicht mehr.«

Jetzt konnte das Beratungsgespräch beginnen, jetzt war Feuer kein bloßes Wort mehr; und Sie wollen sicherlich wissen, was in den Kapseln war? Ich verrate es Ihnen: Cayennepfeffer, Chilipulver! Und da das Feuer bei Frau Lindsay nur unterdrückt war, genügte eine kurze »Kur«, um es so hervorzulocken, dass es nie mehr in Vergessenheit geraten würde.

»Aber gibt es denn keine Menschen, die ihr Feuer leben?«, werden Sie vielleicht fragen. Natürlich gibt es die. Und zwar eine ganze Menge. Nur die mit extrem viel davon kommen so massiv in Schwierigkeiten. Darf ich Ihnen Jutta mit offenem Blick und einem warmen, festen Händedruck vorstellen? Sie ist 31 Jahre alt, hat den typisch athletischen Körper des Feuertyps und Sommersprossen, ist 165 Zentimeter groß und 55 Kilo schwer. Das Horoskop zeigt rund 50 Prozent ihrer Energie als Feuer, auf dem Fragebogen hat sie 60 Prozent der »Feuerfragen« angestrichen. Sie hat zu ihrer Kraft gefunden, lebt ihre Energie.

Das ist aber erst seit eineinhalb Jahren so; davor ging sie durch eine schwere Krise, hat ihren Partner verlassen, weil er

198

sie ständig dominierte und behinderte. Sie ist eines Tages einfach aus der gemeinsamen Wohnung ausgezogen. Das war befreiend! Sehr schnell hat sie 10 Kilo abgenommen, ohne eine Diät einzuhalten. In der Versicherungsfirma, in der sie seit sechs Jahren arbeitet, hat sie dann darauf gedrängt, mehr Eigenverantwortung und Selbstständigkeit zu erhalten. Sie ist jetzt Leiterin eines Azubiteams, was ihr auf Dauer natürlich nicht genügt. Die Firma ist viel zu konservativ, und Frauen werden nicht genug geschätzt.

Und da Sicherheit, Vorsorge und Versicherungen sowieso nicht ihr Anliegen sind, orientiert sie sich gerade in einer neuen Richtung, weshalb sie zur Beratung kommt. Diese Veränderungen verdankt sie ihrer positiven Reaktion auf ein Ereignis, das jeden Menschen im Alter von etwa $29\frac{1}{2}$ Jahren ereilt. In diesen Zeiten ist eine Lebensbilanz angesagt, eine Überprüfung des eigenen Lebensfundaments. Alles, was nicht (mehr) stimmt, muss verändert werden, sonst kann es etwa zu Depressionen oder gesundheitlichen Problemen kommen. Die meisten Menschen werden zu diesem Zeitpunkt erst wirklich erwachsen, wenn sie richtig reagieren. Es ist die eigentliche Reifeprüfung.

Auch für Jutta war es eine vertrackte Zeit gewesen. Sie begann damit, dass sich alles so schwer anfühlte, dass nichts voranging und in der Arbeit wie in der Beziehung eher schlechte Stimmung vorherrschte. Die ganze Misere, in der sie steckte, wurde ihr sozusagen im Zeitlupentempo vor Augen geführt. Selten kam Freude auf. Einige Monate lang dachte sie sogar, sie wäre »nicht ganz richtig im Kopf«, und hoffte, dieser Zustand würde bald vorübergehen. Nach einer kurzen Besserung kam es aber noch massiver. Und da ist sie aufgewacht und hat sich – so ihre Worte – gesagt: »Jutta, du bist nicht auf der Welt, um Trübsal zu blasen! Du bist hier, um dich zu freuen, um zu lieben und zu lachen, um beruflich etwas zu erreichen. Also tu was!« Und sie hat was getan, und jetzt will sie noch mehr tun. Sie stellt sich »etwas Kreatives« oder »etwas mit mehr Bewegung« vor. Beides würde zu einem Feuermenschen gut passen! Sie hat künstlerische Ambitionen, würde aber auch Verkaufstrainerin, Coach für Frauen oder Gymnastiklehrerin werden. Sie sollte ihr Feuer mit dem Wasser verbinden, denn dieses ist ihr zweitstärkstes Element – über 30 Prozent!

Dies bedeutet, dass sie mit Menschen arbeiten sollte, denen Sie auf der Gefühlsebene begegnet. Jutta besitzt Mitgefühl und eine beschützende, nährende Ausstrahlung. Ihr Exmann hat das, wie sie sagt, nach Strich und Faden ausgenutzt, und sie hat das auch geschehen lassen. So glaubt sie, ihm nicht einmal einen Vorwurf machen zu können. Und jetzt, in dieser Neuorientierungsphase, findet sie sich nervlich sehr angespannt, darüber hinaus plagt sie häufiger Durchfall. Das passt bei viel Feuer ins Bild. Ein Glück, dass sie sich viel bewegt! Sie geht gern tanzen und bergsteigen, fährt fast täglich mit dem Rad, genießt einmal wöchentlich Jazzgymnastik, und im Sommer findet man sie fast täglich im Schwimmbad.

Seit Jahren isst sie kaum mehr Fleisch, das Wurstessen hat sie ganz eingestellt. Auch der Süßigkeitenkonsum ist zurückgegangen, seit sie mehr Spaß am Leben hat. Sie könnte nach der *Fit-fürs-Leben*-Methode vormittags nur Obst essen und/oder frisch gepresste Obst- oder Gemüsesäfte trinken. Sie hat das Feuer, das Kühlung verträgt. Sie sollte sich zur Frühstückszeit nicht unnötig schwer machen mit Vollkornbrot oder Müsli und Milchprodukten. Sie könnte vormittags sogar fasten und nur mineralarmes Wasser trinken! Das würde sie noch mehr in Schwung bringen.

Der Feuertyp: leicht entflammt ...

Vor einigen Jahren, an einem dieser Hundstage, war ich mit meiner Lebensgefährtin den ganzen Tag über am Starnberger See. Wir lagen in der Hitze im Halbschatten unter einem Baum und nervten uns mit unserer »Lieblingsbeschäftigung«: Wir korrigierten das übersetzte Manuskript eines Buches, das wir verlegen wollten. Die Übersetzerinnen hatten es sich zu leicht gemacht. Sie klebten an dem holperigen Englisch der Vorlage – so würde das Buch kaum jemand lesen. Wir quälten uns durch die Seiten, nur gelegentlich unterbrochen von ein paar Runden in dem auch nicht mehr sonderlich kühlen See. Manchmal diskutierten wir einen Fehler so laut, dass die Nachbarn uns schon böse Blicke zuwarfen. Aber wir konzentrierten uns, hielten durch und schenkten unserer wachsenden Irritation kein besonderes Augenmerk. Auf dem Weg nach Hause bemerkten wir in Starnberg ein indisches Lokal, und da wir beide indisches Essen sehr lieben, sagte meine Lebensgefährtin: »Wir haben jetzt eine Belohnung verdient, lass uns hineingehen!«

Die Mahlzeit im »Pfau« (dem Symbol der Maharadschas) war köstlich, aber überdurchschnittlich scharf – ganz im Stil der original radschestanischen Küche. Ein Glas Rotwein tat das Übrige. Ich weiß nicht mehr, wie es im Einzelnen dazu kam. Plötzlich lieferten wir uns ein heftiges Wortgefecht und verließen getrennt das Lokal! Da nur ein Auto vor der Tür stand, fuhren wir schließlich doch zusammen, aber schweigend nach München zurück. Die Luft war zum Schneiden! Am Abend saßen wir zusammen, schauten uns verwundert an und sagten zueinander: »Was das wohl war?« Der im Grunde banale Inhalt des Gesprächs konnte es auf gar keinen Fall gewesen sein. Schließlich wurde es uns klar: Wir hatten nicht bedacht, dass wir die wichtigsten Regeln für Feuer nicht beachtet hatten. Wenn ein Super-Feuertyp im Hochsommer zur Mittagszeit in der prallen Sonne einen Ster Holz hackt und danach womöglich noch scharf isst, dann kriegt er entweder Durchfall, oder er streitet sich mit seiner Frau – so einfach ist das!

... und oft entzündet

Zum Feuertyp passen auch folgende Neigungen: hohes Fieber, brennender Schmerz. Krankheiten sind eher akut, entzündlich, infektiös; Gelbsucht, Hämorriden, Sehstörungen, fiebrige Erkältungen.

Wenn Feuertypen krank werden, dann beginnt das am Freitagnachmittag mit ansteigendem Fieber. Sie halten gerade noch durch, und zu Hause angelangt, geht's sofort ins Bett. Am Abend haben sie bereits 40 Grad Fieber und alle

---

Das Feuerelement verstärkt sich:

- zur Mittagszeit, im Sommer und in der Hitze, zum Beispiel in der Sauna,
- nach dem Essen, wenn es sich um stark gewürzte Speisen handelt oder um Fleisch- und Fischspeisen, die infolge aggressiver Garverfahren (etwa Grillen, Frittieren, langes Braten) sehr viele schädliche Reizstoffe enthalten (die der Körper schleunigst ausscheiden will),
- durch Alkoholgenuss (nach dem es zu den berüchtigten Wirtshaus-Schlägereien kommen kann, bei denen auch ohne persönlichen Grund alle gerade anwesenden Feuertypen mitmachen),
- durch Irritation, Frustration, Ärger und Zorn, das heißt immer dann, wenn wir etwas tun, was wir nicht gerne machen oder was wir eigentlich gar nicht tun wollten bzw. sollten.

> ### *Lebensweise bei (zu) viel Feuer*
> - Meiden Sie starke Hitze und die pralle Sonne, halten Sie sich dort auf, wo ein Lüftchen weht.
> - Verwenden Sie feuchte Tücher zur Abkühlung.
> - Schlafen Sie des Nachts bei weit geöffnetem Fenster.
> - Vermeiden Sie anstrengend-erschöpfende Bewegung.
> - Trinken, duschen, baden, schwimmen Sie viel.
> - Genießen Sie den Winter und seine Sportarten.
> - Leben Sie Ihr Feuer in allen Bereichen: im Beruf, in der Familie und bei Freizeitbeschäftigungen.
> - Leben Sie Ihre Willenskraft und Ihre Kreativität.
> - Streben Sie Führungspositionen an, in denen Sie bestimmen; am besten werden Sie selbstständig.
> - Verlieren Sie sich nicht in ständiger Hektik.
> - Genießen Sie auch Mußestunden zum Auftanken.
> - Orientieren Sie Ihr Leben an höheren Zielen.

Anzeichen einer Grippe oder schweren Erkältung. Den ganzen Samstag über geht es hundsmiserabel, und auch am Sonntagvormittag leiden sie noch sehr. Im Laufe des Nachmittags bessert sich dann ihr Befinden, das Fieber lässt nach, und am Montagmorgen sind sie wieder fit für die Arbeit. Das ist ein typisches Verhalten von Selbstständigen, und dazu ist ja der Feuertyp ganz besonders aufgerufen.

Essen und Lebensweise
bei zu wenig Feuer

Menschen mit fahler Gesichtsfarbe, laschem Händedruck, eindrucksloser Stimme, steifer Körperhaltung und uninteressierter Miene verraten einen gravierenden Mangel an Feuer. Wenn man ihnen helfen will, dann geht es nicht darum, wie man unterdrücktes Feuer hervorlockt. Das ist vergleichsweise einfach. Man muss vielmehr das bisschen vorhandene Verdauungskraft so verstärken, dass sie die Nahrung überhaupt ordentlich verdauen und verwerten können. Solche Menschen haben kaum Appetit, und der Magen-Darm-Trakt ist mit zähem Schleim und Schlacken belastet. Da der reiche Fluss von Verdauungssäften auch Krankheitserreger abtötet, die mit der Nahrung in den Magen kommen, ist im entgegengesetzten Fall eine Fehlbesiedlung des Darms mit Bakterien programmiert. Es kommt dann zu Blähungen und Aufgedunsenheit. Heutzutage sind solche Menschen besonders anfällig für einen Candidapilzbefall des Darms, wenn die anderen Voraussetzungen dafür (wie Antibiotikabehandlung, Schwermetallbelastung, schwaches Selbstwertgefühl etc.) ebenfalls gegeben sind.

Diese Menschen interessieren sich häufig nicht besonders fürs Essen, weil ihre Verdauungskraft und damit ihr Appetit äußerst schwach sind; wenn man diese anfacht, dann wird jedoch nicht nur ein Interesse, es wird eine regelrechte Freude am Essen erwachen. In den meisten Fällen dieser Art ist alles

Lebensmittel bei (zu) wenig Feuer

- Essen Sie nur wenig rohes Obst, am besten säuerliches.
- Essen Sie nur sehr wenig Rohkost, am ehesten mittags.
- Zwiebeln, Knoblauch, Radieschen, Tomaten, Karotten sind geeignet.
- Essen Sie hauptsächlich gegartes, gut gewürztes Gemüse.
- Zur Verdauungsanregung sind alle scharfen Gewürze recht, auch saures Obst und milchsauer Eingelegtes, 3 bis 5 Gramm Steinsalz täglich und Verdauungsenzyme aus Papaya, Mango und Ananas.
- Trinken Sie zur Pflege Ihrer Verdauungsorgane bittere Tees.
- Vermeiden Sie alle Milchprodukte, außer wenig heißer, gewürzter Milch und wenig Sahne, Jogurt oder Buttermilch in Saucen.
- Essen Sie so wenig Fleisch, Fisch und (gekochte) Eier wie möglich.
- Reduzieren Sie den Verzehr von Brot, essen Sie mit Öl und Gewürzen gekochtes Getreide, am besten Naturreis und Polenta.
- Verwenden Sie wenig Pflanzenöl oder Ghee (Butterfett) mit Gewürzen.
- Halten Sie sich bei Nüssen sowie Mungo- und Adukibohnen zurück.
- Linsen, Bohnen, Kichererbsen sind gut gekocht und gewürzt verträglich.
- Angekeimte Getreide und Hülsenfrüchte sind sehr gut, aber nicht als alleinige Mahlzeit zum Sattessen geeignet.
- Süßspeisen (vor allem die mit Industriezucker) sind völlig tabu.

recht, was es an scharfen Gewürzen und Kräutern gibt, sogar Cayenne- und schwarzer Pfeffer, Ingwerpulver, Knoblauch, Senf und Meerrettich, von den mild-aromatischen Gewürzen ganz zu schweigen. Zur Unterstützung von Galle und Leber rate ich zu Kurkuma, Löwenzahn, Mariendistel-, Wermut-, Ingwer- und Yogitee. Mit den scharfen Gewürzen sollte man langsam, graduell beginnen, denn sonst würde man Gefahr laufen, die Magen- und Darmschleimhaut zu irritieren bzw. zu entzünden. Die ersten drei Tage der Nahrungsumstellung isst man nur sehr wenig, aber von den genannten Tees trinkt man reichlich. So wird die Verdauungskraft erst einmal aufgebaut. Es wäre falsch, zu rasch zu viel zu essen. Das könnte die Verdauungskraft weiter schwächen.

Unter den Salaten und Gemüsen sollte man solche bevorzugen, die schon von sich aus etwas Schärfe besitzen: Paprika, Zwiebeln, Lauch, Rettich, Radieschen und scharfe Salate wie Brunnen-, Kapuzinerkresse und Sprossen. Auch saure Lebensmittel können diese Menschen in kleinen Mengen zum Essen oder vorweg verzehren: sauer eingelegtes Gemüse, Chutneys, Relishes, Limonen und Zitronen. Sie vertragen die salzige Umeboshipflaume; einige Gramm Steinsalz täglich helfen ebenfalls, Appetit und Verdauung anzuregen. Ananas, Papaya und Mango sind zu empfehlen, weil sie Verdauungsenzyme enthalten, zum Beispiel Papain. Man kann diese Früchte als Vorspeise essen. Überhaupt sollte man vor jeder Mahlzeit auf die eine oder andere Art und Weise die Verdauung stimulieren. Man muss das stetig machen, wie überhaupt eine regelmäßige Lebensweise sehr von Nutzen ist. Wenn man etwa als Musiker vor lauter Komponieren und Üben die Mahlzeiten immer wieder vergisst oder spätabends die Hauptmahlzeit einnimmt, dann vermindert man das Feuerelement noch mehr. Menschen mit schwacher Verdauung sollten häufig kleinere Mahlzeiten zu sich nehmen.

Saures Obst können die Feuermangeltypen essen, süßes Obst sollten sie einschränken. Das übliche Müsli bzw. der Frischkornbrei mit all den verschiedenen Zutaten ist keine gute Kombination und für sie schwer verdaulich. Rohes Gemüse ist ebenfalls nicht geeignet, Blattsalate sollten sie in kleinen Mengen und gründlich gekaut essen. Lediglich rohe Zwiebeln und Knoblauch, Radieschen, Tomaten und Karotten sind empfehlenswert.

Ihr Gemüse sollten diese Menschen mit Gewürzen und Öl garen. Kartoffeln oder Süßkartoffeln und die Kohlsorten essen sie am besten nur dann, wenn es sie danach verlangt; doch sollten diese Lebensmittel weich gegart und kräftig gewürzt sein. Kraut, das mit Kreuzkümmel, Fenchel und Koriander gewürzt ist, wird ihnen bekommen. Vom Brotverzehr rate ich dringend ab, empfehle aber ganze mit Öl und Gewürzen gekochte Körner. Naturreis und Polenta sind besonders geeignet, Weizen, Hafer und Gerste sind zweite Wahl. Auch von Fleisch und Fisch rate ich ab, da sie für die Betreffenden zu schwer verdaulich sind. Eier können sie essen, aber am besten nur gekocht, nicht gebraten. Milchprodukte sollten sie stark einschränken. Wenn sie Milch trinken wollen, dann erhitzen sie diese vorher mit Gewürzen wie Kardamom, Ingwer, Zimt und Nelken. Saure Sahne, Buttermilch und Jogurt können in gewürzten Saucen und Dressings in kleinen Mengen vertragen werden. Kaltgepresstes Pflanzenöl können sie

> ### Gewürze und Kräuter bei (zu) wenig Feuer
>
> - *Für die Verdauung und Entschlackung:* scharfe Gewürze wie Chili, schwarzer Pfeffer, Ingwerpulver, Senf, Nelken, Knoblauch, Meerrettich, Asa foetida (Stinkasant) und Zimt; Ingwer, Zimt, Nelken und Pfeffer auch als Tee (Yogitee). Auch die salzige und die saure Geschmacksrichtung helfen. Bittere Kräuter stärken die Verdauungskraft, sind aber nicht erwärmend oder mental anfeuernd!
> - *Zur Anregung des Kreislaufs:* Zimt, Färberdistel, Weißdorn, Rosmarin, Sassafras, schwarzer Pfeffer, Knoblauch, Ingwer, Safran.
> - *Zur Anregung des Gedankenfeuers:* Kalmus (mit Abstand am besten!), Basilikum, Zimt, Ingwer, Wachsmyrte, Kampher, Eukalyptus (Verdauungs- und Gedankenfeuer sind nicht notwendigerweise gleich hoch oder niedrig!).

sparsam mit Gewürzen verwenden. Der Ayurveda empfiehlt natürlich das Butterfett Ghee, weil es das Feuerelement reguliert.

Nüsse und Samen sollten Feuermangeltypen nur in kleinen Mengen zu sich nehmen; diese Lebensmittel müssen über Nacht eingeweicht worden sein. Am leichtesten verdaulich sind mit Wasser zu Saucen verarbeitete Nuss- und Samenmuse. Linsen-, Bohnen- und Kichererbsengerichte sind verträglich, wenn sie gut gewürzt und in kleinen Mengen gegessen werden. Mungo- und Adukibohnen sind nicht geeignet, es sei denn als Sprossen. Süßspeisen sind leider nicht angeraten, Industriezucker wirkt verheerend auf sie. Allenfalls können sie ein wenig Honig vertragen.

Dass Feuer nicht nur eine gute Verdauung garantiert, sondern dass es auch reinigend auf den Organismus wirkt, ist weithin bekannt. Reinigungsfeuer sitzt hauptsächlich im Solarplexus. Es steht für Bauchspeicheldrüse, Leber, Galle,

Dünndarm und die Verdauungssäfte. Seine Aufgabe besteht darin, die Nahrung in verwendbare Nährstoffe zu verwandeln und die Ausscheidung von Abfall (Reinigung) zu unterstützen. Es steht auch für Willenskraft, Vitalität und Aktivität. Ein willensstarker Mensch, der diesen Willen kreativ einsetzt, hat in der Regel auch eine gute Verdauung und Ausscheidung.

Unterdrücktes Feuer jedoch führt ähnlich wie zu wenig Feuer zu Verdauungsschwäche, zu einem Mangel an Verdauungssäften und in der Folge zum Blähbauch und zu Winden durch Gärung der Kohlenhydrate und Fäulnis des verspeisten Proteins (Eiweiß). Daraus wiederum ergeben sich Verschlackung, Verschleimung und Vergiftung. Der Ayurvedaarzt spricht von toxischem Feuer. Wenn der Organismus aber nicht rein ist, wird er anfällig für Infektionskrankheiten. Das Gewebe ist dann übersäuert, Säure ist unterdrücktes Feuer.

Unterdrücktes Feuer ergibt einen Hitzestau in der Leber. Wir beobachten (unter dem Dunkelfeldmikroskop) ein dickflüssiges, verklumptes Blut mit Geldrollenanordnung der roten Blutkörperchen. Als Symptome beobachten wir »fliegende Hitze« und rote Flecken zum Beispiel an den Wangen. Die Blutzirkulation wird instabil, woraus kalte Hände und Füße resultieren. Generell mangelt es an Vitalität durch Sauerstoffarmut des Blutes, Blutarmut und Eisenmangel. Daraus ergibt sich ein erhöhtes Schlaganfall- und Herzattackenrisiko. Der »schlafende« Vulkan gibt sich äußerlich durch erhebliche Irritierbarkeit zu erkennen: Der Mensch wird »auf Knopfdruck« aufbrausend.

Unterdrücktes Feuer weist physiologisch also vergleichbare Symptome auf wie niedriges Feuer. Das unterdrückte Feuer lauert jedoch verborgen im Körper: Es entstand durch die Verdrängung von Ärger, Wut, Stolz oder Eifersucht. Es

Lebensweise bei (zu) wenig Feuer

- Trennen Sie sich von alten Verhaltensweisen und Gegenständen.
- Erkunden Sie, wo Ihre Stärken liegen und was Sie wirklich interessiert.
- Nutzen Sie diese Erkenntnisse in neuen Projekten.
- Trotzen Sie den Risiken des Lebens, engagieren Sie sich.
- Schließen Sie sich mutigen Menschen an, die Sie mitreißen.
- Treiben Sie Sport, besonders solchen mit Wettkampfcharakter.
- Gehen Sie tanzen, in eine Laienspielgruppe, in einen Gesprächskreis.
- Leben und arbeiten Sie in einem warmen oder heißen Klima.
- Wärmen Sie sich durch Heizen, Kleidung und warme, scharfe Speisen und Getränke.
- Entwickeln Sie Herzenswärme, lassen Sie sich mit Menschen ein.
- Hören Sie Musik, die Sie bewegt, anstachelt, inspiriert.
- Besuchen Sie Kurse zur Steigerung Ihres Mutes.
- Buchen Sie einen Abenteuerurlaub in der (heißen) Wüste.
- Üben Sie, nein zu sagen, zu streiten, sich durchzusetzen.

ist deshalb schneller zu heilen als von der Veranlagung her niedriges Feuer, aber gefährlicher, weil unberechenbarer. Scharfe Gewürze und Bewegung ergeben rasche Resultate, wie dies oben beschrieben wurde. Aber: Das Leben ändert sich, unangenehmes kommt an die Oberfläche ... man/frau exponiert sich, fällt auf, und die Umgebung reagiert überrascht und zu Zeiten unangenehm. Es bleibt uns jedoch nichts übrig: Wir müssen da durch!

Ernährung und Lebensweise für den Wassertyp

Damit er seine »wässrigen« Begabungen nutzen kann, ohne sich zu schaden, werden dem Wassertyp in diesem Kapitel Anregungen zur Zusammensetzung der Nahrung und zur Gestaltung des Lebensstils gegeben; ebenso wird seinem »Antagonisten« – zu wenig Wasser – gezeigt, wie er sein Potenzial optimal nutzen kann.

Wie beim Luft- und beim Feuertyp nenne ich Ihnen aber vorweg wieder stichwortartig die wichtigsten Merkmale, also die Störungen, die auftreten, wenn das Wasserelement zu stark wird:
- Wasserspeicherung, Ödeme, lockeres, schwammiges Gewebe,
- Übergewicht, Schleimansammlungen, zum Beispiel in der Lunge und der Stirnhöhle,
- häufige Erkältungen, Husten, Schnupfen, Bronchitis, Lungenentzündung,
- schwacher Kreislauf, Bluthochdruck, Blutstau, Kältegefühl,
- Antriebslosigkeit, Schläfrigkeit, Lethargie, Kurzsichtigkeit,
- Gallensteine, Fettdepots, Eiweißspeicherkrankheiten, Diabetes,

- Wucherungen, Zysten, Myome, Tumoren.
- Die Beschwerden werden leicht chronisch.
- Übermäßige Sinnlichkeit und Gier nach Sex, Bequemlichkeit, Abhängigkeit von Luxus und Geld, Tendenz zur Sucht,
- Abgrenzungsprobleme oder manipulativ, gefühlsabhängig,
- leicht verletzlich und empfindlich statt liebevoll und mitfühlend.

Essen bei Überwiegen des Wasserelements

Beim Überwiegen des Wasserelements lagern sich im Körper verstärkt Fett, Wasser und sogar Eiweiß ein, auch wenn die Betreffenden nicht besonders viel essen. Sie haben einen mäßigen, aber konstanten Appetit und essen gerne gut. Ihre Verdauung ist jedoch träge, die Nährstoffaufnahme schwach und die Energieproduktion langsam. Sie können Ihr Gewicht reduzieren und das überschüssige Wasser loswerden, indem sie

- andere Speisen zu sich nehmen,
- zeitig (um 18 Uhr) und leicht zu Abend essen,
- während der Mahlzeiten nichts und auch sonst eher wenig trinken,
- den Stoffwechsel durch Gewürze anregen und
- sich sportlich betätigen.

Eine Reduktion des Kaloriengehaltes der Nahrung allein kann nicht zum gewünschten Ziel führen. Wenn erst einmal ein konstitutionsbedingtes (individuell unterschiedliches) Normalgewicht erreicht ist, dann stellt sich ein rascher Stoffwechsel von allein ein.

Lebensmittel für den Wassertyp

Folgende Nahrungsmittel (bzw. ihre Einschränkung) verhindern, dass das Wasserelement weiter verstärkt wird und dann auf ungesunde Weise überwiegt:

- reichlich rohes Obst in der warmen Jahreszeit, wenig Melone,
- Gemüserohkost und Sprossen in Maßen, vor allem im Sommer,
- reichlich schonend gegartes Gemüse, vor allem Karotten, Sellerie, Spargel, alle Kohlsorten und Pilze,
- bittere Salate, Küchen- und Wildkräuter wie: Endivien, Ruccola, Chicorée, Radicchio, Wasserkresse, Kapuzinerkresse, Löwenzahn, Liebstöckel, Petersilie, Estragon (diese mildern das Verlangen nach Süßem!),
- alle scharf-aromatischen Gewürze sowie Chilis, Pfeffer, Zwiebel, Knoblauch und Meerrettich (diese unterstützen den Heißhunger auf Süßes, deshalb bei entsprechender Disposition lieber zu den milderen Gewürzen greifen!),
- gebackene Kartoffeln, Polenta,
- gekochte Gerste, Roggen, Hirse, Buchweizen mit etwas Öl,
- Bohnen, Linsen, Erbsen in Maßen und gut gewürzt.
- Stark einzuschränken, besser zu meiden, sind: Brot, süßes und fettes Gebäck, Süßigkeiten, Desserts, Milch und Milchprodukte (ganz besonders kalte Milch und erhitzter Käse), Fisch, Fleisch, Wurst, Schalentiere und tierisches Fett.
- In kleinen Mengen verträglich sind Geflügel, leichter, gedünsteter Fisch und gekochte Eier.
- Wenig Nüsse, Pflanzenöl, Sahne, Butter und Ghee (Butterfett).

Da das Wasserelement kalt, nass und schwer ist, sind zur Regulation Speisen angezeigt, die heiß, trocken und leicht sind. Die Wassertypen sollten vor allem warmes Essen zu sich nehmen und dieses in Maßen mit scharfen Gewürzen wie Ingwer, schwarzem Pfeffer, Senf oder Meerrettich aufpeppen (siehe aber auch unten, was über den Zusammenhang von scharfem Essen und dem Verlangen nach Süßem gesagt wird). Feuchte, wasserhaltige, ölige und fette Speisen sollten sie tunlichst meiden. Dies betrifft auch Fleisch, Brot und Gebäck und vor allem Milch und alle Milchprodukte. Letzteres ist besonders wichtig!

Auch mit Salz (Natriumchlorid) sollten sie eher sehr sparsam umgehen, weil es Wasser im Körper bindet. Stattdessen wäre es gut, solche Salate und Gemüse zu essen, die viel Kalium enthalten. Die Kaliumkonstitution zeichnet sich durch besonders schön geformte Muskeln und generell durch ein straffes Gewebe aus, weil Kalium dies unterstützt. Wenn der Organismus die richtige Balance zwischen Kalium und Natrium erreicht hat, gibt es kein überflüssiges Wasser im Körper und folglich auch keine blauen Flecken etc. Viel Kalium enthalten unter anderem die bitter schmeckenden Salate, aber auch Bananen, Feigen und Datteln und vor allem Kartoffelschalen oder generell ohne Salz hergestellte Gemüsebrühe. Durch sie wird der Körper entsäuert und belebt. Man müsste also die Kartoffeln mitsamt der Schale essen und besonders darauf achten, dass man Kartoffeln aus biologischem Anbau kauft, die nicht mit Keimstoppern besprüht wurden.

Für den übergewichtigen Wassertyp sind nicht mehr als drei Mahlzeiten am Tag empfehlenswert, wobei das Frühstück eher klein ausfallen kann. Wichtig ist es, dass zwischen den Mahlzeiten mindestens vier Stunden Pause liegen, damit man sichergeht, dass der Magen zu Beginn der nächsten Mahlzeit leer ist. Und natürlich müssen sich Wassertypen bei Süßigkeiten aller Art zurückhalten. Am besten wäre es, wenn sie sich auf Trockenfrüchte konzentrierten und auch diese nur naschten, wenn es sie arg »quält«. Die bitteren Salate und vor allem auch bittere Kräuter wie Löwenzahn und andere Wild- und Küchenkräuter helfen, Herr über das Verlan-

214

> ### Gewürze und Kräuter für den Wassertyp
>
> - *Zur Anregung und Entschleimung:* Ingwer, Pfeffer, Zimt, Nelken, Kardamom, Fenchel, Senf; Kalmus, Salbei, Basilikum, Thymian, (unbehandelte) Orangenschalen.
> - *Zur Entwässerung des Gewebes* (wichtig ist hier auch die rechte Natrium-Kalium-Balance): Ingwer, Zimt, Wachsbeeren-strauch, Basilikum, Thymian, Salbei, Schafgarbe, Angelika.
> - *Zur Verstärkung der Harnausscheidung:* Wacholderbeeren, Petersilie, Bärentraubenblätter, Zitronengras (Zinnkraut wirkt meist zu stark; keine Entwässerung ab sechs Monaten vor der Geburt!).
> - *Gegen das Verlangen nach Süßem:* Kurkuma, Kanadische Gelbwurz, Aloe Vera, Berberitze, Enzian, Löwenzahn (diese verstärken das Luftelement und stoppen unter Umständen Menstruation und Östrogenproduktion und leisten der Osteoporose Vorschub; also nicht zu viel davon nehmen!).

gen nach Süßem zu werden, denn die bittere Geschmacks-richtung verstärkt das Luftelement und regt den Gallenfluss (das Feuer) an. Dadurch kommt man so in Schwung, dass man nicht mehr vom »süßen Leben« träumt!

Gleichartig wirken auch Kurkuma und Zimt. Nach einem scharfen Essen hat man am meisten Lust nach etwas Süßem; deshalb gehen viele Wassertypen so gern zum Italiener, wo sie nach der »knofischarfen« Pestosauce ein Tiramisu oder eine Zuppa Romana schnabulieren können. Der Gegensatz zu süß ist würzig-scharf. Um des lieben Gleichgewichts willen verstärken süße Speisen den Wunsch nach Schärfe und umgekehrt. Deshalb müssen die Wassertypen mit den oben genannten scharfen Gewürzen vorsichtig umgehen. In Frage kommen natürlich auch die mild-aromatischen wie Zimt, Nelken, Kardamom, Fenchel und Dillsamen. Zusammen mit Ingwer, Pfeffer und unbehandelten Orangenschalen kann man daraus in beliebiger Kombination einen (dünnen) Tee kochen und über den Tag verteilt heiß trinken (nicht mehr als einen Liter am Tag). Wenn man sich keine Arbeit machen will: Sie bekommen solche Gemische auch fertig im Teebeutel unter dem Namen »Yogitee« im Naturkosthandel oder Reformhaus. Von entwässernden Tees wie Zinnkraut rate ich ab. Wacholderbeeren-, Petersilien-, Bärentraubenblätter- und Zitronengrastee wären schon eher geeignet. Probieren Sie aus, welcher Ihnen am besten bekommt.

Süße Desserts würde ich als Wassertyp für eine wohlproportionierte Figur opfern. Wenn man Süßes (beispielsweise Obst) in einer Mahlzeit zu sich nehmen will, dann möglichst als Vorspeise! Noch besser wäre es, Obst für sich allein auf leeren Magen als eigene Mahlzeit zu essen, etwa als Frühstück, aber in erster Linie in der warmen Jahreszeit. Frieren ist ungesund! Für den Wassertyp empfehle ich alle Früchte, bevorzugt im Sommer die einheimischen. Wassermelonen sind nicht besonders geeignet. Sie könnten die Wasserspeicherung im Körper verstärken. Trockenfrüchte unterstützen das Luftelement und sind deshalb (in kleinen Mengen) vorzüglich. Fruchtsäfte sind zu wässrig. Auf keinen Fall sollten Orangen- und Grapefruitsaft aus Flaschen oder Dosen getrunken werden! Er wird säurebildend verstoffwechselt, und das wäre nicht wünschenswert!

Gemüse ist vor allem zu empfehlen, wenn es über Dampf gegart wird. Gehaltvolle, schwere Gemüsesorten wie Süßkartoffeln oder Rote Bete sollten jedoch sparsam verwendet werden. Die Gemüse der Kohlfamilie sind ebenso empfehlenswert wie Karotten, Sellerie, Spargel und Pilze. Letztere haben entwässernde Eigenschaften. Kartoffeln nutzen vor allem dann, wenn sie im Ofen gebacken und mit der gesäuberten Schale gegessen werden. Sie wirken dann entwässernd. Auch scharfe Gemüse wie Peperoni oder Knoblauch und Zwiebeln sind gesund für Wassertypen. Salate sind im Sommer sehr zu empfehlen, im Winter nur, wenn kein Frösteln aufkommt. Schwere Saucen und Dressings sind zu meiden!

Schwarzbrot, Großmutters schwere Kuchen, Lebkuchen und Weihnachtsplätzchen, Obstkuchen und Butterkremtorte sollten die Wassertypen vergessen, besonders wenn sie abnehmen wollen! Sie sollten sich diese Genüsse nur gestatten, wenn Sie nach genauer Beobachtung Ihrer Gefühle feststellen, dass Sie sowieso nicht daran vorbeikommen ... Essen Sie's dann mit möglichst viel Genuss, aber beobachten Sie sich dabei, damit Sie merken, was die Torte mit Ihnen macht und wie sie Ihnen bekommt! Statt Brot essen Wassertypen besser gekochtes Getreide, das können sie wesentlich besser verdauen. Einige Sorten helfen bei der Entwässerung: Mais, Gerste, Hirse, Roggen und Buchweizen. Delektieren Sie sich daran. Mit einer würzigen Sauce und Gemüse können Sie wahre Leckereien zaubern. In dem Buch *Die Fünf ›Tibeter‹ Feinschmeckerküche*, das ich mit Frau J. Frederiksen vor dem Hintergrund unserer Erfahrungen in unserem früheren ve-

getarischen Imbiss und Feinschmecker-Partyservice geschrieben habe, finden Sie viele einschlägige köstliche Rezepte.

Und nun kommt ein Vorschlag, über den Sie sich wahrscheinlich wundern werden. Viele Menschen betrachten Hülsenfrüchte als hinderlich beim Abnehmen. Das ist nicht falsch, muss aber modifiziert werden. Wenn Sie Ihren Körper entwässern möchten, dann sind Hülsenfrüchte durchaus hilfreich, denn sie erhöhen das Luftelement. Sie sollten sie aber (außer Linsen) über Nacht einweichen, das Einweichwasser wegschütten, gut weich kochen und kräftig würzen. Mit täglich drei Mal 100 Gramm gekochten, trockenen Schwarzaugenbohnen (gekocht gewogen!) hat sich schon so mancher Wassertyp innerhalb einer Woche gut entwässert. Voraussetzung dafür ist natürlich, dass Sie das Wasser nicht auf anderem Wege – etwa über Bier – wieder reichlich zuführen. Erdtypen, bei denen das Übergewicht eher aus Fettgewebe besteht, würde ich zur Gewichtsreduktion keine Bohnen empfehlen.

Mit Nüssen und Erdnüssen dagegen sollten Sie sich zurückhalten, lediglich Sonnenblumenkerne (aus biologischem Anbau) kann ich empfehlen. Kaltgepresste Pflanzenöle können Wassertypen in kleinen Mengen verwenden. Sie sollten jedoch Saures (zum Beispiel Essig) in Salatdressings meiden. Fleisch, Fisch und Eier erhöhen das Wasser- und Erdelement und sollten deshalb so wenig wie möglich gegessen werden, am ehesten noch Hähnchenfleisch (aus artgerechter Freilaufhaltung). Falls gewünscht, sind gekochte Eier immer noch verträglicher als Fleisch.

Und wie wäre es mit einer Darmreinigungskur? Das würde vielen Wassertypen sehr gut tun! Was ihnen auch helfen könnte, wäre tägliches Fasten am Vormittag oder einen Tag in der Woche. Wasserfasten oder »Fasten« mit Fruchtsäften bzw. mit Obstrohkost führen bei Wassermenschen selten zum Ziel. Sie nehmen dabei womöglich sogar noch zu! Der Körper reagiert auf die Veränderung mit einem Schutzmechanismus in Form weiterer Wasserspeicherung.

Lebensweise bei Überwiegen des Wasserelements

Bei einem meiner vielen Österreichaufenthalte treffe ich auf Waltraud, der Name ist wieder erfunden, eine sehr liebevolle Frau. Gewichtig in sich ruhend, sitzt sie vor mir (173 Zentimeter, 98 Kilo), mit einer weichen, vollen Statur, üppig gepolstert, sehr weiblich-rund. Große, sanfte Augen unter langen Wimpern blicken mich an, das Weiße der Augen blitzt besonders hell. Ihr Blick ist häufig ein wenig nach oben gewandt. Üppiges, dickes, welliges dunkles Haar umrahmt ihr volles, eher blasses Antlitz. Wenn sie spricht, sehe ich ihre großen, regelmäßigen weißen Zähne. Sie ist schon Anfang vierzig, aber keine einzige Plombe verunstaltet ihr makelloses Gebiss. Drei Kinder hat sie geboren und aufgezogen, seit 21 Jahren ist sie mit demselben Mann verheiratet. Sie spricht mit voller, tiefer, melodiöser Stimme. Ihre Grundanlage aus dem Horoskop ergibt über 50 Prozent für das Wasserelement.

Die Kinder sind jetzt aus dem Haus, finanziell geht es ihr bestens, und mit ihrem Mann hat sie nicht mehr viel Gemeinsamkeiten. Er jagt – so sagt sie – nur seinem geschäftlichen und gesellschaftlichen Erfolg nach, seine Ansichten und Interessen stimmen mit den ihren schon lange nicht mehr überein. Er ist selten zu Hause. Sie hat aber eine liebe Freundin, mit der sie sich täglich trifft. Die beiden teilen alles miteinander. Waltraud war bisher »nur« Hausfrau und Mutter, und jetzt hat sie das Gefühl, dass etwas Neues kommt. Diese Ahnung gründet sich auf ein Erlebnis, das sie völlig verändert hat.

Sie berichtet: »Ich gehe am See spazieren. Es ist früher Morgen, die Luft rein und klar. Nur über dem Wasser schweben einige dünne Nebelschwaden. In der Ferne blinken die Schneefelder des Gebirges. Das Frühlingsgrün der Birken leuchtet. Meine Füße berühren das taunasse Gras. Es duftet nach Forsythien. Ich lasse mich auf einer Bank nieder, mein Blick schweift über das Wasser. Ich atme tief und gleichmäßig, sauge die prickelnde Luft in mich ein wie ein Genießer.

Nach einer Weile, während ich an nichts Bemerkenswertes denke, langsam und vorsichtig, steigt in mir ein süßes Gefühl auf. Es durchströmt mich, wärmt mich, fühlt sich heilend und nährend an. Ich spüre meinen Körper und seine Begrenzungen und löse mich zugleich auf, verströme mich in meine Umgebung. Ich betrachte wie ein (noch) unbeteiligter Beobachter mein Umfeld und fühle, wie es rund um mich lebt. Gleichzeitig spüre ich, wie es sich in mich hinein ausdehnt. Es ist, also ob die Nebelschwaden und schließlich meine ganze Umgebung sich in mich hinein aufzulösen beginnen – freilich ohne dabei zu entschwinden. Ich und die Umgebung, wir werden eins!

Ein unendliches, unfassbares, aber sehr reales, tiefes, süßes Gefühl der Glückseligkeit durchströmt mich. Ich wiege mich leicht hin und her, schließe die Augen und öffne sie wieder. Wie von selbst legen sich meine Hände übereinander auf die Mitte meiner Brust. Es ist mehr und anders als ein Glücksrausch. Ich möchte jetzt auch nicht vor Freude tanzen und juchzen, wie ich das so gerne tue – ich will nur still sitzen und spüren. Eine tiefe Ruhe strömt in mir. Die Zeit bleibt stehen.

Lebensweise bei (zu) viel Wasser

- Wärmen und stimulieren Sie (sich), denn der Wasserüberschuss bedeutet meist einen Mangel an Feuer.
- Ohne sportliche Bewegung können Sie keine Körperentwässerung und Gewichtsabnahme erzielen: Minimum sind ein Zimmertrampolin (Lymphtrainer) oder Tai Chi, Qi Gong, Yoga oder leichte Gymnastik.
- Ersatzweise ist manuelle Lymphdränage (Katzenpfötchenmassage) hilfreich.
- Führen Sie Wärme zu in Form von Heizung, Farben (Rottöne!) und anregenden Gewürzen.
- Sexuelle Aktivität verbraucht Energie und befriedigt Menschen des Wassertyps in besonderem Maße.
- Entwickeln Sie ein Interesse an der Zukunft, suchen Sie sich eine spannende, wohltätige Aufgabe.
- Finden Sie Genuss an süßen Düften und Aromen, wie Rose, Zimt, Jasmin, Bergamotte, Lotus, Moschus und frischen Blumen.
- Genießen Sie »süße« Musik, zum Beispiel Albinoni: Kanon; Pachelbel: Kanon; Bach: Air in G; oder Sufimusik (Herzmusik!).
- Erkunden Sie Ihre Gefühle, zeigen Sie diese, drücken Sie sie aus, weinen Sie, wenn Ihnen danach ist, oder werden Sie künstlerisch tätig: Malen, Töpfern, Bildhauern, Musizieren, Singen usw.
- Legen Sie ein farbiges »Gefühlstagebuch« an.
- Achten Sie besonders auf Ahnungen, Empfindungen und Regungen aus Ihrem Inneren und richten Sie sich danach.
- Legen Sie besonderen Wert auf einen tief gehenden Umgang mit engen Partnern und Freunden.
- Lassen Sie sich von feurigen Freunden anstacheln, lernen Sie, auch mal Nein zu sagen; grenzen Sie sich ab (wenn das Ihr Problem ist).
- Verwöhnen Sie sich mit einem gemütlichen, ästhetischen Zuhause und/oder einem romantischen bis luxuriösen Ambiente.

Ich beobachte mich. Ich sitze hier auf einer Bank. Aber ich bin auch überall sonst. Ich und der See, das Gras, die Bäume, das Gebirge, der Duft, die Feuchtigkeit, das Licht, die raue Oberfläche des Holzes der Bank, alles, alles bin ich auch. Ich bin nicht nur Teil davon, ich bin das alles. Auch mein sinnliches Spüren, mein inneres Empfinden und Denken fühlen sich vereint, wie eins an. Alle Grenzen sind verschwunden. Ich bin hier – kein Zweifel –, aber ich fühle mich entrückt, versetzt in eine andere Dimension.

Ein unendliches Gefühl der Vertrautheit und des Vertrauens überschwemmt mich jetzt; die Gewissheit steigt aus meinem Inneren auf: Hier sind meine Wurzeln, dies ist meine Heimat, hier bin ich zu Hause! Ein Pärchen schlendert verliebt an mir vorbei. Sie stören mich nicht – ich bin ja Teil von ihnen, sie sind ein Teil von mir. Wir sind eins. Und ich sitze hier allein auf der Bank und bin doch gewiss glücklicher als jemals in all meiner Verliebtheit in der Jugend. Allein und grundlos glücklich! Allein und eins mit allem.

In den Segen des Augenblicks mischt sich jetzt Dankbarkeit, tiefe, endlose Dankbarkeit. Ich spüre, wie sich meine Brust weitet. Tränen rollen über mein Gesicht. ›Dies ist das höchste Gebet‹, spricht eine warme Stimme in mir, ›dies ist

das schönste Geschenk, dies ist das wahre Glück, dies ist die tiefste Liebe; all das bist du.‹ Und nach einer Weile: ›Du bist Freiheit, du bist Liebe, du bist Grenzenlosigkeit. Lass dein Mitgefühl verströmen aus deinem großen Herzen, öffne dich deiner Umwelt, sei für alle da, die dich brauchen!‹

Dies war das stärkste Erlebnis meines bisherigen Lebens, es war jedoch kein Rausch und auch kein Traum. Es war vielleicht rauschhaft, aber sehr, sehr real. Es war wie eine Erweiterung meiner Wahrnehmung. Da es nicht normal ist, solche Erlebnisse zu haben, bin ich mir natürlich nicht sicher, ob diese Erweiterung zum Guten oder Schlechten wirkt. Verdächtig ist mir, dass ich mit kaum jemandem darüber sprechen kann. Ich habe es versucht und nur ungläubige, zweifelnde Blicke geerntet. In einer Anstalt möchte ich nicht landen! Ich möchte das Erlebte praktisch umsetzen – die Botschaft war sehr klar!

Ich habe mich bisher im Leben in erster Linie auf Familie, Mann und Kinder beschränkt. Dafür besteht jetzt keine Notwendigkeit mehr. Ich werde mir ein neues Betätigungsfeld suchen, in dem ich tatsächlich andere Menschen, etwa Behinderte oder solche in Not, unterstützen kann. Sie haben gesagt, das ich im Horoskop über 50 Prozent Wasser habe. Das will ich jetzt wieder mehr leben. Durch das Älterwerden der Kinder und ihren Abschied aus unserem Haus und dadurch, dass meine Ehe stetig an Bedeutung verliert, konnte ich in den letzten Jahren meinen Gefühlsreichtum nicht mehr recht leben. Liebe und Mitgefühl sind nicht mehr so geflossen. Sie haben völlig Recht, wenn Sie sagen, dass ich deshalb an Gewicht zugelegt habe.«

Auf Waltrauds Frage hin erkläre ich ihr, dass sie ein mystisches Erlebnis hatte! Sie empfand und erlebte etwas in der Art, wovon der heilige Franz von Assisi und Meister Eckehart sprachen, was die Sufis, die Hassiden und viele andere erlebten und erleben. Sie hatte es bereits geahnt, sich aber nicht zugestanden.

Ich sagte: »Sie sind auf dem besten Wege, eine ›weise Frau‹ zu werden! Und Sie werden diese Weisheit, die aus den Tiefen Ihres innersten Wesenskerns, aus Ihrer Seele, kommt, in Ihrer zweiten Lebenshälfte voll einsetzen. Sie werden nicht nur Menschen in Not und Benachteiligten helfen. Sie werden dazu beitragen, dass immer mehr Menschen begreifen: Nichtmaterielles (zum Beispiel Mystisches) ist genauso real, normal und richtig wie Materielles! Sie werden sich darum kümmern, dass Menschen ihre übersinnlichen Erlebnisse, wie Sie eines hatten, oder Begegnungen mit astralen Wesen, wie Elfen und Schutzgeistern, Engeln und anderen Energien nicht mehr verschweigen, weil sie fürchten, verlacht zu werden. Sie werden mithelfen, dass sich die öffentliche Meinung über diese zutiefst prägenden Erlebnisse ändert!

Seien Sie sich aber dessen bewusst, dass Sie auch für eine Gewichtsregulierung bereits den entscheidenden Schritt getan haben. Sie haben sich – zumindest innerlich – schon von der Vergangenheit verabschiedet, Sie haben ein Ziel vor Augen. Und je klarer und entschlossener Sie auf dem neuen Weg voranschreiten, umso leichter wird sich Ihr Körper von den überschüssigen Pfunden verabschieden. Es besteht dann kein Grund mehr dafür, dass sich Gefühle im Körper als Wasser manifestieren. Durch Ihre Begeisterung für Ihre neuen Projekte und den aktiven Einsatz dafür verstärkt sich im Körper Ihr Feuerelement, das nur darauf gewartet hat, endlich in Schwung gebracht zu werden. Dies beschleunigt Ihre Verdauung, ja den gesamten Stoffwechsel, und damit sinkt Ihr Gewicht. Sie werden im Laufe des kommenden Jahres weniger und weniger Süßes essen, denn Sie brauchen ganz

> **Das Wasserelement verstärkt sich:**
> - im Winter und in feuchtkaltem Wetter und wird im Frühling automatisch ohne Ihr Zutun abgebaut (daraus erklärt sich die positive Wirkung der meisten Frühjahrsdiäten),
> - durch einen sitzenden Lebensstil oder durch Schlaf am Tage, besonders durch den Mittagsschlaf nach einem üppigen Essen,
> - durch alte, tote Speisen, besonders aus dem Kühlschrank oder der Tiefkühltruhe und Mikrowelle bzw. durch viele Produkte der Nahrungsmittelindustrie,
> - durch Essen, bevor der Magen wieder leer ist (dies löscht das Verdauungsfeuer),
> - durch kalte bzw. zu süße oder zu salzige Speisen,
> - bei zu starker Beschäftigung mit der Vergangenheit (Nostalgie!) und mit den eigenen Gefühlen.

einfach keinen Ersatz mehr. Sie sind dem Echten begegnet! Vergessen Sie das nicht! Wir bekommen solche ›himmlischen Zuckerl‹ zum Ansporn und als Vorgeschmack für spätere, dauerhafte Glückseligkeit. Wir erleben sie, um zu begreifen, dass der Himmel durchaus auch auf Erden möglich ist!«

Grenzen und Identität: (k)ein Thema für den Wassertyp

Typische Wassermenschen kennen häufig keine Grenzen, nehmen Grenzen nicht wahr. Sie überschreiten, erodieren Grenzen, können zwischen sich und den anderen nicht recht unterscheiden und dringen deshalb (ohne zu fragen) in die Schutz- und Privatsphäre anderer ein, halten keinen Abstand. Sie neigen (unbewusst) dazu, ihre eigenen mit den Energien anderer zu vermischen, was zur allgemeinen Verwirrung führen kann. Außerdem saugen sie fremde Energien auf wie ein

Schwamm, was zu erheblichen Irritationen und Belastungen führen kann, denen die betreffenden Wassermenschen nicht gewachsen sind. Sie werden dann phlegmatisch und depressiv.

Wassertypen wollen mit anderen verschmelzen, sich für immer binden; sie brauchen starke Grenzen, damit sie sich nicht verlieren und andere nicht vereinnahmen oder manipulieren. Sie können innerhalb fester Grenzen jedoch überaus stark sein. Sie fühlen sich zu einer Gruppe zugehörig, ohne sich ihrer Eigenständigkeit voll bewusst zu sein, und wollen sich deshalb in der Beziehung ergänzen, heil fühlen. Allein empfinden sie sich niemals als vollständig und sind deshalb vereinnahmend, anhänglich, bindend, ja, sie lieben es geradezu, vereinnahmt zu werden. Sie sind hingebungsvoll und lieben nur den Einen und Einzigen, und sie sind treu bis in den Tod. Sie legen Beziehungen generell auf Dauer an und identifizieren sich auf Grund persönlicher emotionaler Erfahrungen (»Ich bin verlassen« etc.). Sie schätzen Treue auf Grund von Bindung (die Familie hat immer Recht, die Familie geht über Fairness) und halten institutionalisierte Beziehungen aufrecht, schon um ihrer selbst willen, auch wenn Harmonie oder Liebe erloschen sind – was für den Lufttyp ein Gräuel wäre.

Von dem Vorteil, ein Wassertyp zu sein ...

Wenn das Wasserelement erhöht wird, so führt das in der Regel dazu, dass sich Beziehungen intensivieren und vertiefen; sie werden persönlicher, gefühlsbetonter; romantischer, nährender und befriedigender. Eigene Gefühle werden schneller und genauer erkannt, können besser beachtet, ausgedrückt und genutzt werden (zum Beispiel künstlerisch). Feinfühligkeit und »Spürigkeit« nehmen zu, was Entscheidungen erleichtert. Die Gefühle anderer sowie Trends und Strömungen werden schneller und genauer erfasst. Der Familiensinn erhöht sich und wird in Vorsorge ausgedrückt; dies äußert sich durch Nähren und Schützen. Tugenden wie Sympathie, Liebe, Mitgefühl, Hilfsbereitschaft, Weichheit, Empfänglichkeit, Herzlichkeit nehmen ebenso zu wie Vitalität, Fruchtbarkeit, Langlebigkeit und Schönheit. Nervosität, Unpersönlichkeit und Isoliertheit werden abgebaut. Sie sehen, es lohnt sich, das Wasserelement zu intensivieren …

Um diese und andere Eigenschaften des typischen Wassermenschen noch einmal deutlich zu machen, sind im Folgenden einige seiner Wesensmerkmale dem jeweiligen Pendant beim Luft- und dem Erdtyp gegenübergestellt:

Partnerschaft

Luft	Wasser
Ist losgelöst, neutral.	Ist verhaftet, magnetisch.
Liebt unverbindliche Kontakte.	Liebt tiefe, dauerhafte Kontakte.
Ist offen für Neues, Zukünftiges.	Ist vergangenheitsorientiert.
Beeinflusst, aber gibt Raum.	Führt zu Zwängen, Süchten.
Schafft durch Fragen Klarheit.	Glaubt, dass der andere ebenso fühlt.
Deutet Gesten eher als unverbindliche Freundlichkeit, Höflichkeit.	Deutet Gesten als Aufforderung für Langzeitbeziehungen.

Sex

Luft	Wasser
Ist eher androgyn (auch innerlich).	Hat eine starke sexuelle Identität.
Schwache Entwicklung der sekundären Geschlechtsmerkmale.	Normale Entwicklung der sekundären Geschlechtsmerkmale.
Schnell erregt, rasch befriedigt.	Sehr lustbetont, viel Ausdauer.
Schwaches Verlangen.	Sehr rasch regeneriert.

Fruchtbarkeit

Luft	Wasser
Tendenz zu Unfruchtbarkeit.	Äußerst fruchtbar.
Tendenz zu Sterilität, Fehl-, Früh- und Missgeburten.	Häufige und normal verlaufende Schwangerschaften.
Entwicklungsstörungen des Fötus.	Selten Fehlentwicklungen des Fötus.

Langlebigkeit

Luft	Wasser
Neigt zu vorzeitigem Altern, Auszehrung und Greisentum.	Unterstützt massiv die Langlebigkeit und Vitalität.
Neigt zu Zelldegeneration und Missgestaltungen.	Neigt zu Regeneration und Überleben.

Weitere Eigenschaften

Luft	Wasser
Leer, hungrig.	Voll, genährt.
Aufnehmend.	Speichernd.
Erkennen.	Erinnernd.
Neugierig.	Vorsichtig.
Fein, durchlässig.	Gewichtig, in sich ruhend.
Mental.	Emotional.
Leichtsinnig.	Schwerblütig.
Objektiv, distanziert.	Subjektiv, involviert.
Unabhängig, frei.	Abhängig, ergeben.
Eigenständig.	Gebunden.
Ichbezogen.	Familienbezogen.
Liberal.	Konservativ.
Großzügig, tolerant.	Gefühlsmäßig festgelegt.
Grenzen ausweitend.	Grenzen überschreitend.
Spezialist für Umgangsformen.	Spezialist für Beziehungstiefe.
Der Okkultist,	Der Mystiker,
der Weg über den Verstand.	der Weg über das Herz.

Eigenschaften Wasser / Erde

Wasser	Erde
Nass.	Trocken.
Beweglich, fließend.	Statisch, stabil.
Beeinflussbar.	Bestimmt.
Macht die Erde weich und fruchtbar.	Gibt den Pflanzen Mineralien.
Erodiert die Erde.	Absorbiert und hält Wasser.
Durchlässig.	Widerstehend.
Subjektiv, persönlich.	Objektiv, grundsätzlich.
Emotional.	Sachlich.
Am Menschen orientiert.	An der Sache orientiert.
Verbessert das Arbeitsklima.	Verbessert den Gewinn.
Künstler.	Praktiker.
Gefühl.	Vernunft.
Braucht Disziplin.	Hat Disziplin.
Richtungslos.	Entschlossen.
Erfasst Stimmungen.	Erfasst reale Fakten.
Reagiert im Gespräch auf den Tonfall.	Reagiert im Gespräch auf den Inhalt.
Schätzt Bequemlichkeit.	Schätzt Sicherheit.
Liebt Romantik.	Liebt nüchterne Klarheit.
Weich, anschmiegsam.	Förmlich, distanziert.

Beide machen schwer und kalt, fördern das Übergewicht, sind vergangenheitsorientiert und rezeptiv.

Essen und Lebensweise bei zu wenig Wasser

Menschen mit einem Defizit an Wasser weisen häufig ein Überwiegen des Luftanteils auf. In einem solchen Fall werden zu wenig Verdauungssäfte produziert, und die Aufnahme von Nährstoffen und Wasser im Körper ist gering. Deshalb sind sie so schlank! Es ist mehr als fraglich, ob der überwiegende Genuss von Rohkost hier auf Dauer zum Ziel führt, denn für Rohkost braucht man mehr Feuer und weniger Luft. Ich empfehle mild-aromatisch anregende Gewürze, die zusammen mit Öl oder in suppigen und breiigen Gerichten verzehrt werden sollten. Ein Minimum an Kochsalz (etwa 3 bis 5 Gramm) sollte auf jeden Fall täglich in der Nahrung sein, denn es erhöht in diesen Mengen auf gesunde Art und Weise das Wasserelement. Mehr davon wäre jedoch schädlich.

Obst empfehle ich bei Wasserdefizit ausdrücklich, besonders die Sorten mit einem hohen Wassergehalt (wie Melonen), aber niedrigem Zuckergehalt (um die Schilddrüse nicht unnötig zu stimulieren). Außerdem sollte man in diesem Fall vor allem wasserhaltige Salate und Gemüsesorten, besonders Squash, Zucchini, Kürbis, Tomaten, Gurken, Paprika und Stangensellerie sowie Süßkartoffeln und Ähnliches genießen. Die Mittagsmahlzeit kann roh, die Abendmahlzeit sollte aber in jedem Fall schonend gegart sein – mit kräftigenden, gut gewürzten Saucen.

Die Gemüse der Kohlfamilie sowie Wurzelsellerie, Karot-

> ### Gewürze und Kräuter bei (zu) wenig Wasser
>
> - *Für die Schleimhäute und zur Stärkung (Tonisierung):*
>   Süßholz, Rotulmenrinde, Beinwellwurzel, Salomonssiegel-
>   wurz, Ginseng, Tang Kuei, Fo Ti, Rehmannia (chinesisch);
>   Ashwagandha, Shatavari, Sägepalme (indisch); frisch ge-
>   presste Fruchtsäfte, mit Wasser verdünnt oder mit den ge-
>   nannten Kräutern versetzt; heiße Milch mit den genannten
>   Kräutern; Rosinen, Datteln und Feigen mit heißem Wasser
>   und Kräutern; andere natürliche Süßungsmittel wie Voll-
>   rohrzucker; Ahornsirup, Birnen- und Apfeldicksaft.
> - *Zur Erhöhung der Wasserspeicherung im Gewebe:* kleine
>   Mengen Meersalz in Zitronen- oder Limonensaft; Meeres-
>   algen und Miso in Gemüsesuppen mit Reiseinlage.

ten, Spargel und Pilze sind für diesen Typus nicht geeignet. Die Sorten führen eher zum Abbau als zum Aufbau des Wasserelements, weil sie entwässern. Man sollte sie deshalb auch nicht als Saft trinken. Kartoffeln sollte man gut gewürzt in Öl dünsten – also keine Folienkartoffeln aus dem Backrohr! Die entwässern. Auch Getreidesorten, die das Wasserelement reduzieren, wie Gerste, Mais und Hirse, sollte man meiden und stattdessen eher zu Weizen, Reis oder Hafer greifen. Es ist zwar besser, gekochte Körner mit Butter, Ghee (Butterfett) oder Pflanzenöl zu verzehren, ein wenig gutes Vollkornbrot hier und da kann aber auch nicht schaden.

Hülsenfrüchte – außer Feuerlinsen – sind nicht empfehlenswert, weil sie entwässern, Nüsse und Samen sind für den Wassermangeltyp jedoch ein Muss im Speiseplan. Sie erhöhen das Wasserelement und liefern Vegetariern den für ununterbrochenes, übereifriges Denken und Kommunizieren nötigen Phosphor. Milch und Milchprodukte erhöhen das Wasserelement, führen aber im Übermaß genossen zur Verschleimung, besonders dann, wenn das Feuerelement (die

Verdauungskraft) nicht besonders hoch ist. Milch würde ich erhitzt mit mild-aromatischen Gewürzen trinken, und von Hartkäse hielte ich mich in diesem Fall fern. Etwas Jogurt, Kefir, Quark und Rohmilchkäse wären möglich – gegebenenfalls von Schaf oder Ziege.

Generell ist für Menschen mit zu wenig Wasser die »schleimfreie Heilkost« nach Ehret (siehe Literaturverzeichnis) nicht zweckmäßig, da diese Menschen zu trockenen Schleimhäuten tendieren. Die Schleimhäute (vor allem des Darms) sind der Sitz des Immunsystems, und das wollen wir nicht fahrlässig schwächen! Die moderne Lebensweise verstärkt das Luftelement ohnehin übermäßig, sodass wasserarme, luftige Menschen vorsichtig mit solchen einseitigen Diäten sein müssen. Sie sollten durchaus in vernünftigen Mengen Milch und Milchprodukte und etwas Brot und gekochtes Getreide essen. Eine Verschleimung im Sinne von Husten, Schnupfen, Heiserkeit verhütet man durch aromatische Gewürze, die das Verdauungsfeuer anregen und wärmen. So segensreich und entschleimend Ehrets Diät auch für andere Konstitutionstypen ist, hier ist sie ungeeignet.

Fastenkuren empfehle ich diesem Typus nur ausnahmsweise, und wenn, dann nur in der warmen Jahreszeit. Menschen, die gewichtsmäßig bereits wirklich am unteren Ende des gerade noch Möglichen stehen, sollten sich nicht noch leichter machen – es sei denn, Sie wollten ein vor Kälte klapperndes Gespenst werden. Am Ende werden solche Fanatiker noch zur intravenösen Zwangsernährung ins Krankenhaus eingeliefert. Ich habe das schon so beobachtet!

Vor allem aber sollten diese Menschen viel trinken, baden und schwimmen. Viele von ihnen können aber weder schwimmen noch tauchen, weil sie Tiefenangst haben. Sie können zwar gedanklich tief in Probleme eindringen, aber im Wasser fürchten sie sich. Dieses Verhalten ist ein getreues Sinnbild für die Zurückhaltung dem anderen Geschlecht gegenüber. Wasser steht für Gefühle und Gefühlstiefe! Wenn Sie den Kontakt aber gern möchten, dann empfehle ich Ihnen dringend, lernen Sie schwimmen und tauchen! Nehmen Sie sich notfalls ein bis zwei Wochen Urlaub in der Umgebung einer Schwimmschule mit privatem Einzelunterricht durch psychologisch erfahrene Lehrer, denen Sie vertrauen können.

Wenn man seine Tiefenangst überwunden hat, wird man staunen, wie sich eine völlig neue Welt auftut, die Welt des Fühlens, Spürens, Sehnens. Man wird weicher werden, ruhiger, empfindsamer, man wird seine weibliche Seele entdecken; und aus einem luftigen, unausgeglichenen Mentaltypen wird ein harmonischer Mensch werden. Zugleich wird man auch besser geerdet sein, was im Beruf weiterhilft, und sein Zuhause wird man schöner, ästhetischer einrichten, weshalb man dann auch lieber Besuch empfängt.

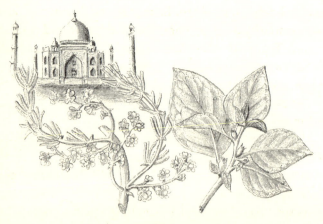

Shatavari und Ashwagandha

Ernährung und Lebensweise für den Erdtyp

Damit er seine »erdigen« Begabungen nutzen kann, ohne sich zu schaden, werden dem Erdtyp in diesem Kapitel Tipps zur Zusammensetzung seiner Nahrung und zur Gestaltung seiner Lebensweise gegeben. Ebenso erhält sein Pendant – zu wenig Erde – Anregungen, wie er durch Förderung des Erdanteils seine Potenziale besser leben kann.

Wie bei den anderen drei Elementen sind zunächst wieder stichwortartig die Symptome aufgeführt, anhand deren man diesen Typus erkennen kann, wenn die Erde zu stark, also extrem ausgeprägt ist:
- Verlust von Scharfsinn und Spontaneität, Sturheit, Trägheit,
- Langsamkeit, Schwerfälligkeit, wenig Reaktion auf äußere Reize,
- Unfähigkeit, zu vergessen und zu vergeben,
- Depression, Verfolgungswahn, Zynismus, Verschlossenheit,
- extrem materialistisch und konservativ, hartherzig, gierig, geizig,
- Abkehr von allem Lebendigen und Spielerischen,
- Verlust spiritueller Inspiration,
- Taubheitsgefühle und Schwerhörigkeit,

- überdurchschnittliche Verschlackung und innere Vergiftung,
- Bluthochdruck, Blutstau, Blutandrang, Verstopfungen,
- Verkalkungen, Gallen- und Blasensteine,
- Gewebeverdickungen, Verwachsungen, Schwielen, Hühneraugen.

Essen bei Überwiegen des Erdelements

»Lasst wohlbeleibte Männer um mich sein, mit glatten Köpfen, und die nachts gut schlafen. Der Cassius dort hat einen hohlen Blick. Er denkt zu viel: Die Leute sind gefährlich!« In dem Zitat aus Shakespeares *Julius Caesar* werden die Menschen genannt und durch ihren Gegentyp charakterisiert, um die es in diesem Kapitel geht: Wir sprechen hier von den erdig schweren Menschen, die – im Extremfall – abgestumpft und lethargisch sind, weil sie durch ein Übermaß an Erde aufs menschenmöglich niedrigste Schwingungsniveau hinabgedrückt werden. Klar, dass sie eher in eingefahrenen Bahnen denken und sich unterordnen. Mit ihnen hätte Cäsar ein leichtes Spiel gehabt, vor ihnen wäre er sicher gewesen, denn sie sind viel zu bequem, um den Aufstand zu proben. Es besteht also eine enge Verwandtschaft zum Wassertyp, der ebenfalls wohlbeleibt und konservativ ist. Beim Erdelement ist das Gewebe aber fester. Das Übergewicht wird nicht von Wasser gebildet, sondern rührt her von Fett, Muskeln, schweren Knochen, Schlacken und Kotresten im Darm.

Die Verdauung ist ebenfalls langsam, die Ausnutzung gut, und so wird im Übermaß Einverleibtes leicht in Übergewicht verwandelt! Unter den Menschen mit zu viel Erde gibt es viele, die gewohnheitsmäßig reichlich essen, ohne wirklich Hunger zu haben. Sie verzehren regelmäßig und pünktlich große Portionen, je nach Veranlagung auch in guter bis exzellenter Qualität. Sie lieben die traditionelle, landesübliche Küche, die so genannten gutbürgerlichen Speisen, eher Herzhaftes, Deftiges.

Wir empfehlen diesen Menschen scharf-aromatische Gewürze, um das Feuerelement und damit die Verdauung anzustacheln, aber auch einen Digestif aus bitteren Kräutern vor oder nach dem Essen, was durch Reinigung der Leber indirekt das Feuerelement, jedoch ebenso das Luftelement erhöht. Der Erdtyp sollte außerdem darauf achten, dass er sich nur dann zu Tisch begibt, wenn er wirklich Hunger hat; das bedeutet, dass er durchaus Mahlzeiten auslassen sollte, besonders am Morgen, und dass er weniger feste Nahrung und stattdessen Saft, Suppe, Brei und Tee zu sich nimmt. Damit verstärkt er das Wasserelement. Erdtypen sind ja bekanntlich trocken, nüchtern und vernünftig; es kann sein, dass sie kaum jemals Gefühlsregungen zeigen, jedenfalls scheinen sie diese für »überflüssig« zu halten.

Was im Detail soll der Erdtyp denn nun essen? Das Erdelement hat die Charakteristika schwer, trocken, kalt und grob. Die Nahrung sollte zum Ausgleich – damit diese Menschen nicht noch mehr in die Materie geraten – leicht, feucht, warm und fein sein. Schwere Speisen, wie Fleisch, Bratensaucen, Milchprodukte, Brot und zuckrig-fettes Gebäck, sollten Erdtypen, von gelegentlichen Ausnahmen abgesehen, nicht zu sich nehmen. Dies gilt auch für alle Industrieprodukte, besonders für Konserven, Fertiggerichte, alte und kalte Speisen, Wiederaufgewärmtes usw.

Der Erdtyp sollte mehr Wert auf echte Qualität und Frische legen. Er sollte seinen Geschmack verfeinern, damit er spürt, was er sich jeden Tag antut bzw. was er sich entgehen lässt. Die subtilste, feinste Nahrung sind zum Beispiel Blüten

Lebensmittel für den Erdtyp

Folgende Nahrungsmittel (bzw. ihre Einschränkung) verhindern, dass das Erdelement weiter verstärkt wird und dann auf ungesunde Weise überwiegt:

- reichlich rohes Obst, besonders saure Früchte und frische Säfte,
- reichlich Gemüserohkost, am besten mit pikanten Saucen,
- reichlich Blattsalate, Küchen- und Wildkräuter sowie Sprossen,
- schonend gegartes, pikant gewürztes Gemüse in zweiter Linie.
- Besonders empfehlenswert sind alle Kohlsorten.
- Keine Pilze, Rüben, Radieschen, Rettich, Zwiebeln u. Lauch.
- Alle scharfen Gewürze außer Knoblauch, Asa foetida (Stinkasant) und Muskat.
- Kaltgepresstes Pflanzenöl (in Zusammenhang mit Gewürzen),
- Zitronensaft, Ume-Su, Balsamico, Apfelessig,
- wenig heiße Milch mit Gewürzen (alle anderen Milchprodukte strikt meiden!).
- Am besten kein Brot, stattdessen gekochte ganze Körner: Basmatireis, Naturreis, Hirse, Roggen, Dinkel.
- Hülsenfrüchte gut gewürzt in Maßen.
- Sehr wenig Nüsse; gut sind Sonnenblumenkerne und Sesam(mus).
- Tierische Produkte sind so weit wie irgend möglich einzuschränken (sie verstärken das Erdelement!).
- Empfehlenswert sind Suppen, Saucen, Eintöpfe, Brei etc.

Absolut ungeeignet sind für den Erdtyp
- alle Lebensmittel und Speisen, die schwer und trocken machen, vor allem tierische Produkte, besonders Schweinefleisch und Wurst; Fleisch ist das am meisten erdende Nahrungsmittel. Es verbindet uns mit der Astralwelt (Gefühlswelt) der Tiere und übersäuert den Körper mit Harnsäure – ein weit verbreitetes Gesundheitsproblem, das Sie mit basischen Mineralien und Bitterstoffen beseitigen können.

- Schädlich wirken auch Fehlkombinationen (besonders solche aus großen Mengen konzentrierter Proteine mit konzentrierten Kohlenhydraten, zum Beispiel Braten mit Spätzle, Käsebrot oder Fisch mit Reis) und andere schwer verdauliche Lebensmittel, etwa Ölsardinen, die Weihnachtsgans, das Eisbein …
- Alte und kalte Speisen (Tiefkühlkost und Reste aus dem Kühlschrank, auch aufgewärmt!) sind abträglich,
- ebenso Industriekost, die durch ihre Leblosigkeit (Denaturiertheit) und die vielen Zusatzstoffe besonders stark verschlackt.

– fast zu schade, um sie zu essen – und natürlich feine Tees oder auch Aromen, die man über die Mundschleimhaut oder die Haut, oder Düfte, die man über die Nase aufnimmt. In diesen Bereichen müssen die Erdmenschen erst noch trainiert und zu Genießern gemacht werden!

Was sagt der Ayurveda zu diesem Thema? Nach den Lehren der altindischen Medizin gibt es drei Arten von Nahrung:
- tamasisch,
- radschasisch und
- sattvisch.

Tamasische Speisen sind alt, tot, schwer, durch Gärung, Fäulnis und Schimmel verändert und mit Umweltgiften wie mit Zusatzstoffen überladen. Tierische Produkte sind stark vertreten. Diese Art von Speisen essen die meisten Menschen – auch hier zu Lande. Es sind die Produkte der Nahrungsmittelindustrie, billiger Restaurants und altmodischer, zu sparsamer Hausfrauen und -männer. Diese Speisen halten den Menschen in der Materie gefangen, lassen ihn verschlacken, stumpfen ihn folglich ab und stellen ihn ruhig, sedieren. Solche Menschen fühlen sich gut, weil sie »nichts spüren«. Diesen vermeintlichen Glückszustand verdanken sie allerdings auch nur der traurigen Tatsache, dass ihre Nerven natürlich auch verschlackt sind.

Tamasische Speisen verstärken also das Erdelement. Schon im alten China war bekannt, dass Schweinefleisch und Bohnen abstumpfen und die Volksmassen ruhig stellen, auf dass man sie leichter beherrschen könne. Heute scheint ein ähnlicher Effekt mit Hilfe der Agrargesetzgebung erzielt zu werden, die minderwertiges, billiges Fleisch begünstigt, und durch die Lebensmittelindustrie, die uns etwa Billigöle, Margarine und tierische Fette schmackhaft machen will. Wenn jemand viel tierisches Protein sowie Billigfett und -öl zu sich nimmt, wie das die meisten Bundesbürger tun, dann lagern sich auf den Zellwänden mikroskopisch dünne Schichten von Aminosäuren und Billigfettsäuren ab. Die Kommunikation der Zellen untereinander nimmt ab, der Mensch wird empfindungsschwächer, entwickelt weniger Eigeninitiative und wird anfälliger gegen Krankheiten, an denen wiederum ein anderer Industriezweig hervorragend verdient.

Die radschasischen Speisen (die Ernährung der indischen Radschas bzw. Maharadschas!) sind genau das, was man dem Durchschnitts-Erdmenschen empfiehlt – weil sie vitalisieren, entschlacken und für den täglichen Existenzkampf stählen. Sie werden in diesem Kapitel beschrieben.

Und wer isst sattvische Speisen? Das sind die Yogis, die Menschen, die sich von den materiellen Aspekten des Lebens mehr und mehr lösen und auf spirituellen Pfaden wandeln. Es ist eine Ernährung, die sehr luftig macht – man sollte deshalb vorsichtig sein, dass man den Boden unter den Füßen nicht verliert und sich und die Umwelt falsch einschätzt. Wenn zum Beispiel jemand zu mir in die Beratung käme und

> ### Gewürze und Kräuter für den Erdtyp
>
> - *Zur Gewichtsreduktion:* Enzian, Berberitze, Myrre, Kurkuma, Oregontraube (eine bis mehrere Kapseln davon mit Wasser vor den Mahlzeiten).
> - *Zur Anregung der Verdauung:* Ingwer, schwarzer Pfeffer, Chili, Meerrettich und andere scharfe Gewürze, am besten in Verbindung mit Bitterstoffen vor den Mahlzeiten, weil diese den Abbau von Fettdepots anregen, z.B. Gallexier oder Bitterstern.
> - *Zur Darmreinigung:* Triphala, Kassia, Rhabarber, Aloe, Rizinus und andere Kräuter, Einläufe!
> - *Für den Verstand:* Pfefferminz, Eukalyptus, Kampher (in sehr kleinen Dosen), Basilikum, Kalmus, grüner Tee.

erklärte, er sei erleuchtet – was ein wirklich Erleuchteter niemals täte –, würde ich ihn erst einmal ins Restaurant schicken und ihm ein Steak vom Grill mit Ofenkartoffeln und ein großes Glas Rotwein empfehlen. Wenn er sich danach immer noch erleuchtet fühlt, dann könnte vielleicht was dran sein, denn wahre Erleuchtung wird durch Essen oder Drogen nicht zerstört. Danach müsste er mir verraten, wie er das geschafft hat, und er erhielte das Honorar – anderenfalls ich …

Sattvische Speisen sind rein vegetarisch, überwiegend rohköstlich und enthalten je nach Klima und Typ mehr oder weniger Obst. Die Essener, zu denen vermutlich Jesus gehörte, und die griechischen Philosophen lebten überwiegend rohköstlich vegetarisch. Pythagoras und seine Schülerinnen und Schüler waren zum Beispiel als die »Feigenesser« bekannt – eine typisch sattvische Ernährungsform. Sie schließt alle scharfen und übel riechenden Gewürze und Kräuter aus. Sie putscht nicht auf und entspricht im Wesentlichen der veganischen Ernährungsform der natürlichen Gesundheitslehre in ihrer strengsten Form, worauf sich meine »erleuchteten« Klienten meist berufen; sie übersehen dabei, dass diese strengste Form nur für wenige Menschen geeignet ist.

Diese Form der Ernährung kann bei uns im Westen auf Dauer kaum jemand gefahrlos durchhalten. Rudolf Steiner hat dazu sinngemäß gesagt: Wenn jemand Vegetarier werden will und nicht zugleich zu einem spirituellen Leben übergeht, dann sollte er besser weiterhin Fleisch essen. Hat man auf der materiellen Ebene noch einiges zu erledigen, will oder muss man also etwa seinen Lebensunterhalt verdienen und eine Aufgabe erfüllen, die den Umgang mit den Mitmenschen einschließt, dann ist ein gewisser Anteil an radschasischer Nahrung, die das Feuerelement stimuliert, unbedingt nötig. Rein sattvisch kann man sich eigentlich nur vorübergehend in Reinigungsperioden oder im Kloster, Aschram oder in einer Einsiedelei ernähren.

Eine Ernährung für Erdtypen könnte also durchaus einige Elemente der sattvischen Ernährung enthalten, denn der Erdmensch soll ja leichter werden. Dabei gibt es aber ein Problem. Dies liegt darin, dass viele Erdtypen zu den Menschen gehören, die nach dem Motto leben: Wenn ich etwas tue, dann mach ich das 150-prozentig – ohne Rücksicht darauf, ob sich das auch gut »anfühlt«. Sie sind der Meinung, dass auftretende Probleme nur Hindernisse auf dem Weg sind und dass man »da durchmuss«. Das kann anfangs durchaus stimmen, denn Entgiftungskrisen und die berühmte Erstverschlechterung sind keine Märchen. Wenn die »Erstverschlechterung« aber nach zwei Jahren zum soundso vielten Male auftritt, dann stimmt ganz offensichtlich etwas nicht. Die Ernährung passt dann nicht zum Typ!

Erdtypen sollten einfache Mahlzeiten mit nur wenigen Zutaten zu sich nehmen (auch eine sattvische Regel!). Es müssen jedoch – außer in speziellen therapeutischen Situationen – keine Monomahlzeiten sein, wie man von Übereifrigen immer wieder hört. Desserts und Zwischenmahlzeiten sollten vom Speiseplan verschwinden, und die Pausen zwischen den großen Mahlzeiten sollten wenigstens vier Stunden lang sein. Man kann als »Snack« aber einen Tee trinken!

Erdtypen können alle Arten von Obst essen und alle (am besten frisch gepressten) Fruchtsäfte trinken, sollten aber die Regel beachten, das Obst immer auf leeren Magen und für sich allein zu essen. Saures Obst sollten sie süßem vorziehen, weil die Säure das Feuerelement mobilisiert und Süßes schwer macht. Wenn Erdtypen durch eine Obstkur entgiften wollen, dann dürfen sie diese nicht von einem Tag auf den anderen plötzlich beginnen. Es ist sinnvoll, sich einige Tage Zeit zu lassen und die Ausscheidung des alten Darminhalts durch morgendliche Einläufe (am besten drei unmittelbar hintereinander) zu unterstützen. Dann kommt es weniger zu unangenehmen Entgiftungserscheinungen, die den Erdtyp zu der Annahme verleiten könnten, die Methode sei gesundheitsschädlich. Es passiert immer wieder, dass diese Menschen dann unsicher werden und die (zu) gut laufende Entgiftung abbrechen. Wenn Sie einen Erdtyp zu einer Entschlackungskur bringen wollen, dann müssen Sie ihm detailliert erklären, warum die Methode hundertprozentig sicher ist, und ganz genau beschreiben, was er zu tun hat. Geben Sie es ihm schriftlich! Er wird sich pingeling daran halten. Deshalb muss die Beschreibung unbedingt stimmen. Der Erdtyp ist sehr vorsichtig und sich nicht immer sicher, ob er alles weiß, um korrekt sein zu können – was er ja unbedingt sein will. Der Erdtyp ist der Praktiker, der handelt. Er ist nicht der Erfinder der dahinter stehenden Ideen!

Der Erdtyp kann ohne Probleme alle Gemüsesorten essen.

Besonders empfehle ich die Kohlfamilie, also Weiß- und Blaukraut, Grün-, Rosen- und Blumenkohl, Brokkoli, aber auch die Blätter von Rüben und Roter Bete. Bei Kartoffeln und Süßkartoffeln sollte er sich zurückhalten und vor allem keine Butter oder saure Sahne dazu essen; Pilze, Rüben, Radieschen, Zwiebeln, Lauch und Knoblauch verstärken das Erdelement und sollten daher nur selten auf dem Speiseplan erscheinen.

Sprossen und Salate aller Art kann er essen, überhaupt ist ein möglichst hoher Anteil Rohkost angesagt! Menschen mit viel Feuer und viel Erde sind die geborenen Rohkostler – vorausgesetzt, sie leben ihr Feuer. Wenn nicht, dann gibt es im Winter Kälteprobleme, die aber durch warme Getränke mit Gewürzen ausgeglichen werden können. Im Sommer sind Frucht- und Gemüsesäfte zur Entschlackung am Vormittag besonders hilfreich.

Leichte, luftige Brotsorten wie Baguette oder Reiswaffeln sind geeignet, schwere Sorten wie Pumpernickel und Ähnliches empfehle ich nicht. Viel besser ist es, wenn diese Menschen ihren Bedarf an Kohlenhydraten durch ganze, gequollene, gegarte Körner decken. Dabei sollten sie die leichten Sorten bevorzugen: Basmatireis, Langkornreis, Hirse, Roggen und Dinkel. Mais und Gerste meidet man besser, und Weizen sollte – wenn überhaupt – höchstens in Form von Chapatis oder Tortillas (dünnen Fladenbroten ohne Treibmittel) gegessen werden.

Mit Öl und Fett sollten sie sich ebenfalls zurückhalten, auch mit Frittiertem, Gebratenem und fettigem Gebäck. Kaltgepresstes Pflanzenöl ist in moderaten Mengen verträglich, vorteilhaft wäre es, wenn es in Saucen immer in Verbindung mit Gewürzen wie Ingwer und Kurkuma oder in Dressings zusammen mit einem guten Essig (etwa Balsamico, Apfelessig), Ume-Su oder noch besser Zitrone stünde.

Nüsse stehen auch auf der Liste der weniger empfohlenen Lebensmittel. Sonnenblumenkerne und Sesam sind schon besser. Süßspeisen und Zucker verstärken das Erdelement und sollten deshalb stark eingeschränkt bzw. ganz gemieden werden. Auch mit Salz sollte der Erdtyp sparsam umgehen. Gewürze kann er jedoch reichlich verwenden – außer Knoblauch, Zwiebel, Asa foetida (Stinkasant) und Muskatnuss. Der Erdtyp kann etwas heiße Milch mit Gewürzen (als eigenständigen »Snack«) vertragen, alle anderen Milchprodukte sollte er jedoch meiden. Sie machen schwer und kalt, und das ist der Erdtyp bereits! Bevor man Milchprodukte zu sich nimmt, sollte man jedoch generell ganz sicher sein, dass man nicht eine Milchallergie hat, was auf mindestens die Hälfte aller Bundesbürger zutrifft – meist, ohne dass sie dies ahnen. Das Gleiche gilt für den Weizen! Der Ayurveda empfiehlt Ghee (Butterfett) statt Butter.

Für den Erdtyp ist Fasten besonders hilfreich, denn es macht leicht und beweglich und richtet den Blick von der Materie auf höhere Lebensinhalte; deshalb empfehle ich Erdtypen, zumindest regelmäßig vormittags oder einen Tag pro Woche zu fasten, wenn sie nicht – am besten im Frühjahr – eine mehrwöchige Fastenkur durchführen wollen, die sie alle paar Jahre wiederholen. Wasser- oder Saftfasten führen beide zum Ziel der Entschlackung.

Noch ein Tipp zur Unterstützung der Entschlackung und Entgiftung für den Erdtyp: Ich empfehle, täglich einige Scheiben Kassia (Manna, Frucht des Sennesstrauches) abzulutschen. Das unterstützt die Entgiftung über den Darm. Der Ayurveda empfiehlt eine Kräutermischung mit dem Namen Triphala, die sich seit Jahrtausenden bei der Entschlackung des Darmes bewährt hat. Sehr empfehlen kann ich auch aus eigener Erfahrung ein Darmreinigungsprogramm, wie es in meinem

Entschlackungsbuch (siehe Literaturverzeichnis) beschrieben wird. Entschlackend wirkt auch der Rhabarber, Aloe-vera-Saft und natürlich für Notfälle Rizinusöl. Am besten bei Verstopfung sind aber immer noch ein Klistier oder ein Einlauf. Die Darmmotilität kann man auch durch regelmäßigen Verzehr kleiner Mengen eingeweichten Leinsamens, Backpflaumen, Feigen oder Flohsamenschalenpulvers unterstützen.

Der günstigste Zeitpunkt für die Hauptmahlzeit eines Erdtyps ist generell mittags; sie sollte die Rohkost enthalten. Für den Vormittag ist Fasten oder Obstessen (nicht zu süß) sinnvoll, während leichte und überwiegend gegarte Speisen – spätestens um 18 Uhr eingenommen – einen beschwerdefreien Abend garantieren.

Lebensweise bei Überwiegen des Erdelements

Um den genannten Nachteilen zu entgehen, die mit einer übermäßigen Betonung des Erdelements im Lebensstil entstehen, rate ich allen betroffenen Klienten besonders zu folgenden Maßnahmen, die für eine ausgewogene Elementeverteilung sorgen:

• Verwenden Sie Wärme, warme Farben (zum Beispiel Rot) und Gewürze zur Temperaturerhöhung.

• Trinken Sie viel, baden und schwimmen Sie häufig.

• Unterbrechen Sie Ihre tägliche Routine in der Arbeit wie auch im Privatleben immer wieder einmal.

• Gehen Sie nicht immer und überall nur auf Nummer sicher, sondern riskieren Sie auch mal etwas.

• Überprüfen Sie, ob Ihre Prinzipien noch sinnvoll und zeitgemäß sind.

- Machen Sie Gymnastik und treiben Sie Sport, besonders solchen, bei dem es auf Bewegung und Geschicklichkeit ankommt (zum Beispiel Tischtennis, Federball, Squash, Eislauf, aber auch Jonglieren und dergleichen).
- Erlauben Sie sich hin und wieder spielerische, spaßige, »unsinnige« Tätigkeiten, deren Effekt sich nicht in Heller und Pfennig messen lässt.
- Reservieren Sie Zeit für Geselligkeit, Tanzveranstaltungen, Partys, Gesprächs- und Diskussionsrunden, Kurse, Seminare, Ausstellungen, Musik, darstellende Kunst usw.
- Entwickeln und pflegen Sie einen klugen, aber flexiblen Standpunkt, kultivieren Sie Neues und Andersartiges.
- Unternehmen Sie Auslandsreisen, um Andersartiges kennen zu lernen und sich für einen anderen Blickwinkel zu öffnen.
- Machen Sie sich bewusst, dass es außer den materiellen Dingen im Leben auch Ideelles und Feinstoffliches gibt, das von Wert ist.
- Beginnen Sie Ihre Erkundungen zum Beispiel durch Yoga, Tai Chi, Qi Gong, Win Tsun oder ähnliche östliche körperbetonte Meditationskünste, weil die spirituelle Reise im Körper ihren Anfang hat.

Die Ausdrucksweise des Erdelements verändert sich im Lauf des Lebens: Es ist in der Kindheit und im reifen Alter am kräftigsten ausgeprägt. In Stresssituationen wird es beansprucht und abgebaut; es erfährt eine Verstärkung bei Überbetonung der materiellen Seite des Lebens. Kommen Erdtypen unfreiwillig in Kontakt mit neuen, unbekannten Ideen, nimmt ihr dominierender Elementanteil zu, besonders aber unter Zwang. Auch durch gewohnheitsmäßige Trägheit bzw. Faulheit wird er verstärkt. Nimmt der Erdmensch Pharmazeutika ein – besonders Cortison und Steroide –, trägt auch dies zur Konsolidierung seiner Typstruktur bei.

Im Folgenden führe ich wieder Gegensatzpaare an, um die Eigenschaften des Elements deutlich zu machen. Wollen sie für einen Ausgleich sorgen, sollten die betroffenen Erdtypen das jeweilige Gegenelement in ihrem Leben verstärken, wie es in den entsprechenden Kapiteln über den Feuer- und den Lufttyp beschrieben ist. Fangen wir an mit den »Antagonisten« Feuer/Erde:

Feuer	Erde
Risiko.	Sicherheit.
Niedriger Überlebensinstinkt.	Hoher Überlebensinstinkt.
Hohe Risikobereitschaft.	Hohes Sicherheitsbewusstsein.
Der Krieger.	Der Bauer.
Idealistisch.	Realistisch.
Bringt Opfer.	Geht auf Nummer sicher.
Sitzt im Solarplexus.	Sitzt im Basischakra.
Mut, aktive Verteidigung.	Vorsicht, passiver Schutz.
Angriff.	Verteidigung.
Stolz, Rechtfertigung.	Ehrgeiz, Bestimmtheit.
Liebt das Abenteuer.	Liebt Vorhersagbares.
Die Vision	Die Zweckmäßigkeit
setzt die Ziele.	setzt die Ziele.
Weitsichtigkeit.	Kurzsichtigkeit.
Großzügigkeit.	Kleinlichkeit.
Wohlwollend.	Gerecht.
Nach Gutdünken.	Nach dem Gesetz.
Beweglichkeit.	Verhärtung.
Vorwärts drängend.	Standfest.
Dynamik.	Struktur.
Neubeginn, Start.	Durchführung.

Feuer	*Erde*
Fragt nach neuen Initiativen.	Fragt nach Resultaten.
Den Partner erobern.	Mit dem Partner leben.
Spaß und Spiel.	Pflicht und Verantwortung.
Die Show, die Verpackung.	Die Solidität, der Inhalt.
Das Versprechen.	Die Einlösung.

Der typische »Luftmensch« ist ein *Schilddrüsentyp*: schlank, wach, intelligent, aufnahmefähig und instabil. Er ist der »Kurzstreckenläufer«, der »Sprinter«. Er stimuliert sich durch Kohlenhydrate (besonders Süßes und Koffein) und weist ein stark schwankendes Energieniveau auf.

Der typische »Erdmensch« hingegen ist ein *Nebennierentyp:* kräftig, stämmig, ausdauernd und von großem Durchhaltevermögen, enormer Standfestigkeit und starker Willenskraft. Er ist der »Marathonläufer« und stimuliert sich mit tierischem Protein. Er hat ein lang anhaltendes, gleichmäßig hohes Energieniveau.

Fallbeispiele für eine starke Betonung des Erdelements finden Sie weiter unten unter den Überschriften »Partnerschaftsprobleme« und »Schwermetallvergiftung«.

Essen und Lebensweise bei zu wenig Erde

Wir sind hier auf Erden, um in dieser dichten Materie Erfahrungen zu machen, die man anders anscheinend nicht gewinnen kann. »In einem gesunden Körper sei ein gesunder Geist« – so lautet eine Sentenz des klassischen Altertums. Wir sollten uns diese Weisheit zu Herzen nehmen. Denn unser Körper ist der Tempel für unsere Seele, also Teil göttlicher Liebe und Bewusstheit! Der Körper ist sozusagen unser Expeditionsfahrzeug, und wir sind aufgerufen, es so gut wie nur irgend möglich in Schuss zu halten. Dazu gehört auch, dass wir uns mit ihm anfreunden, ihn schätzen und lieben und uns klar machen, dass wir spirituell nicht wachsen können, wenn wir ständig im Kopf, aber weder in Kontakt mit unseren Gefühlen noch mit der Erde sind, die wir über unseren Körper erleben. Gesundheit und Spiritualität haben beide eine gute Erdung zur Voraussetzung.

Ein spiritueller Meister hat einmal gesagt: »Flieg hoch am Himmel, mit den Füßen im Boden verwurzelt.« Deshalb legen alle ernst zu nehmenden spirituellen Richtungen neben der mentalen Ausrichtung immer wieder großen Wert auf die Erdung. Menschen mit zu wenig Bodenkontakt haben meist einen zu raschen Stoffwechsel und eine schwache Aufnahme von Nährstoffen. Die Speisen werden entweder zu schnell verbrannt oder nicht völlig verdaut. Häufig essen sie auch zu wenig oder zu leicht, weil sie ja ätherisch werden wollen. Wenn man sich erden will, kommt man mit Blüten, Obstsäf-

Lebensmittel bei (zu) wenig Erde

- Wenig rohes Obst, am besten in der warmen Jahreszeit,
- wenig Gemüserohkost, am besten mittags mit Dressing,
- reichlich Blattsalate, Kräuter, Tomaten, Gurken, Paprika,
- reichlich schonend gegartes Gemüse, vor allem Kartoffeln, Süßkartoffeln, Zucchini, Squash, Kürbis und Wurzelgemüse in Öl gegart; kein Kohl,
- mild bis scharf-aromatische Gewürze, je nachdem, welche Elemente sonst vertreten sind.
- Auch die saure und salzige Geschmacksrichtung kann eingesetzt werden.
- Kaltgepresstes Pflanzenöl, Butter, Ghee (Butterfett) in vernünftigen Mengen,
- Milch und Milchprodukte in kleinen Mengen (nur wenn genug Feuer vorhanden ist und keine Allergie vorliegt – austesten lassen!),
- gekochte Körner – Weizen, Mais, Naturreis, Hafer – in Maßen,
- wenig Vollkornbrot, kein Weißbrot,
- Hülsenfrüchte gut gewürzt oder gesprosst,
- Nüsse und Samen, am besten als Mus zu Saucen verarbeitet,
- nahrhafte, herzhafte, pikante Speisen, Saucen und Dressings.

ten, Früchten und Rohkost nicht zum Ziel. Es muss schon etwas Substanzielles, Herzhaftes, (schonend) Gegartes sein.

Das sind Menschen, die ihren Körper nicht spüren, die sehr hoch und schnell schwingen, die hyperaktiv sind und eher hektisch, jedenfalls innerlich völlig aufgedreht; deshalb läuft ihre Energieproduktion ständig auf Hochtouren bis zur völligen nervlichen und körperlichen Erschöpfung. Auf derartige Weise bekommt man zum Beispiel einen Nervenzusammenbruch. Diese Menschen fühlen sich zittrig, schüttelig und innerlich wie in einem Bienenstock an. Hier muss man dafür sorgen, dass die »irdischen«, ganz banalen Bedürfnisse des Körpers, wie zum Beispiel Schlaf, Bewegung und gutes Essen, wieder berücksichtigt werden, damit etwas Ruhe ins System kommt. Am bequemsten wäre es natürlich, wenn ein solcher Mensch mit jemandem zusammenlebte, der ihm regelmäßig nährendes, aufbauendes Essen liebevoll zubereitete und ihn aufforderte, es auch zu sich zu nehmen.

Wir sind noch keine »Breatherians« (Menschen, denen das Atmen zum Leben reicht), und nur mit Getränken kommt so gut wie niemand auf Dauer zurecht. Die wenigen Ausnahmen wie die Therese von Konnersreuth, die jahrzehntelang nur von der hl. Kommunion lebte, oder Jasmuheen, sind für uns Normalsterbliche kein Maßstab.

Menschen mit zu wenig Erdung sind nicht die geborenen Rohkostler. Schwere, schonend in Öl gegarte Gemüsesorten und alle Arten von Wurzelgemüse sollten gegessen werden. Tomaten, Gurken und Paprika sind gut, weil sie viel Wasser enthalten, Kohl ist nicht angebracht, weil er trocknet. Diese Menschen erden sich am besten durch Dinkelfladen oder Dinkelvollkornbrot, allerdings nur, wenn die Verdauungskraft stark genug ist. Mais, Naturreis und Hafer sind auch empfehlenswert.

Menschen mit einem Erdedefizit gehören meist zum Schilddrüsentyp, sie essen daher am liebsten große Mengen an süßen Sachen aller Art, weil sie damit (unbewusst) ihre dominante Drüse stimulieren können. Dies führt zu einem nervösen Auf und Ab des Blutzuckerspiegels und nicht selten in die Unterzuckerung (Hypoglykämie). Auf diese Weise werden statt Erde das Luft- und das Feuerelement angestachelt, deshalb sind komplexe Kohlenhydrate, also Stärke aus Vollwertprodukten, angesagt, die ihre Energie allmählich abgeben, weil sie langsam verdaut werden.

Auch Nüsse sind hier zu empfehlen, weil sie die Nebennieren anregen; Eier tun dies besonders gut. Nüsse sollten über Nacht eingeweicht oder als Mus gekauft und mit Gewürzen zu Saucen, Dressings und Desserts verarbeitet werden, damit sie ordentlich verdaut werden können. Avocados sind ebenfalls empfehlenswert (geeignete Rezepte finden Sie beispielsweise in unserem Buch *Die Fünf ›Tibeter‹ Feinschmeckerküche* [siehe Literaturverzeichnis]).

Eine angemessene Menge an kaltgepresstem Pflanzenöl (am besten abwechselnd verschiedene Sorten), Butter oder Butterfett (Ghee) sollte beim Kochen verwendet werden, weil dies das Wasser wie auch das Erdelement verstärkt; dieses Öl kann dem Körper auch durch Einreiben zugeführt werden. Der Ayurveda verwendet mit Kräutern angereichertes Öl und Ghee in seinen Entschlackungskuren innerlich und äußerlich mit großem Erfolg.

Fleisch verstärkt zwar massiv das Erdelement, vermittelt aber in erster Linie tamasische, also minderwertige, abstumpfende Energie, weshalb man nur gelegentlich darauf zurückgreifen sollte. Menschen mit zu wenig Erde sind ja häufig hochgeistig-mental veranlagt und würden sich durch Fleisch ihrer Sensitivität berauben, auf der sie möglicherweise ihr gesamtes Leben und Arbeiten aufgebaut haben. Milchprodukte sind generell etwas sattvischer, eine Ansicht, die sich auch bei Steiner wiederfindet. Deshalb empfehlen Anthroposophen wie Vertreter des Ayurveda Milchprodukte – für den hier diskutierten Typ sogar Käse, Jogurt und natürlich auch Sahne in unbeschränkten Mengen – je nach Wunsch, Bedarf und Verträglichkeit. Bevor man sich auf Milch und Milchprodukte stürzt, sollte man aber unbedingt (kinesiologisch oder mit Bioresonanz) austesten lassen, ob man sie auch wirklich verträgt; das heißt, ob man darauf allergisch reagiert oder ob eine maskierte Unverträglichkeit vorliegt.

Bohnen verstärken ebenfalls das Erdelement, vorausgesetzt, sie sind richtig zubereitet und gut gewürzt – sonst können sie auch das Luftelement auf unangenehm körperliche Art verstärken (Blähungen). Meditierenden hat Pythagoras jedoch keine Bohnen empfohlen, weil ihre Proteinzusammensetzung derjenigen von Fleisch so nahe kommt, dass sie bei der Meditation stören können. Linsen und Erbsen werden offensichtlich besser vertragen.

Die besten Gewürze für erdschwache Menschen sind Knoblauch, Bärlauch, Zwiebeln und Asa foetida (Stinkasant), weil sie als stark riechende Substanzen das Erdelement verstärken. Andere mild- bis scharf-aromatische Gewürze können jedoch ebenfalls verwendet werden, wobei aber nicht übertrieben werden darf. Selbst die salzige und die saure Geschmacksrichtung dürfen hier in Maßen eingesetzt werden. Die bittere Geschmacksrichtung ist für Menschen mit zu wenig Erde am wenigsten geeignet, weil sie das Luftelement verstärkt. Empfehlen möchte ich noch den Mohn – gemahlen

---

Gewürze und Kräuter bei (zu) wenig Erde

- *Zur Erdung:* Die meisten Kräuter erhöhen das Luftelement, weil sie bitter sind; Ausnahmen, die erden: Süßholz, Beinwellwurzel, Helmkraut, Ginseng, Ashwagandha, Lotussamen, Knoblauch.
- *Zur Beruhigung:* Baldrian, Frauenschuh, Muskat, Mohn, Asa foetida.
- *Zur Tonisierung (zum Aufbau):* Ginseng, Fo Ti, Traganth, Ashwagandha, Haritaki, Lotussamen, weiße Seelilie (Nymphaea odorata), Salomonsiegel, Rotulme, Beinwellwurzel, Bockshornkleesamen.
- *Zur Mineralversorgung:* Vis Vitalis flüssig (organisch gebunden), Foodstate-Mineralien, Austernschalenpulver, Meeresalgen, Kelp, Spirulina, Min Aktiv etc.

> ### *Lebensweise bei (zu) wenig Erde*
>
> - Kultivieren Sie Regelmäßigkeit, Rhythmus und Planung.
> - Schaffen Sie in Ihrer Umgebung Ordnung und Sauberkeit.
> - Sichern Sie sich durch gute Organisation und Ordnung ab.
> - Bringen Sie Ihre Finanzen in Ordnung.
> - Verbinden Sie sich mit der Erde durch Töpfern, Arbeiten im Garten und Bewegen in der Natur.
> - Erden Sie sich durch bioenergetische Übungen.
> - Schlafen Sie im Erdgeschoss oder Keller, nahe am Boden.
> - Essen Sie regelmäßig und etwas schwerere Speisen (nicht nur Rohkost oder Obst!).

und eingeweicht erhöht er das Erdelement – denken Sie an »Großmutters« Mohnkuchen und Mohnnudeln!

Weitere Methoden, sich durch eine passende Nahrung sowie einen modifizierten Lebensstil zu erden, finden Sie im Kapitel über den Lufttyp.

Ernährung mit verschiedener Zielsetzung

Über die Ernährung nach den oben beschriebenen Regeln, passend zur individuellen Konstitution, hinausgehend, kann man sich natürlich auch fragen: »Was will ich in der nächsten Zeit erreichen? Will ich ab- oder zunehmen, will ich besonders stark sein oder geistig besonders rege?« Und dergleichen mehr. Um derartige Ziele geht es in diesem Kapitel. Hierbei unterstützen Ernährungsweisen zum Abnehmen und Entschlacken eher Luft und Feuer, Ernährung für Kraft, Ausdauer und Zunehmen Wasser und Erde. Ernährung für Klarheit und Wachheit im Denken unterstützt das Luftelement.

Nahrung zur Körperentschlackung

Die heute so besonders wichtige Körperentschlackung, Entgiftung, innere Reinigung etc. erreicht man am besten durch möglichst mineralarmes Wasser, Kräutertees, frisch gepresste Frucht- und Gemüsesäfte, Suppen und durch Lebensmittel, die besonders wasserhaltig sind. Zu ihnen gehört vor allem frisches, reifes, rohes Obst, das bis zu 98 Prozent Wasser enthält und einen hohen Gehalt an Vitaminen und Enzymen aufweist, welche den Stoffwechsel anregen und dadurch die Entgiftung ermöglichen.

Setzen Sie sich jedoch nicht unnötig unter Schock! Zitrusfrüchte wirken besonders stark entschlackend, weshalb man mit ihnen vorsichtig sein sollte, denn es ist für den Körper keinesfalls gut, wenn er durch schwere Entgiftungskrisen mit allerlei heftigen und sehr unangenehmen Symptomen kämpfen muss. Gar mancher hat dabei seiner Leber, seinen Nieren oder anderen Organen bleibenden Schaden zugeführt. Es ist niemals gut, den Körper über Gebühr zu schocken oder zu strapazieren. Eine langsame, aber kontinuierliche Reinigung ist wesentlich zuträglicher und in der Regel auch von bleibendem Erfolg. So wäre es zum Beispiel völlig verfehlt, mitten im Winter durch eine Zitronenkur zu entschlacken. Gar leicht könnte dies zu einer Unterkühlung der Nieren und zu bleibenden Schäden führen. Entgiftungskrisen bei Obstkuren lassen sich abschwächen oder vermeiden, indem man morgens einige Scheibchen Kassie (Manna) lutscht, wodurch die Gifte verstärkt über den Darm geleitet werden.

»Melone zum Frühstück«: Im Sommer, in den Monaten, in denen Melonenzeit ist, empfiehlt es sich, den Tag mit Melone zu beginnen. Melonen entgiften zuverlässig, aber wesentlich schonender als Zitrusfrüchte. Sie sind deshalb verträglicher, weil sie kaum Fruchtsäure enthalten. In der Beerenzeit sollten Sie sich an diesen köstlichen Früchtchen schadlos halten. Sie enthalten unter anderem besonders viele wertvolle Materialien. Viele Blattsalate haben ebenfalls sehr viel Wasser, genauso wie Tomaten, Gurken, Paprika, Zucchini sowie Stangensellerie und andere Gemüse. Sie wirken ebenfalls reinigend. Man kann sie auch gut entsaften, sollte aber daran denken, nicht mehr als ein bis zwei Gläser frisch gepressten Saftes täglich – langsam – zu trinken und die Säfte gut zu verdünnen und einzuspeicheln. Unsere Küchenkräuter und vor allem auch die vielen Wildkräuter helfen sehr bei der Entschlackung, weil sie reich an anregenden Substanzen für den Stoffwechsel sind. Dies gilt auch für Sprossen. Das Chlorophyll der grünen Salate und Kräuter hat eine große Heilwirkung. Wenn Sie sich die Mühe machen wollen: eine Kur mit Weizengrassaft soll Wunder wirken (vgl. Ann Wigmore »Lebendige Nahrung ist die beste Medizin« und Weise, Entschlackung, Entsäuerung, Entgiftung).

Nahrung zum Abnehmen

Ihr Gewicht hängt nur zum Teil von ihrer Ernährung ab. Auch Bewegung spielt eine große Rolle und vor allem Ihr emotionaler (gefühlsmäßiger) Zustand. Es gibt Phasen im Leben, in denen ist Abnehmen aus den verschiedensten Gründen nicht angezeigt, etwa weil Sie gerade durch eine emotionale Krise gehen, in welcher der Körper sich schützen will, oder weil Sie gerade gefühlsmäßig nicht loslassen können, gerade eine Aufgabe bewältigen, in der Sie besonders gut geerdet, schwer und hartnäckig sein müssen. Hier liegt natürlich eine unbewusste Steuerung vor, die Sie nicht durch Diät außer Kraft setzen können. Es kann sein, dass Sie in diesen und ähnlichen Situationen trotz eingeschränkter Ernährung weiter zunehmen. Außerdem ist nicht jeder Mensch von seiner Veranlagung her eine Twiggy. Bevor Sie sich quälen, gehen Sie am besten erst einmal in sich und sehen nach, warum Sie abnehmen wollen und ob dies wirklich sein muss. Sie sind für sich selbst der beste Maßstab – solange Sie ehrlich zu sich selbst sind.

Wenn Sie wirklich eine Kur unternehmen wollen, dann beginnen Sie bei Vollmond, denn bei abnehmendem Mond haben Sie mehr ermutigende Anfangserfolge.

Seien Sie sich jedoch im Klaren darüber, dass der wichtigere Teil »der Kur« beginnt, wenn sie mit ebenjener Kur aufhören und wieder zu normalem Essen zurückkehren. Sollten Sie nämlich danach tatsächlich wieder das Gleiche essen wie zuvor, dann werden Sie auf Dauer keinen Erfolg haben. Dies betrifft auch die beliebten Fastenkuren. Legen Sie sich nach der Kur nach den Vorschlägen dieses Buches ein neues Essverhalten zu, das Ihren ureigensten Bedürfnissen Rechnung trägt und Sie nicht überfordert, das sich aber Schritt für Schritt verbessert. Rückfälle sind keine Sünden, das Schlimmste wäre ein schlechtes Gewissen. Ohne Befriedigung erleiden Sie Frust und können nicht nachhaltig abnehmen. Langfristige, allmähliche Erfolge sind am sinnvollsten, es sei denn, Sie verlieren plötzlich Gewicht, weil Sie an einem Punkt in Ihrem Leben angekommen sind, an dem Loslassen »wie von selbst« stattfindet.

Besonders wirkungsvoll sind Wassertrinken und Fasten oder Obstessen am Vormittag und ein frühes leichtes Abendessen, richtige Lebensmittelkombinationen, ein hoher Anteil an Obst, Salaten und Rohkost an der Nahrung, möglichst

Kardamomkapseln und Nelken

einfache, vollwertige Gerichte und Beachtung eines guten Stuhlganges. Dabei hilft gemahlener, in Wasser eingeweichter Leinsamen (2 bis 3 Esslöffel pro Tag) besonders schonend. Kalorienzählen können Sie vergessen, wenn Sie sich an die obigen Regeln halten. Zum Thema »typgerechtes Abnehmen und Entschlacken« finden Sie ausführliche Angaben in meinem Buch *Entschlackung, Entsäuerung, Entgiftung* (siehe Literaturverzeichnis).

Nahrung zum Zunehmen

Haben Sie auf Empfang geschaltet? Ob Sie Gewicht zunehmen oder nicht, liegt keineswegs in erster Linie daran, wie viel oder was Sie essen. Es hängt konstitutionsbedingt – Ihrer Veranlagung entsprechend – davon ab, ob Ihr Körper die Nahrung gut ausnutzt oder nicht. Dies aber ist auch eine direkte Folge Ihres Gesamtzustandes und der wiederum vor allem Ihres Gefühlslebens. Wenn Sie zum Beispiel auf Grund eines Minderwertigkeits- oder Überheblichkeitsgefühls von anderen Menschen nur ungern etwas annehmen – sei es nun Kritik, wohl gemeinte Ratschläge, Hilfe oder Liebe –, dann kann es sein, dass Sie auch Ihre Nahrung nicht richtig verwerten, weil sich Ihre ablehnende Grundhaltung auswirkt. Wenn Sie ängstlich, nervös und gestresst sind, dann ist es möglich, dass Ihr Körper nicht genügend Energie aufbringen kann, Ihre Nahrung richtig aufzuschließen und auszuwerten. Ja, es kann sein, dass Sie Unmengen essen und das Übermaß an Nahrung ein Zunehmen noch zusätzlich verhindert, weil der Körper mit solchen Mengen von Lebensmitteln nicht umgehen kann und folglich »auf Durchzug« stellt.

Weiter oben wurde gesagt, dass es nur wenige Menschen

gibt, die mit Rohkost zunehmen können. Wenn Sie es trotzdem versuchen wollen, dann rate ich Ihnen zu (über Nacht eingeweichten) Nüssen und Samen, Avocados, Trockenobst, Bananen, Spirulina und Getreide- und Hülsenfrüchtessprossen. Machen Sie Ihre Salate mit Saucen aus Nussmus und Gemüsesaft oder Wasser an und verwenden Sie kaltgepresste Öle. Auch Rohmilch und die Rohmilchprodukte Käse, Sahne und Butter werden Ihnen helfen. Von größerer Wirksamkeit sind allerdings gegarte Speisen wie schonend gegartes Gemüse mit Sauce (angemessen gewürzt zur Verdauungsanregung) und Getreide, Hülsenfrüchte und in Maßen (ein paar Mal pro Woche) Vollkornbrot.

Wenn Sie unbedingt zunehmen wollen oder ganz dringend Gewicht brauchen, dann rate ich dazu, schon zum Frühstück etwas Substanzielleres als Obst zu sich zu nehmen. Eine Möglichkeit für Rohköstler wäre eine recht eigenwillige, aber für viele Menschen gut verträgliche Kombination: über Nacht eingeweichte Nüsse mit Orangen und/oder Pampelmusen. Weiterhin wäre ein Frischkornbrei aus maximal drei Löffeln geschrotetem Dinkel oder anderem Getreide möglich, das Sie über Nacht einweichen und dann mit Kräutern oder mit süßer Sahne essen. Weiter sollten Sie nichts daruntermischen, denn sonst wird das Müsli schwer verdaulich, führt zu Blähungen und belastet. Freilich wird durch so einen Frischkornbrei oder durch ein Butterbrot am Morgen die Entgiftung des Körpers hintangestellt. Manchmal kann es aber durchaus sinnvoll sein, dass man zunächst einmal wieder etwas Substanz gewinnt, kräftiger wird, bevor man andere Aufgaben im Körper in Angriff nimmt. Dies trifft etwa nach einer Krankheit zu.

Haben Sie sich überfordert? Es kann auch sein, dass Sie eine kleine Menge an Fleisch oder Fisch (aus biologischer

Tierhaltung!) benötigen, um wieder zu Kräften zu kommen bzw. zuzunehmen. Vielleicht hat sich Ihr Körper noch nicht auf strikten Vegetarismus eingestellt, und Sie haben ihn aus Ehrgeiz überfordert. Jedenfalls sollten Sie diese Möglichkeit nicht völlig aus Ihren Experimenten streichen, zumindest dann nicht, wenn die anderen Bemühungen nicht greifen. Dies ist kein Widerspruch zu dem, was Sie weiter unten lesen. Bitte achten Sie sehr genau auf die Formulierung im Detail und bedenken Sie, was ich an anderer Stelle über die Verwertbarkeit von Inhaltsstoffen aus pflanzlichen und tierischen Lebensmitteln schreibe. Wenn die vegetarischen Speisen nicht greifen, ist zu untersuchen, ob Sie vielleicht an einer Schwermetallvergiftung mit anschließender Candida-(Pilz-)Infektion des Darmes leiden.

Gewichtszunahme wird auch ganz entscheidend unterstützt durch Krafttraining, wie Sie es in Fitnessstudios durchführen können, denn Muskeln bringen Gewicht auf die Waage. Sehen Sie aber zu, dass Sie gut beraten werden, damit Sie nichts übertreiben und sich womöglich schaden, was leider immer wieder vorkommt. Viele Menschen machen zu viel, weil sie ein schlechtes Gewissen plagt, dass sie so lange nichts für ihre Gesundheit getan haben.

Speisen für Kraft, Energie und Ausdauer

Fleisch gibt keine Kraft. Es ist ein Irrtum, zu glauben, dass Sportler ganz besonders viel Eiweiß (und damit große Mengen an Fisch und Fleisch) brauchen, weil das Kraft gibt. Fleisch ist kein Stück Lebenskraft – vor allem nicht, wenn man es in den heute üblichen Mengen isst, und schon gar nicht, wenn es aus der tierquälerischen Massentierhaltung stammt. Sehen Sie sich nur einmal die Tiere an, wie sie apathisch, voll gepumpt mit Antibiotika, Betablockern und anderen Medikamenten, Masthilfsmitteln und Hormongaben in ihren engen Boxen stehen und sich voll fressen müssen, ohne je genügend Bewegung und Zeit zur Körperentgiftung zu haben. Offensichtliche, akute Krankheiten werden durch vorbeugende Medikamenteneingabe verhindert; und noch bevor die gesundheitliche Katastrophe ausbrechen kann, werden die Tiere geschlachtet. So etwas isst man dann! Kann man wirklich glauben, so Lebenskraft zu erhalten?

Viele unserer Spitzensportler haben längst gelernt, dass eine überwiegend bis völlig vegetarische Ernährung optimal für Höchstleistungen geeignet ist. Kraft erhält man zwar durch Muskeln, es müssen aber nicht die Show-Muskelpakete der Bodybuilder sein. Menschen mit besonders viel Kraft und Ausdauer sind muskulös, jedoch auch drahtig-sehnig. Es kommt dabei nicht auf die Masse, sondern auf die Leistungsfähigkeit der Muskeln an. So brauchen diese Menschen noch nicht einmal besonders viel Eiweiß zum Aufbau ihrer Muskeln – eben weil es nicht auf die Menge der Muskelpakete ankommt.

Energie erhalten Sie durch Eiweiß schon gar nicht. Dazu benötigen Sie Kohlenhydrate und Fette. Vor allem die komplexen Kohlenhydrate, zum Beispiel aus Getreideprodukten, sind gut geeignet, weil sie ihre Energie langsam an den Körper abgeben – im Gegensatz zu Zucker, der so rasch verdaut wird, dass er zu einem rasanten Anstieg des Blutzuckerspiegels führt, der dann durch einen überstürzten Insulinausstoß unter die vorherige Marke absinkt und damit zur Unterzuckerung (Hypoglykämie) führen kann. Wenn Sie also Energiereserven für sportliche Höchstleistungen etc. anlegen wollen, dann sind Pellkartoffeln oder Kartoffelbrei mit

Butter und/oder Sahne, alle Arten von Vollkornprodukten und Samen (inklusive des daraus kaltgepresstem Öls), ergänzt durch Hülsenfrüchte, Nüsse und geringe Mengen Rohmilchprodukte, angesagt. Auch für Sportler sind zwischengeschaltete Rohkostwochen äußerst heilsam, und in diesen Zeiten sinkt die Leistungsfähigkeit in der Regel keinesfalls ab, auf Dauer kommen die meisten dieser Menschen aber nicht mit Rohkost allein aus, obwohl sie sie oft besser vertragen als andere, weil sie sich so viel bewegen und damit den Stoffwechsel stark anregen.

Ausgewogenes, harmonisierendes Essen

Der Begriff »ausgewogene Mahlzeit« ist ein Allgemeinplatz der Ernährungswissenschaft. Darunter wird eine Mahlzeit verstanden, die alles enthält, was der Mensch braucht. Ob diese Kombination auch gut verdaulich und verwertbar ist, das kümmert die Analytiker wenig, denn sie sehen in erster Linie auf die Inhaltsstoffe und auf die von ihnen aufgestellten Tabellen der benötigten Nährstoffe. Wenn aber die Verdauung nicht stimmt, dann klappt auch die Aufnahme nicht richtig. Es ist nicht nötig, dass alle benötigten Stoffe in jeder Mahlzeit enthalten sind. Für alles, was der Mensch braucht, hat er im Körper Speicher. Diese Speicher können durch unterschiedliche Mahlzeiten mit wechselnden Schwerpunkten sogar besser gefüllt werden als durch immer während »ausgewogene Mischungen«, die zwangsweise schwer verdaulich sein müssen.

Was wir brauchen, sind harmonisierende Mahlzeiten, die im vollen Einklang mit den Bedürfnissen des Einzelnen stehen. Diese kann jeder Mensch selbst feststellen, indem er sorgfältig in sich hineinsieht, indem er sich genau fragt: »Was will ich jetzt wirklich?« Das können lebensmittelchemisch betrachtet sehr einseitige Mahlzeiten sein, wenn der Körper sie jedoch wünscht, dann sind sie richtig und für diesen Menschen in diesem Augenblick passend. Lassen Sie sich also nicht irre machen, wenn Sie plötzlich eine unerklärliche Vorliebe für Datteln oder Bananen haben oder am liebsten den ganzen Tag nur Salat essen wollen. Der Ausgleich kommt schon. Und selbst wenn es Ihnen zur Mittagszeit nur nach Butterkremtorte zu Mute wäre, dann müssen Sie diese eben essen, es sei denn, Sie lieben es, sich nach dem Essen betrogen zu fühlen. Alles, was Sie sich verkneifen, alles, was Sie verdrängen, kommt eines Tages wieder zurück und richtet dann erst recht Schaden an. Unterdrückte Wünsche erzeugen gesundheitliche Beschwerden. Das bedeutet allerdings nicht, dass Sie handfesten Süchten nicht mit der nötigen Therapie begegnen sollten.

Eine individuell zusammengestellte, harmonisierende Dauerernahrung wird immer Phasen enthalten, die für sich allein betrachtet einseitig aussehen. Auch ein Obstfrühstück ist einseitig, bringt aber vielseitigen gesundheitlichen Segen. Ein »ausgewogenes« Frühstück herkömmlicher Art dagegen belastet und verbraucht Energien. Eine Mahlzeit aus Pellkartoffeln und Salat enthält vielleicht nicht alle notwendigen (essenziellen) Aminosäuren, dafür ist sie aber leicht verdaulich. Die fehlenden Aminosäuren können dann beim Abendessen durch ein Omelett oder durch Hülsenfrüchte ausgeglichen werden. Auch Aminosäuren werden im Menschen gespeichert, und aus diesem Pool nimmt sich der Körper dann die Eiweißbausteine, die er für die verschiedenen Proteine für die unterschiedlichen Zwecke im Organismus braucht.

Optimales Wohlbefinden und Gesundheit auf lange Sicht

erhalten Sie, wenn Sie genau auf Ihren Körper und auf Ihre Gefühle achten. Falls Sie dies tun, sind Sie normalerweise vor allen Extremen und jedwedem fanatischen Verhalten in die eine Richtung (zum Beispiel nur Rohkost) oder in die andere Richtung (Fehlkombinationen der Industrieküche) gefeit. Eine ausgewogene Ernährung ist langfristig positiv wirksam. Es kommt nicht auf schnelle, aber nur vorübergehende Erfolge an. Sie gehen Schritt für Schritt vorwärts und muten sich nur das zu, was Sie ohne Probleme verkraften können. So wird das Essen für jeden Menschen je nach Konstitution, Veranlagung, Temperament anders aussehen – und richtig erspürt wird es immer harmonisierend sein, weil es den individuellen Bedürfnissen Rechnung trägt. In meinem Buch *Harmonische Ernährung* (siehe Literaturverzeichnis) gebe ich Anregungen, wie man intuitiv zu einer ausgewogenen Ernährung findet.

Essen als Ersatzbefriedigung

Bekanntlich erfüllt Nahrung nicht nur körperliche, sondern auch gefühlsmäßige Bedürfnisse. Der Mensch ist – trotz seiner Gedanken – immer noch in erster Linie von seinen Gefühlen gesteuert, und so manche Gedanken sind nur getarnte Gefühle. Wir wissen, dass wir in bestimmten Situationen bestimmte Speisen bevorzugen. Ich will hier nicht auf Details eingehen, möchte Sie nur auf diesen Punkt aufmerksam machen, denn es liegt da eine gewisse Problematik. Essen wird zu leicht zu einer Ersatzbefriedigung – und dafür ist es nicht gedacht (zumindest nicht in erster Linie). Wenn ich zum Beispiel nicht genügend Liebe erfahre, dann kann ich dies nur unvollkommen durch Süßes ausgleichen – obwohl das fast jeder von uns schon einmal versucht hat. Die Wirkung von Essen als Ersatzbefriedigung auf den physischen Körper ist auf die Dauer gesundheitsschädlich. Es ist also angebracht, dass Sie sich Ihrer wahren Wünsche bewusst werden, falls Sie häufig nach Speisen verlangen, die gesundheitsschädlich sind. Wenn Sie Ihre wahren Bedürfnisse erfüllen, dann wird das Schmachten nach bestimmten Nahrungsmitteln nachlassen, und Sie werden zu einer gesünderen Ernährung kommen.

Brei und Geborgenheit: Sehr interessant ist das Bedürfnis vieler Menschen nach breiähnlichen Speisen – Kartoffelbrei, Grießbrei, Reisbrei, Jogurt-Frucht-Krem, Schokokrem, Pudding etc. Die Speisen haben eine enge Verbindung zur Kindheit, weil es nach der Muttermilch bzw. dem Fläschchen die ersten »festen« Speisen waren, die wir von der liebenden Hand der Mutter empfingen. So verbindet man mit diesen Speisen Geborgenheit, Sicherheit und Wohlgefühl. Für gewisse Abschnitte Ihres Lebens können solche Speisen sehr wichtig sein – etwa wenn Sie frühe Kindheitserlebnisse aufarbeiten.

Bei anderen Gelegenheiten kann man seine Aggressionen loswerden, indem man mit lautem Geräusch zum Beispiel Chips zwischen den Zähnen zermalmt. Das Kauen von Vollkornbrot oder auch eines Steaks befriedigt, weil man etwas »Ordentliches« zwischen den Zähnen hat. So lässt sich Sicherheit und Erdung realisieren. Wenn Sie sich unsicher fühlen, kann es hilfreich sein, dass Sie etwas Schweres essen, das Ihnen diese Sicherheit gibt. Obst hilft da nicht weiter. Dies trifft auch zu, wenn Sie sich zu leicht und flatterhaft fühlen.

Sie sollten es auf jeden Fall vermeiden, Kindern Süßigkeiten und Junkfood als Belohnung für das Artigsein zu versprechen. Auf diese Weise erhalten diese schädlichen Speisen bei den Kindern einen falschen Stellenwert, und der Körper wird danach süchtig. Als Erwachsene haben es diese Personen besonders schwer, die alten unsinnigen Essgewohnheiten wieder abzubauen. Darüber hinaus denken wir, dass Sie durch »Bestechung« andressiertes Artigsein sowieso nicht befürworten.

Nahrung zur Verbesserung der Gehirnfunktion

Nahrungsmittel zur Aktivierung der Nerven- und Gehirntätigkeit sind in dreierlei Hinsicht interessant:
• für geistiges Arbeiten – denken, lernen, schreiben, sprechen,
• für spirituelles Wachstum – wach werden und sein, meditieren,
• generell für die Verbesserung der mentalen und nervlichen Funktionen.

Diese Art von Ernährung brauchen besonders viele Menschen, weil der Anteil der Zeitgenossen, die sich ihre Brötchen durch sitzende Tätigkeiten und Kopfarbeit verdienen, heute so hoch ist. Geistige Klarheit und Wachheit ist besonders wichtig für Menschen, die sich spirituell weiterentwickeln wollen, die meditieren, kontemplieren. In Indien wird diese Nahrung für Yogis wie gesagt als sattvisch bezeichnet (das bedeutet »reine Geistigkeit«) im Gegensatz zur radschasischen Nahrung für Krieger und Menschen, die in der Leistungsgesellschaft aktiv sind und materiellen Reichtum anhäufen wollen (»energiebetonte Kraft«) und der »verdorbenen«, zerkochten, vergorenen etc. Nahrung der gutbürgerlichen Küche und der Industrie, die man als tamasisch bezeichnet (»träge

Stofflichkeit«). Tamasische Nahrungsmittel benötigen übermäßig viel Energie für ihre Verdauung und sind deshalb weder körperlich noch geistig anregend (sie putschen höchstens die niederen Gefühle auf und wirken sonst abstumpfend).

Die sattvische Nahrung für geistige Klarheit, Wachheit und Gedankenkraft bringt den Körper in optimale Form, reinigt ihn und führt ihm besonders viel Sonneninformation zu. Diese Effekte haben vor allem rohe, reife Früchte, Salate und Gemüserohkost, Sprossen, aber auch Getreide und andere frische, saftige, leichte, ölige, nahrhafte, süße, wohlschmeckende Lebensmittel. Bereitet man Getreidespeisen mit viel Butter und scharfen Gewürzen, dann werden sie radschasisch, isst man sie im Übermaß oder falsch zubereitet, dann erzeugen sie Blähungen und wirken tamasisch. Dies gilt auch für Bohnen. Diese treten in einer streng sattvischen Ernährung für meditativen Höhenflug auf Rat von Pythagoras und der alten ägyptischen Priester zurück. Sattvische Nahrung ist einfach zusammengestellt, rohkostbetont und vegetarisch. Schon Plutarch (45–125 n.Chr.) sagte dazu: »Weise Männer sind leicht zu bewirten.«

Da durch Denken Phosphor im Gehirn verbraucht wird, sind phosphorhaltige Lebensmittel besonders gefragt: Mandeln, Reis, Weizenkleie, Kürbis, Zucchini, Sonnenblumenkerne, Sojabohnen, Spirulina, Lezithingranulat und Ähnliches. Tierische Produkte enthalten zwar auch viel Phosphor, sollten bei einer sattvischen Ernährung aber gemieden werden, weil sie dem Körper zu viele Gifte zuführen. Warnen möchte ich auch vor der Annahme, die weit verbreiteten Colagetränke wären zur Versorgung des Körpers mit Phosphor gut geeignet, weil sie so viel Phosphorsäure enthalten. Die Nachteile des Koffeins und der Unmengen darin enthaltenen Zuckers liegen klar auf der Hand. Zum Denken braucht man außerdem Lezithin und keine Phosphorsäure!

Weiterhin benötigt das Gehirn reichlich Mineralien, die vor allem aus Wurzelgemüsen bezogen werden sollten: Karotten, Rote Bete, Rettich, Radieschen, Sellerie usw. (nicht so sehr die Kartoffeln, die nach Steiner die Denktätigkeit aufs Materielle lenken). Sie können diese Wurzelgemüse als Rohkost kauen oder als frisch gepresste Säfte schlürfen, sollten sie aber auch schonend gegart verzehren, denn Steiner führt aus, dass dann die Wirksamkeit der Mineralien für die Denkprozesse am höchsten ist. Die Mineralien werden dabei benutzt und wieder ausgeschieden.

Auch eine gewisse Menge an Fett sollte nicht fehlen. Dafür bieten sich neben kaltgepressten Ölen vor allem über Nacht eingeweichte Nüsse, Oliven und Kokosnuss an. Ein nachmittäglicher Snack aus Feigen, Datteln und einer Tasse nur eine drei viertel Minute gezogenen grünen Tees (guter Qua-

Kalmus

lität) hilft über Müdigkeit hinweg, die sich bei manchen Menschen zu diesem Zeitpunkt bisweilen einstellt. Etwas Gymnastik oder ein Spaziergang nutzen auch. Generell ist bei einer sattvischen Ernährungsweise darauf zu achten, dass die starken Stimulanzien der radschasischen Ernährung weggelassen werden: zum Beispiel rohe Zwiebeln, Lauch und Knoblauch, übermäßige Schärfe von Chilis (Cayennepfeffer) und andere.

Die goldene Regel: In diesem Zusammenhang möchte ich Ihnen auch das wichtigste »Geheimnis« von gleichermaßen geistiger Wachheit wie Langlebigkeit verraten: Essen Sie möglichst wenig. Im Grunde sollten Sie sich daran gewöhnen, sich meistens nicht völlig satt zu essen. Nahrung ist Segen und Fluch zugleich – um das einmal etwas hochtrabend auszusprechen. Ohne Nahrung kein Leben – mit zu viel Nahrung ein unnötig belastetes und kürzeres Leben. Der Meister findet den goldenen Mittelweg. Im Folgenden gehe ich noch detaillierter auf die Aspekte einer Nahrung für den geistigen Höhenflug ein.

Vegetarische Ernährung

Wahrscheinlich ist Ihnen aufgefallen, dass ich in diesem Buch – wie auch in meinen anderen Büchern – eine vegetarische Ernährungsweise favorisiere. Ich möchte dies in den folgenden Abschnitten ein wenig begründen.

Die meisten ernst zu nehmenden mystischen, okkulten oder religiösen Gruppen aller Zeiten weltweit lebten in unterschiedlichem Ausmaß vegetarisch; denn dies sind die Menschen, die besonders auf geistige Klarheit hinarbeiten. Einige haben sogar Milch, Eier und Bohnen ausgeschlossen (Pythagoras), andere Gruppen haben Rohkost betont oder allein rohes Obst gegessen. Manche Menschen können sich von einem Tag auf den anderen fleischlos ernähren, die meisten werden in ihrem Leben niemals ganz Vegetarier. Meistens hat ein Wechsel zu pflanzlicher Ernährung einen spirituellen Hintergrund.

Doch selbst wenn die eine oder andere Art von Vegetarismus in gewissen Stadien der spirituellen Entwicklung unumgänglich zu sein scheint, kann man niemanden dazu zwingen, sich selbst eingeschlossen, ohne dass dabei physische, emotionale oder mentale Schäden auftreten; der Entschluss zu echtem Vegetarismus muss von innen herauskommen. Er beginnt dann, wenn tierische Produkte nicht mehr gewünscht werden, wenn man sich nichts mehr aus ihnen macht oder wenn der Mensch so krank ist, dass eine radikale Veränderung der Ernährung die letzte Überlebenschance darstellt (hoher Leidensdruck).

Es ist hier nicht genug Platz, um ausführlich auf sämtliche Nachteile von Fleisch und alle Vorteile der vegetarischen Ernährung eingehen zu können. Nur einige Schlaglichter möchte ich im Folgenden werfen.

Vegetarier sind gesünder. Es gibt eine Reihe von modernen, unter streng wissenschaftlichen Gesichtspunkten durchgeführten deutschen Vegetarierstudien, die eindeutig belegen, dass unter sonst gleichen Bedingungen Vegetarier gesünder sind als Fleischesser. Ihnen statistisch gleichgestellt sind Menschen, die noch kleine Mengen (etwa ein- bis zwei Mal wöchentlich) an Fleisch, Wurst und Fisch etc. zu sich nehmen.

Fleisch enthält zahlreiche Gifte· Tierische Produkte enthalten die höchsten Mengen an Fremdstoffen von allen Nahrungsmitteln (Umweltgifte, Gifte aus Futtermitteln aus der

konventionellen Landwirtschaft und aus dem Herstellungs-
prozess, Medikamenten- und Masthilfsmittelreste etc.).

Fleisch macht krank: Der menschliche Körper ist für die
Verdauung von größeren Mengen an tierischen Produkten
nicht ausreichend eingerichtet. Dadurch wird er übersäuert
und krank (Gefäßkrankheiten, Herzkrankheiten, Gicht, Rheuma, Arthritis, Osteoporose, Mykosen, Allergien etc.). Wenn
Sie zum Beispiel Ihre Allergien und die Osteoporose loswerden wollen, dann hilft nur eins: Lassen Sie das tierische Protein weg!

Die Pflanzenwelt bietet alles; die Angst, Sie würden mit
rein vegetarischer Nahrung nicht richtig versorgt werden, ist
unbegründet: Es sind darin ausnahmslos sämtliche für eine
gesunde Ernährung nötigen Stoffe in ausreichenden Mengen
vorhanden. Dies gilt auch für den Proteinbedarf, besonders
auch, wenn man bedenkt, dass der Mensch viel weniger Protein benötigt, als immer angegeben wird. Selbst Obst enthält
Protein, und zwar im Mittel etwa so viel wie Muttermilch!
Vegetarisches Eiweiß ist dem tierischen ebenbürtig. Kalzium
nehmen Vegetarier zwar in kleineren Mengen auf, brauchen
aber weniger (weil sie nicht so viel Säuren ausscheiden müssen, da sie nur eingeschränkt tierische Produkte essen). Eisen
nehmen sie weniger auf und haben trotzdem gute Fe-Blut-
werte. Vitamin B_{12} nehmen sie in niedrigerer Dosierung auf
als empfohlen, haben aber trotzdem keine entsprechenden
Symptome. Diese Tatsachen sind durch zahlreiche wissen-
schaftliche Untersuchungen eindeutig nachgewiesen!

Vegetarische Nahrungsmittel enthalten sämtliche Aminosäuren, aus denen Protein (= Eiweiß) aufgebaut ist, in ausreichenden Mengen. Es sind noch nicht einmal spezielle Kombinationen wie Kartoffeln und Ei, Bohnen und Mais, Linsen
und Reis nötig, da der Körper die einzelnen Aminosäuren

Die Vorteile des Vegetarismus

Zahlreiche Vegetarierstudien haben eindeutig (und meist wider die erklärte Absicht der untersuchenden Wissenschaftler) gezeigt, dass Vegetarismus

- zu einem längeren und gesünderen Leben führt,
- zu schlanken, aber nicht notwendigerweise untergewichtigen Körpern,
- zu niedriger Cholesterinaufnahme und niedrigem Cholesterinspiegel im Blut,
- zu einem geringeren Risiko für Herz-Kreislauf-Krankheiten sowie für Nierenfunktionsstörungen und Krankheiten des Verdauungstraktes,
- zu einem niedrigeren Risiko für Rheuma, Gicht, Krebs, Osteoporose und andere Zivilisationskrankheiten, die auf Übersäuerung und Verschlackung beruhen,
- zu einem leichten Körpergefühl, das sich in Flexibilität und verbesserten Mentalfunktionen äußert, und
- zu höherer Sensitivität und Bewusstheit.

speichert, sodass sich das benötigte Spektrum aus zeitlich hintereinander liegenden Mahlzeiten addiert. Sie brauchen bei der Speisenzubereitung keine Tabellen und nicht zu rechnen! Kalzium findet sich in leicht verwertbarer Form in Obst und Gemüse und in Samen, zum Beispiel reichlich in Sesam. Eisen findet sich in ausreichenden Mengen in allen grünen Gemüsen. Vegetarier leiden nicht häufiger unter Vitamin-B_{12}-Mangel als Fleischesser.

Mangelerscheinungen sind meist nicht darauf zurückzuführen, dass die Nahrung zu wenig von dem betreffenden Stoff enthält, sondern dass der Körper nicht in der Lage ist, diesen Stoff in ausreichenden Mengen aufzunehmen – oder dieser Stoff wurde zur Reparatur von Schäden verwendet. Beispielsweise steht Kalzium dann den Knochen nicht zur Verfügung, wenn gleichzeitig viel tierisches Protein gegessen wird, weil das Kalzium die Harnsäure, die bei der Verdauung des Proteins frei wird, neutralisieren muss. Die Aufnahme von Kalzium aus der Nahrung und damit die Verhinderung bzw. Behandlung der Osteoporose wird durch Gewürze unterstützt, die das Verdauungsfeuer anfachen!

Probleme beim Übergang zu einer rein vegetarischen Kost können daraus entstehen, dass bei manchen Menschen, in deren Familien viele Generationen lang Fleisch in der Ernährung dominierte, die Fähigkeit eingeschränkt ist, aus der pflanzlichen Nahrung allein alle Nährstoffe aufzunehmen, die sie benötigen. Die Betroffenen müssten ihre Essgewohnheiten langsam verändern, damit sie keine Mängel erleiden. Diese Umstellung müsste sich über viele Jahre hin erstrecken, bis eine rein vegetarische Ernährung sich weder physisch als unzureichend herausstellt noch emotional als Verlust oder Verzicht empfunden wird. Viele haben schon als Kind eine Abneigung, Fleisch zu essen, und tun dies nur, weil sie dazu gezwungen werden. Solche Menschen können sich in der Regel sehr rasch und konsequent umstellen. Erfreulicherweise ist der Verbrauch von Fleisch in den letzten Jahren unter dem Eindruck der Hormon- und Salmonellenskandale, von BSE und MKS etc. und der drastisch abnehmenden Qualität bereits um einiges zurückgegangen. Obst und Gemüseverbrauch haben in den letzten vierzig Jahren ständig zugenommen.

Die Produktion von Fleisch ist eine Riesenverschwendung von Wasser, Energie und Futtermitteln (Getreide, Hülsenfrüchte usw., die unmittelbar der menschlichen Ernährung dienen könnten). Dies trifft besonders auf die tierquälerische Massentierhaltung zu. Aus 16 Kilo Getreide entsteht im Mittel nur 1 Kilo Fleisch! Noch nie in der Geschichte lebten und starben so viele Tiere. Aus einer Broschüre der Evangelischen

276

Kirche Deutschlands (zitiert in der *Reformrundschau* vom Oktober 1992) geht hervor, dass allein in den alten Bundesländern jährlich rund 45 Millionen Schweine, Rinder, Kälber und Schafe sowie 303 Millionen Hühner, Enten, Gänse und Puten geschlachtet und verspeist werden.

Folgende gravierende Weltprobleme hängen ursächlich mit der Ernährung der Menschen – vor allem in den Industrieländern – durch tierische Produkte zusammen:

- Abholzen der Regenwälder der Tropen,
- Wald- und andere Schäden durch Luft-, Boden- und Grundwasserverseuchung durch Gülle und Methangas,
- Bodenerosion durch Überweidung und rücksichtslose Anbaumethoden,
- Ausdehnung der landwirtschaftlichen Nutzfläche in ökologisch instabile Räume,
- Hungerkatastrophen in den Ländern der Dritten Welt,
- die unglaubliche Aggression, die sich ständig in Kriegen, Kriminalität etc. entlädt.

Es soll hier nicht behauptet werden, dass durch eine weit gehende Umstellung der Menschheit auf vegetarische Ernährung *alle* Probleme dieser Erde gelöst werden könnten. Die Voraussetzungen für die Überwindung sehr vieler Probleme könnten aber geschaffen werden, weil die Menschen im Zuge einer freiwilligen, ehrlichen Umstellung auf vegetarische Ernährung sich auch in anderen Bereichen grundlegend ändern würden. Mit vegetarischer Ernährungsweise und Obst- und intensivem Gartenbau könnten wir die derzeitige Erdbevölkerung auf 10 bis 20 Prozent der heutigen landwirtschaftlichen Nutzfläche der Erde bestens ernähren. Dabei wäre auch ein optimaler Schutz der Natur möglich.

> ### *Die Heilkraft der vegetarischen Rohkost*
> - Sonneninformation durch die lebende Zelle: Biofotonen für Vitalität,
> - hoher Gehalt an strukturiertem Zellwasser reinigt und belebt,
> - hoher Gehalt an Vitalstoffen, Vitaminen, Enzymen, Aromen fürs Immunsystem,
> - hoher Gehalt an Mineralien und Spurenelementen in optimal verwertbarer Form,
> - hoher Ballaststoffgehalt für die Darmpassage,
> - weniger Umweltgifte und andere Fremdstoffe als in tierischen Produkten (selbst solchen aus biologischer Landwirtschaft),
> - frei von erhitzungsbedingten Schadstoffen.
> - Rohkost ist Heilnahrung – »Kochkost« ist Mastnahrung.

Tiere sind keine Sachen! Es ist nicht einzusehen, warum das Tötungsverbot der Zehn Gebote nicht auch für Tiere gelten sollte. Tiere sind weder Dinge noch Maschinen – sie haben eine unsterbliche Seele! Im Laufe der Menschheitsgeschichte haben weise Männer und Frauen aller philosophischen und religiösen Richtungen immer wieder eindringlich für den Schutz des »Bruders Tier« und für eine vegetarische Ernährung plädiert. Vor allem auch Eugen Drewermann hat in seinen Vorträgen und in seinem Buch *Ich steige hinab in die Barke der Sonne* (Düsseldorf 1989) eindringlich darauf hingewiesen. Eine vegetarische Ernährung war nach allen vorliegenden Originalquellen der ersten nachchristlichen Jahrhunderte eindeutig integrierender Bestandteil der Lehre Jesu und der Urchristen und wurde erst im Zuge der Konstituierung der Amtskirche (zusammen mit der Lehre von der Reinkarnation) abgeschafft, weil man die Großgrundbesitzer (also die Reichen!), die von der Tierhaltung am meisten profitieren, sowie all diejenigen Menschen nicht verprellen wollte, die keine Christen werden würden, wenn sie gleichzeitig Vegetarier werden müssten. Der bekannte evangelische Theologe und Pastor Skriver nennt das den »Verrat der Kirchen an den Tieren«.

Was hält uns davon ab, den Fleischkonsum einzuschränken oder ganz aufzugeben?

• Die hier skizzierten Zusammenhänge sind nur den Wenigsten bekannt.

• Eine intensive Werbung für den Fleischkonsum hat ihre gefährlichen Spuren hinterlassen.

• Besonders kommt die Gefühlsseite des Menschen, vor allem seine Angst zum Tragen. Die Betreffenden würden nicht nur ein geliebtes Genussmittel verlieren, sondern sie könnten auch – da sich nicht alle auf einmal umstellen – Außenseiter werden, weil sie sich gegen allgemein übliches Verhalten und abweichend von ihren eigenen bisherigen Gewohnheiten ernähren müssten. Dies verkraften viele nicht, weil sie mit ihrer Angst und Unsicherheit nicht umgehen können.

• Außerdem fällt durch Weglassen des Fleisches das wichtigste Stimulans für aggressives Verhalten weg, das unsere auf Erfolg und Existenzkampf programmierte Gesellschaft kennzeichnet.

Der Verzicht auf tierisches Protein bedeutet somit letztlich eine Veränderung des gesamten Lebensstils, was sich noch verstärkt, wenn der Anteil an Rohkost höher ist. Viele Mitbürger sind zu solch drastischen Veränderungen in ihrem Leben (noch) nicht bereit, zumal dies bedeuten würde, dass sie über kurz oder lang wohl auch zu einem spirituell orientierten Leben übergehen, wie Steiner ausdrücklich vermerkt hat. Sie müssten – um mit Drewermann zu sprechen – endlich anfangen, »im Geiste der Bergpredigt zu leben«. Davor jedoch haben sehr viele Menschen große Angst, weil sie dann ihnen unbekanntes Terrain betreten würden. Im Buch *Harmonische Ernährung* (siehe Literaturverzeichnis) habe ich diese Zusammenhänge ausführlicher dargestellt.

Aus alldem wird deutlich, wie wichtig ein Übergang zu einer fleischarmen bis fleischlosen Kost ist, dass aber Fanatismus für vegetarisches Essen oder gar für Rohkost völlig unangebracht ist. Jeder Mensch braucht eine Ernährung, die zu ihm und seinem Lebensstil passt. Die Umstellung muss individuell sehr verschieden verlaufen. Ich möchte Sie aber anregen, die Menge der tierischen Produkte so weit wie individuell sinnvoll zu reduzieren und mit vegetarischer und roher Nahrung zu experimentieren. Der Erfolg wird nicht ausbleiben!

Nahrung für die verschiedenen Körper des Menschen

Wir erhalten durch Essen nicht nur den physischen Organismus, sondern auch die feinstofflichen Körper. Gut genährt zu sein, bedeutet, sich innerlich *erfüllt* zu fühlen; man kann »genug« essen und trotzdem hungern. Der physische Körper wird durch Speisen und ihr möglichst gutes Kauen genährt. Denaturiertes Essen, wie es in der industriellen Produktion entsteht, nährt nur den physischen Körper und diesen nur mangelhaft. Der Vital- oder Ätherkörper erhält durch Vitalstoffe (Vitamine, Enzyme etc.) und die Information aus lebendiger Nahrung sowie durch gutes Atmen frischer Luft während des Essens Energie. Der Gefühls- oder Astralkörper wird durch die Liebe zu den Speisen genährt, durch Lebensfreude und die Gewissheit, dass wir beschützt und versorgt werden. Der Gedanken- oder Mentalkörper wird unterstützt, indem man sich voll auf das Essen konzentriert; dadurch werden die subtilen Energien dieser Ebenen aufgenommen. Persönlichkeit und Seele werden durch Dankbarkeit und Vertrauen genährt; diese verwandeln grobstoffliche Materie in Licht und Freude. Es kommt beim Essen also nicht nur auf das »Was« an, sondern vor allem auch auf das »Wie«! Wenn Sie bei der Mahlzeit mit dem Gatten diskutieren, mit den Kindern schimpfen oder fernsehen bzw. lesen, dann kann es Ihnen nicht bekommen, geschweige denn, Sie wirklich nähren. Sie vergeuden nicht nur Zeit und Geld, sondern schaden sich dabei noch. Seien Sie liebevoll zu sich selbst, indem Sie sich Zeit nehmen beim Einkaufen frischer Produkte, beim schonenden Zubereiten der typgerechten Speisen und beim bewussten Genießen!

Problemnahrungsmittel

In den letzten Jahren bzw. Jahrzehnten haben sich in der Ernährungsberatung und -therapie einige Nahrungsmittelgruppen als besonders problematisch erwiesen. Auf diese möchte ich Sie hier hinweisen, weil Sie durch Vermeidung solcher »Störenfriede« sehr rasch zu erheblichen Verbesserungen Ihres Gesundheitszustandes kommen, falls Sie diese Lebensmittel nicht vertragen. Zuvor sei jedoch vermerkt, dass es mir dabei nicht darum geht, einzelne Lebensmittel auf Grund vorgefasster Meinungen schlecht zu machen. Ich will vielmehr aufzeigen, welche Nahrungsmittel am häufigsten mit gesundheitlichen Problemen ursächlich verkoppelt sind. Mit anderen Worten: Wenn Sie die im Folgenden genannten Symptome aufweisen, dann lassen sich diese sehr häufig erfolgreich therapieren, indem gewisse Nahrungsmittel aus dem Essensplan verschwinden oder doch zumindest erheblich eingeschränkt werden. Die Reduzierung ist auch dann notwendig, wenn das betreffende Lebensmittel vom Elementetyp her zu Ihnen passt. Am sichersten gehen Sie, wenn Sie sich bei Verdacht auf Lebensmittelunverträglichkeiten bzw. Allergien testen lassen. Dazu eignen sich die Kinesiologie, Bioresonanz, Biotensor und andere Methoden. Dass darüber hinaus in den meisten Fällen auch noch andere Lebensgewohnheiten verändert werden sollten und dass der emotionalen Komponente ein sehr erheblicher Stellenwert beikommt, erklärt sich von selbst.

Wenn Sie sich bei ernährungstherapeutisch ausgerichteten Ärzten und Heilpraktikern sowie bei Ernährungsberatern umhören, dann werden folgende Problemnahrungsmittel genannt, die auch ich vor dem Hintergrund langjähriger Erfahrung bestätigen kann. Die Reihung erfolgt dabei nach der Bedeutsamkeit:

- Milch- und Milchprodukte,
- Weizen, vor allem in Form von Backwaren,
- tierische Produkte inklusive Fett und
- Zucker.

Kuhmilch und Kuhmilchprodukte

Milch ist das Nahrungsmittel, das auf viele Menschen verschleimend wirkt; das heißt, es begünstigt die Vereiterung und Verschleimung von Nebenhöhlen, Mittelohr, Bronchien, Nase etc. und bewirkt im Darm die Bildung von zähem, klebrigen Schleim, der zu Überzügen auf den Darmwänden führt, welche die Funktion von Dünn- und Dickdarm beeinträchtigen. Diese Wirkung von Milch ist auf der ganzen Erde bei allen Rassen zu beobachten, jedoch beim Wassertyp besonders stark. Dies sind die gefühlsbetonten Phlegmatiker, die besonders dazu neigen, im Körper Wasser zu speichern.

Auch Milchschorf und andere Hautkrankheiten gehen auf das Konto der Kuhmilch; diese Beschwerden verschwinden meist nach Absetzen von Milch- und Milchprodukten.

Kuhmilch enthält 4 bis 5 Prozent Milchzucker (Laktose). Bei 75 bis 80 Prozent der Menschen weltweit entwickelt sich nach dem Säuglingsalter eine Unverträglichkeit für Laktose. Dies liegt daran, dass der Körper nach dem Abstillen immer weniger Laktase bildet. Dieses Enzym ist jedoch für den ordnungsgemäßen Abbau der Laktose nötig. Dies zeigt, dass Milch für den Menschen nach der Stillzeit kein geeignetes Lebensmittel mehr ist – und vorher war es auch nur die Milch der eigenen Spezies. Laktasemangel führt im Darm zu Gärung, Blähungen, Krämpfen und Durchfall. Bei Nord-

und Mitteleuropäern liegt als Ausnahme die Laktose-Intoleranz unter 20 Prozent, sodass aus diesem Blickwinkel die Mehrzahl der Menschen hier zu Lande Milch vertragen sollte. Dies ist jedoch nicht so, weil andere Probleme hinzutreten. Studien belegen zum Beispiel auch, dass bei solchen Menschen bei reichlichem Milchverzehr vermehrt grauer Star auftritt.

Nur Rohmilch und nicht hitzebehandelte Sahne und Süßrahmbutter werden annähernd neutral verstoffwechselt, pasteurisierte Milch und fast alle Milchprodukte sowie H-Milch dagegen in der Regel sauer! Der Körper muss diese Säuren jedoch sofort neutralisieren, er kann sie so nicht ausscheiden. Dazu benötigt er basische Mineralien, allen voran Kalium und Kalzium. Milch und Milchprodukte enthalten zwar viel Kalzium, dieses ist jedoch zum Teil fest an das Milchprotein Kasein gebunden und steht so für die Neutralisierung der Säuren nicht ausreichend zur Verfügung. Leider muss hier ganz klar gesagt werden: Milch und Milchprodukte liefern dem Körper kein zusätzliches Kalzium, das er etwa für den Knochenbau verwenden könnte! Im Gegenteil: Sie sind Kalziumräuber, also Mitverursacher von Osteoporose. Diese ist keine »Milchmangelkrankheit«, wie uns Werbung und Ärzte glauben machen möchten, sondern die Folge von zu reichlichem Verzehr von Säure bildenden, Basen raubenden tierischen Produkten. Ihr Verzehr sollte daher kräftig gesenkt werden!

Als besonders problematisch kommt hinzu, dass weit über 50 Prozent der Bundesbürger auf Milchprotein allergisch reagieren! Der Grundstock für diese Allergie wird meist schon durch die Babynahrung mit Kuhmilchanteil gelegt und verstärkt durch die ständigen Ermahnungen an Kinder und Jugendliche, Milch zu trinken, und an Erwachsene, Jogurt und Käse zu essen. Hier zeigt sich einmal mehr, dass es nicht in erster Linie darauf ankommt, was in Lebensmitteln anhand der Laboranalysen enthalten ist, sonder wie diese resorbiert werden können. Der Mensch ist nicht das, was er isst, sondern das, was er verdaut, wie man im Ayurveda schon vor 5000 Jahren nachlesen konnte.

In den letzten Jahren ist ein weiteres, sehr schwer wiegendes Problem hinzugekommen. Durch die Fütterung der Kühe mit »Kraftfutter« aus Schlachtabfällen entwickeln sich in den Därmen der Tiere »abartige« Bakterien, zum Beispiel das Entero-Hämorrhagische Escherichia Coli. Es ist hitzestabil bis zirka 120 Grad und antibiotikaresistent. Es führt beim Menschen zu akuten und chronischen Darmkrankheiten, ca. 10 Prozent der Bundesbürger sind bereits (zumindest stumm) infiziert. Diese Bakterien können in Milch- und Milchprodukten enthalten sein und stellen den Arzt vor erhebliche Behandlungsprobleme. Durch die Vermischung von Milch von zahlreichen Erzeugern werden die enthaltenen Krankheitskeime gleichmäßig auf alle Verbraucher verteilt.

Als Abhilfe gegen Verschleimung bietet sich an, nur wenig Rohmilch und Rohmilchkäse zu essen, und zwar aus biologischer Tierhaltung, am besten von einem Biobauern, den man persönlich kennt. Schafs-, Ziegen- und Stutenmilch sind meist besser verträglich als Kuhmilch. Im Übermaß genossen, wirken jedoch auch sie verschleimend. Eine große Anzahl von Menschen sollte ganz auf Milch und Milchprodukte verzichten. Wenn eine Allergie vorliegt, ist auszutesten, ob der problemlose Genuss von Schafs-, Ziegen- oder Stutenmilch möglich ist. Falls auch dies nichts bringt, empfehle ich in erster Linie Kokosmilch; diese ist preiswert und in Asienläden dehydriert als Block gepresst, in Dosen, im Karton oder auch als Trockenpulver zu erhalten – von frischen Kokosnüssen einmal ganz abgesehen, die mit Hilfe des Entsafters in herrliche Kokoskrem verwandelt werden können, welche sich zu Milch verdünnen lässt. Sie ist von der Konsistenz und vom Geschmack her optimal. Man kann sie beliebig dick und sahnig oder dünn verwenden. Auch Mandel- und Nussmilch sind gute Alternativen; Soja- und Reismilch empfehle ich erst an letzter Stelle, weil sie geschmacklich eher uninteressant sind und ernährungsphysiologisch nichts Besonderes bieten. Da der Fettkonsum des durchschnittlichen westlichen Menschen zu hoch liegt, rate ich, auch mit der Kokosmilch nicht verschwenderisch umzugehen, besonders aber tierische Fette zu meiden und kaltgepresste Pflanzenöle aus biologischem Anbau zu bevorzugen.

Weizen

Nach der Milch macht der Weizen den meisten Menschen in Mitteleuropa zu schaffen. Weizen ist stark überzüchtet, hat sich von seiner Urform, dem Dinkel, sehr weit entfernt und ist deshalb für die meisten Menschen nicht mehr gut verträglich. Sein Aminosäurespektrum ist für den Menschen ungünstig geworden. Vieles, was von der Milch gesagt wurde, trifft auch hier zu: Weizen – vor allem in Form von Backwaren – führt zur Verschleimung von Bronchien, Nebenhöhlen, Mittelohr, Nase, Darm etc. So gut wie jeder Mensch verliert seine Verschleimung, wenn er Milch und Weizen aus seiner Ernährung streicht, und beobachtet sofort eine Wiederverschleimung, wenn er von diesen Lebensmitteln erneut isst. Gekochtes Getreide verschleimt weniger als gebackenes. Wer seinen überreichen Weizenbrotkonsum auf einen ebenso hohen Roggenbrotkonsum umstellt, wird keine wesentliche Besserung erreichen.

Außerdem ist ein hoher Prozentsatz der Mitteleuropäer Weizen- bzw. Glutenallergiker. Glutenfrei sind Reis, Mais, Hirse, Buchweizen, Quinoa und Amaranth. Eine gluten- bzw. weizenfreie Ernährung ist hier zu Lande jedoch sehr schwierig durchzuführen, da in den meisten Industrienahrungsmitteln und Fertiggerichten mehr oder weniger versteckt Weizen in der einen oder anderen Form vorkommt. Es gibt kaum noch Brot, das nicht wenigstens 1 bis 2 Prozent Weizen enthält. In den USA nimmt die Stellung des Weizens der Mais ein.

Tierische Produkte

Als Nächstes lohnt es sich, einen Blick auf die tierischen Produkte zu werfen, die heutzutage in den Industriestaaten in einem Übermaß verzehrt werden (siehe auch oben unter »Vegetarische Ernährung«). Fleisch, Wurst, Fisch, Schalentiere und Eier enthalten jedoch Purine, die zu Harnsäure abgebaut und dann in der Regel nur unvollkommen wieder ausgeschieden werden. Die Folge davon sind Gicht, Rheuma und allgemeine Übersäuerung; außerdem gehen Fettsucht, Herz- und Kreislaufleiden, Osteoporose und Eiweißspeicherkrankheiten auf Kosten der tierischen Produkte. Dabei sind nur die wichtigsten Krankheiten genannt. Problematisch ist auch der viel zu hohe Verzehr tierischer Fette.

Die gemeinhin als Ersatz genannte Produktpalette ist ebenfalls nur bedingt zu empfehlen, denn auch Sojaprodukte (Tofu, Tempeh, TVP [texturiertes vegetabiles Protein], Sojafleisch und -wurst), Seitan (»Fleisch« aus Weizengluten), Hülsenfrüchte, vegetarische Aufstriche etc. enthalten Purine, bzw. das Seitan besteht aus Weizengluten. Bevor Sie Seitan essen, lassen Sie sich auf Glutenverträglichkeit testen. Wenn Sie keine Unverträglichkeit/Allergie haben, sind Sie damit sehr gut beraten. Er kommt jetzt in Zubereitungen auf den Markt, die den Fleischessern ob des guten Geschmacks und des festen Bisses Hochachtung einflößen.

Wir sollten jedoch die Erkenntnis nicht vergessen, dass der Mensch viel weniger Protein benötigt, als von Wissenschaft und vor allem Werbung angegeben wird. Je nach Körpergewicht und Alter dürften zwischen 15 bis 30 Gramm am Tag genügen. Offizielle Angaben sind stets aus juristischen und häufig auch politischen Gründen nach oben korrigiert. Wir müssen uns klar machen, dass der Mensch konzentrierte Proteinträger nur in kleinsten Mengen benötigt, weil gut verwertbares Protein auch in vielen Gemüsesorten und Getreiden enthalten ist. Von den konzentrierten Proteinträgern bieten sich am ehesten die Avocado und (über Nacht eingeweichte) Nüsse an. Das Einweichen macht die Nüsse leichter verdaulich, weil dabei die Enzymhemmer abgebaut werden.

Industriezucker

Schließlich sei der Zucker genannt, der seit dem unerschrockenen Engagement des inzwischen verstorbenen Ernährungspioniers Dr. Max Otto Bruker auf Grund höchstrichterlicher Rechtsprechung öffentlich als gesundheitsschädlich bezeichnet werden darf. Isolierter (Industrie-) Zucker (vor allem der Rübenzucker!) ist wesentlich mitverantwortlich für: Karies, Fettsucht, Vitamin-B_1-Mangel, Hypoglykämie und andere Krankheiten.

Als Ersatz bieten sich vor allem Obst und Trockenobst an, die neben der Süße noch eine ganze Reihe von wertvollen Inhaltsstoffen bieten. In der Regel wird der Zucker aus Obst auch langsamer aufgenommen, was einen wünschenswer-

> **Süße »Stückchen« vom Zuckerbäcker ... sind besonders schädlich! Sie enthalten:**
>
> - vitalstoff- und mineralarme Weizen-Auszugsmehle,
> - reichlich weißen Industriezucker,
> - minderwertigstes, gehärtetes (zum Teil tierisches!) Billigfett,
> - unnatürliche Backhilfsmittel und
> - fast keine Ballaststoffe.
>
> Sie schaden der Leber, führen zur Gärung im Darm und verschleimen die Atemwege.

ten Einfluss auf den Blutzuckerspiegel hat, wodurch Hypoglykämie (Unterzuckerung) vermieden werden kann, es sei denn, man übertreibt.

Der Kaahe-Ye-Tee der südamerikanischen Urwaldpflanze Steviaside rebaudiana stellt ein natürliches, kalorienfreies Süßungsmittel dar, das sich sogar bei Menschen bewährt hat, die wegen Pilzbefall des Darmes (Candida) auf Zucker in jeder Form verzichten müssen. Stevia soll den Blutzuckerspiegel nicht negativ beeinflussen, wie dies die schädlichen, künstlichen Zuckerersatzstoffe (Süßstoffe) tun, von denen ich dringend abrate. Diese werden übrigens in der Tierzucht als Masthilfsmittel eingesetzt – sind also zum Abnehmen völlig ungeeignet. Eingeschränkt, das heißt in kleinen Mengen, können Ahornsirup Grade C, Apfel- und Birnendicksaft sowie Honig empfohlen werden.

Fallbeispiele

Übergewicht

Rosemarie ist eine blühende Mittvierzigerin. Mit 160 Zentimetern Größe bringt sie heute 70 Kilo auf die Waage, nachdem sie als Kind eher schlank gewesen war. Sie erfreut durch runde, venusische Formen und nimmt leicht zu, jedoch schwer wieder ab. Es ist in erster Linie Wasser, was sie speichert. Ihre Augen bezeichnet sie als attraktiv und hell, ihr Haar ist fein, dunkel und leicht fettend. Ihre Gelenke sind ein wenig geschwollen, ihre körperliche Aktivität ist eher gering. Sie enthüllt auf den ersten Blick ein ruhiges Naturell, wenn man sie jedoch näher kennen lernt und unter Stress beobachtet, dann fallen innere Unruhe und Nervosität auf. Der »Fels in der Brandung« ist sie definitiv nicht. Die Körperfülle ist eher ein Schutz und signalisiert: Ich lass nicht jeden und alles an mich heran, Vorsicht! Sie kann sehr gut denken, organisieren und erledigt ihre Büroarbeit zur vollen Zufriedenheit des Chefs, bezeichnet sich selbst aber als eher gefühlsbetont und ruhig.

Auf Grund ihres Horoskops verteilen sich die Elemente nach der Formel aus dem Bio*Vitalis-Programm wie folgt:

- Feuer: 28 Prozent,
- Wasser: 26 Prozent (unter anderem die Krebssonne!),
- Luft: 35 Prozent (unter anderem der Wassermann-mond und der Zwillingeaszendent!),
- Erde: 11 Prozent.

Das heißt, sie ist von ihrer körperlichen Grundanlage (dem inneren Funktionieren ihrer Organe aus gesehen, wie es durch den Mond angezeigt wird) der Lufttyp; ihr äußeres Erscheinungsbild sowie die Antworten auf dem Fragebogen zeigen zur Zeit der Beratung jedoch einen Wassertyp, wonach wir uns in den folgenden Empfehlungen hauptsächlich richten, denn wir müssen zunächst davon ausgehen, was ist. Das Feuerelement wird nicht so gelebt, wie es aus dem Horoskop zu erwarten wäre, was bedeutet, dass auch das »Verdauungsfeuer« nicht besonders kräftig ist. Das Erdelement ist am schwächsten, was sie über ihren erdbetonten Gatten und ihre geregelte Arbeit und die Beschäftigung im Garten etc. ausgleicht.

Für die Ernährung bedeutet dies: Sie sollte ihrer Verdauung nicht zu viel zumuten, denn alle Mahlzeiten, die unvollständig, zu langsam und mit Gärung oder Fäulnis verdaut werden, tragen bei Wasserüberschuss zu Übergewicht bei. Sie scheint außerdem zu den »guten Futterverwertern« zu zählen – mit langsamer Verdauung und niedrigem Grundumsatz. Leicht verdaulich sind:

- sehr wasserhaltige Speisen (Obst, Salate, Gemüse, Sprossen),
- schonend gegarte Speisen,
- richtig kombinierte Speisen.
- Speisen werden leichter verdaulich, wenn man wenig da-

von isst, wenn man sehr gut kaut, wenn man gedanklich beim Essen ist und in einer schönen Umgebung und in Ruhe ohne Stress, Aufregung, Ärger etc. isst.

Im Sommer sollte sie vormittags Obst essen oder eine Wasserfastenkur machen, im Winter braucht sie eher etwas Wärmendes. Am besten beginnt sie den Tag mit einem Glas heißen Wassers, in das sie etwas Zitrone träufelt oder etwas frische Ingwerwurzel gerieben hat. Letztere unterstützt auch die Entschlackung, sie wärmt und heizt das Verdauungsfeuer an. Im Winter muss sie sich mit Obst und Rohkost zurückhalten, weil sowohl Wasser- als auch Lufttyp leicht frieren; und das sollte nicht sein. Der Wassertyp verlangt – besonders bei kühlem Wetter – auch nach warmen (festeren) Speisen, was dem Lufttyp ebenfalls gut tut, denn er benötigt Festigkeit und Erdung, was bei ihr wegen des schwachen Erdelements ganz besonders wichtig ist.

Ich rate ihr, sich besonders mit der Verwendung von Kräutern und Gewürzen zu beschäftigen. Für sie passen die scharf-aromatischen Gewürze, und sie wird rasch darauf ansprechen, denn ihr wässriger Körper ist nicht der Ausdruck einer Wasser-, sondern einer Luftkonstitution! Da sie wenig Erde hat, macht sie ihren Körper durch Wasser schwerer, und das liegt ihr auch deshalb nahe, weil sie eine Krebssonne hat. So entgeht sie den Nachteilen von zu viel Luft im Alltag, als da sind Nervosität, Unsicherheit, Unzuverlässigkeit, geistige Abwesenheit etc. Die Gewürze braucht sie zur Anregung ihres Verdauungsfeuers, der Aktivität ihrer Enzymproduktion, zur generellen Intensivierung des Stoffwechsels. Wenn der Körper so als Ganzes mehr in Schwung kommt, dann kann er bei Anstrengungen (Sport, körperliche Arbeit usw.) auch mehr von den Vorräten abbauen, Wasser loslassen und so abnehmen. Dies wird ihr immer nur in Verbindung mit viel Bewegung gelingen.

Tierische Produkte sollte sie nur noch essen, wenn sie ein sehr großes Verlangen danach hat. Sie sollte sie sich dann aber nicht verkneifen – man kann auf Dauer nichts verdrängen, ohne anderweitig Schaden zu leiden. Milchprodukte sind (außer Butter, süßer Sahne und – wenn ein Gusto besteht – wenig sehr fetthaltigem Rohmilchkäse) für sie auf Dauer nicht zuträglich, weil das Körperentgiftungssystem langfristig damit nicht fertig wird. Wie gesagt: Milchprodukte verschleimen! Tierische Produkte erden zwar, aber sie stumpfen auch ab und berauben den Menschen seiner naturgegebenen großen Sensitivität und des korrekten Kontakts mit seinen Gefühlen – ein Punkt, der sich bei Rosemaries Konstitution zweifach ungünstig auswirken würde:

- einmal deshalb, weil – wie im Horoskop ersichtlich – Gefühle und intuitives Wissen für sie eine besondere Rolle spielen und weil sie in der Lage sein sollte, sie richtig mitteilen zu können, besonders auch in ihren Beziehungen,
- zum anderen deshalb, weil sie sonst Gefahr laufen könnte, auf Grund ihres hohen Luftpotenzials Gefühle und intuitive Erkenntnisse zu Gunsten gedanklicher Erklärungen und Analysen zurückzudrängen, zu wenig zu schätzen oder zu beachten bzw. falsch zu interpretieren. Das ist offensichtlich schon geschehen.

Damit sich Rosemarie geerdet, befriedigt und sicher fühlt, muss ihre Nahrung aber auch Kohlenhydrate und Fett enthalten. Kaltgepresste Öle und gekochte ganze Körner sind hier vorzuziehen, weil Brot mehr verschleimend wirkt. Ich empfehle die Körner maximal einmal täglich – am besten abends – zur Gemüsemahlzeit mit Sauce. Abwechslung wäre gut: Reis oder Buchweizen, Hirse, Quinoa, Amaranth oder Dinkel etc. Mit Hülsenfrüchten sollte sie experimentieren. Sicher geht sie mit Mungo- und Linsensprossen. Zu lang andauernden Fastenkuren rate ich ihr nicht, eher etwa zum Fasten übers Wochenende, wobei man schon am Freitag nur Obst isst, dann Samstag und Sonntag fastet (mit Wasser) und am Montagmorgen wieder mit Obst beginnt. Das dürfte aber erst im Frühjahr sinnvoll werden.

Nach meiner Erfahrung ist es viel effizienter, sich regelmäßig, aber langsam zu verbessern, als mit kurzfristigen Gewaltkuren den Körper völlig durcheinander zu bringen. Unglaublich viele Frauen haben sich durch Diäten sehr geschadet. Rosemaries Körpergewebe mangelt es an Zellsalzen und daher an Festigkeit. Diese Salze, vor allem Kalium (das festes Gewebe hervorruft), erhält man über die Ernährung: Sesammus und daraus bereitete Salatsaucen liefern Kalzium, Kalium liefern etwa Kartoffeln mit Schalen, Grünblattsalate und Kräuter (vor allem die bitteren), Bananen, schwarze Oliven und Meeresgemüse, Natrium liefern Sellerie (frisch gepresste Säfte aus Stangen- und Knollensellerie), Gurken und wiederum Meeresgemüse (nicht das übliche Kochsalz!). Außerdem sind zur Mineralversorgung Datteln und Feigen (besonders kaliumhaltig) zu empfehlen, die sich in kleinen Mengen vor allem als nachmittäglicher »Snack« anbieten. Die Aufnahme dieser Salze ins Gewebe und die gleichzeitige Wasserabgabe und Festigung kann man jedoch nur erreichen, wenn verbesserte Ernährung und Bewegung gleichzeitig einsetzen.

Ohne viel Bewegung wird Rosemarie keine Gewichtsreduktion erzielen, denn Wasser im Gewebe geht in der Regel einher mit Stauungen im Lymphsystem, das neben dem Blutkreislauf maßgeblich für die Entgiftung des Körpers und für seine Versorgung zuständig ist. Ich rate deshalb, das Lymphsystem anzuregen. Dafür gibt es zwei mir bekannte Methoden:

- Täglich ein- oder zwei Mal auf dem Zimmertrampolin, anfangs 5, später bis zu 15 Minuten schwingen (wippen) und/oder »joggen« (»Lymphtrainer«). Es darf nicht zu hart bespannt sein, wie das bei den billigen Modellen der Fall ist. Wenn man sich dazu eine flotte Diskomusik auflegt und das Trampolin auf die Terrasse oder den Balkon stellen kann, macht's besonders viel Spaß.
- Manuelle Lymphdränage. Dazu gibt es zahlreiche Bücher. Es ist eine sehr leichte »Katzenpfötchen«-Massage, die man sich geben lassen kann, nach einiger Zeit aber auch selbst beherrscht.

Der Mond im Wassermann zeigt auch eine Tendenz zu dem, was man als Toxämie bezeichnet. Das heißt, das Blut wird im Laufe der Zeit dickflüssig und ist nicht mehr in der Lage, seine Aufgaben – vor allem die Entgiftung – ausreichend zu erfüllen, weil es selbst ständig Gifte mit sich herumträgt. Es ist dann eine Blutreinigungskur angesagt. Geeignete Kräutertabletten reinigen das Blut und schwemmen das überflüssige Wasser aus dem Körper. Wenn man wie Rosemarie fast vierzig Jahre mit gutbürgerlicher Küche gelebt hat, dann hat man häufig sehr viele (vor allem auch saure) Schlacken auszuscheiden. Zur weiteren Entgiftung – vor allem saurer Schlacken – empfehle ich eine Atemtherapie. Rosemaries von der Grundanlage her luftigen Konstitution mangelt es häufig an Sauerstoff. Solche Menschen haben es nicht gelernt und besitzen von Natur aus nicht genügend Anreiz, richtig, das heißt tief genug zu atmen. Ich empfehle ihr eine Atemtherapeutin, die mit viel Einfühlungsvermögen sanft und behutsam mit ihr arbeitet. Um keine Missverständnisse aufkommen zu lassen: Ich denke dabei nicht an Rebirthing oder ähnlich massive Methoden.

Oberstes Gebot für Rosemarie ist: Mit all den genannten Methoden inklusive Ernährungsumstellung sollte sie langsam und vorsichtig voranschreiten; immer sollte sie auf ihren Körper, die Gefühle und die innere Stimme (die Intuition) achten! Heftige Entgiftungskuren mit starken oder lang anhaltenden Schmerzen oder anderen Symptomen sind zu vermeiden. Man muss dann noch behutsamer vorgehen. Ihre Waagebetonung spricht dafür, dass ihre Nieren solche Gewaltanwendungen, wie es eine Massiventgiftung darstellt, nicht unbeschadet überstehen könnten. Zum Beispiel würde eine überwiegende Obstrohkost nicht nur im Winter eine Unterkühlung und völlige Überanstrengung der Nieren hervorrufen.

Damit kommen wir zum letzten Teil dieser Fallbesprechung: Es sollte jedem, den es angeht, klar sein, dass eine dauerhafte Gewichtsreduktion nur dann erzielt werden kann, wenn auch die gefühlsmäßigen Ursachen dafür angegangen werden. Ich möchte hier nur ein paar kleine Hinweise geben. Rosemaries erhöhtes Körpergewicht kommt nicht von ungefähr. Sie ist sehr empfindlich und schützt sich deshalb auf der körperlichen Ebene mit mehr Umfang. Sie ist innerlich sehr luftig-leicht und sensitiv und sucht sich daher wie gesagt Erdung durch (Wasser-)Gewicht, da ihr Erdelement unterentwickelt ist. Ein Krebs ist immer auf Sicherheit und Geborgenheit bedacht – auch das kann ein wohlbeleibter Körper vermitteln. Nichts vermag einen dann so leicht umzuwerfen (so glaubt man), physisch nicht und psychisch nicht.

Eine natürliche und nachhaltige Gewichtsabnahme kann erst in nennenswertem Umfang erfolgen, wenn man bereit ist, die drei genannten Punkte – Ernährung, Bewegung, Seelenzustand – zu berücksichtigen. Emotionales Loslassen ist der erste Schritt! Fragen Sie sich:

- Bin ich bereit, durch weniger Schutz mehr zu riskieren, eventuell verletzt zu werden?
- Bin ich bereit, durchlässiger und noch sensitiver zu werden und das Geschehene oder Erspürte dann mitzuteilen und zu leben?
- Bin ich bereit, meine Sicherheit aufzugeben und Neuland zu betreten, zum Beispiel beruflich oder auch im Umgang mit anderen Personen, in meinen Beziehungen etc.?

Der Mond steht im Horoskop unter anderem für die Summe der Vergangenheit. Er steht auch für das Unbewusste, für unsere in der Kindheit anerzogenen Verhaltensmuster, generell für das, was wir weiterhin verwenden (ohne viel darüber nachzudenken), was wir aber nicht weiter ausbauen sollten. Die Sonne repräsentiert die Energien, die Sie sich aneignen, mit denen Sie in diesem Leben zunächst vor allem arbeiten sollten. Der Aszendent aber stellt den Bereich dar, den Sie als langfristiges Fernziel anpeilen sollten.

Der Aszendent Zwillinge verleiht wie kein anderer Aufgeschlossenheit und Wissbegier. Für gewöhnlich besteht eine gut entwickelte Intelligenz, Neugier und ein großes Bedürfnis nach verbaler Kommunikation. Das Leichte, Luftige, Unbeschwerte, das der Zwilling (Luft) mit sich bringt, steht im Gegensatz zu so manchem, das Rosemarie durch ihre Sonne im Krebs (Wasser) an Schwere und Verhaftetsein mitgebracht hat. Sie wird erst dann auch körperlich leichter werden, wenn sie anfängt, mehr die Qualitäten ihres Aszendenten zu leben, also luftiger zu werden. Als ihr Lebensziel formuliert sie: »eine innere Harmonie finden und mit meinem Äußeren glücklich und zufrieden sein«, und sie möchte dann anderen helfen, ihr Glück zu finden. Diese angestrebte innere Harmonie wird sie darin finden, dass sie ihren luftigen Aszendenten stärker lebt. Dort liegt das Geheimnis ihrer Harmonie verborgen: Harmonisch können wir nur sein, wenn wir unseren wahren Lebenszweck entdecken und entsprechend unseren Anlagen leben.

Ich sage ihr: »Lassen Sie die Frage Ihrer täglichen Meditation lauten: ›Wer bin ich?‹ Denken Sie darüber nach und bitten (beten) Sie um eine Antwort. Einen Teil davon wissen Sie schon – Sie brauchen nur den Mut, auch danach zu leben. Fragen Sie sich:

- ›Was kann und muss ich jetzt lernen und verbreiten?‹
- ›Wie und mit wem kann ich in einen produktiven Dialog treten?‹
- ›Von wem kann ich freizügig nehmen, und wem soll ich geben?‹

Ein weites neues Feld liegt vor Ihnen. Nehmen Sie Ihren ganzen Mut und Ihr großes Vertrauen zusammen. Sprechen Sie darüber mit Ihrem Mann und erklären Sie ihm, was in Ihnen vorgeht, damit er in Ihrer Entwicklung nicht den Anschluss verliert. Sobald Sie Ihren ureigensten Qualitäten näher gekommen sind, wird sich die gewünschte Harmonie einstellen, und Sie können dann – ja, Sie sind dann dazu verpflichtet – anderen zu helfen, ihr Glück zu finden. Andere Menschen im Bereich des Gesundheitswesens unterstützen, könnte sehr wohl Ihr neues berufliches Feld werden. Wissensvermittlung und nährendes Verstehen Ihrer Mitmenschen sind bedeutende Gaben von Ihnen. Die Entwicklung dahin dürfte aus praktischen Gründen jedoch nur Schritt für Schritt erfolgen. Ich wünsche Ihnen viel Erfolg bei der Erprobung und Umsetzung.«

Nervosität, Unsicherheit

Franz ist 28 Jahre alt, 182 Zentimeter groß und wiegt etwa 67 Kilo. Er kommt zu mir in die Beratung wegen Hautunreinheiten und Ausschlägen, Asthma und Zukunftsfragen. Er arbeitet in einer Genossenschaft als Gärtner. Er hat diese Stelle angenommen, weil er gern mit anderen Menschen zusammenleben und -arbeiten möchte und weil er – wie mir scheint – recht unselbstständig ist. Er redet viel, ist meist kopflastig und hat sehr idealistische Vorstellungen über das Zusammenleben der Menschen. Tiefer Glaube und Hingabefähigkeit zeichnen ihn aus (Fischesonne).

Auf Grund seines Horoskops verteilen sich die Punkte für die vier Elemente nach der Formel aus dem Bio*Vitalis-Programm wie folgt:
- Luft: 30 Prozent,
- Feuer: 15 Prozent,
- Wasser: 37 Prozent und
- Erde: 18 Prozent.

Diese Verteilung stimmt mit den Antworten des Fragebogens und meinem persönlichen Eindruck im Großen und Ganzen überein. Seine Verdauung erscheint Franz gut, sein Zustand spricht aber eine andere Sprache: Sie ist offensichtlich weder in der Lage, genügend Nährstoffe (besonders Mineralien) aus der Nahrung aufzunehmen, noch, alles Nutzlose oder Schädliche auch restlos wieder auszuscheiden. Dies trifft auf Menschen mit wenig Feuer häufig zu. Man kommt dann zwar mit vegetarischer Ernährung zurecht, sollte den Rohkostanteil aber nicht über Gebühr ausdehnen, denn Rohes ist – besonders abends – für die meisten Menschen schwerer verdaulich als Gegartes. Sie sollten also abends keine Wurzelrohkost verzehren und immer sehr gut kauen, langsam essen und nicht gleichzeitig trinken, lesen oder fernsehen.

Rohkost mit viel Obst ist für diese Menschen im Sommer gut und empfehlenswert, im Winter dürften jedoch außer dem Obst am Morgen ein bis zwei Mahlzeiten zumindest mit warmem, schonend gegartem Anteil nötig sein, damit sie nicht frieren; drei Mal täglich kühlendes Obst, das Franz jetzt isst, könnte er sich mit seiner Konstitution nur leisten, wenn er als Ausdauersportler in einem warmen Land lebte und regelmäßig trainierte. Gartenarbeit genügt da nicht. Und außerdem, was ist im Winter? Zur Erhöhung der Verdauungsleistung sind hier Gewürze angebracht, die den warmen Speisen zugefügt werden. Besonders empfehlen möchte ich den frischen Ingwer, der die Verdauungsleistung mild anhebt und wärmt. Im Winter sollte Franz den Tag mit einem Glas warmen Wassers beginnen, in das man etwas frischen Ingwer gerieben hat.

Hilfreich sind hier folgende Gewürze: Kurkuma, Zimt, Nelken, Basilikum, Kardamom, aber auch Koriander, Kreuzkümmel, Fenchel und Anis. Von tierischen Produkten rate ich aus verschiedenen Gründen ab, besonders wegen der noch abzuklärenden Allergieprobleme und weil Franz als Kind schon kein Fleisch mochte; eventuell vorhandene Gelüste in dieser Hinsicht sind also nur antrainiert. Auch Milchprodukte können in diesem Fall nicht die Lebensmittel der

Wahl sein: Franz hatte schon als Kind Milchschorf – ein deutliches Zeichen, dass sein Körper mit Milch nicht ordentlich umzugehen weiß. Bei einem so hohen Wasseranteil ist das jedoch kein Wunder. Es könnte sein, dass er Butter verträgt – dennoch wäre ich vorsichtig damit. Olivenöl und Kürbiskernöl schmecken übrigens auch sehr gut mit Brot!

Bei einer Milchallergie – wie sie sehr viele Menschen in der BRD haben – muss man konsequent sein, denn Butter und Sahne enthalten zwar wenig, aber doch immerhin etwas Eiweiß; und darauf reagieren viele allergisch. Man kann es auch einmal mit Ghee versuchen, das ist reines Butterschmalz. Ansonsten sind natürlich kaltgepresste Pflanzenöle ein sehr guter Ersatz: Sonnenblumenöl ist hier beispielsweise zu empfehlen. Getreide kann Franz – in Maßen – essen. Ich empfehle es maximal einmal am Tag, am besten in Form von ganzen gekochten Körnern zusammen mit Gemüse und gewürzter Sauce zur Abendmahlzeit. Brot ist zweite Wahl und führt eher zur Verschleimung, was selbst bei »Luftmonden« wie bei Franz immer eine große Gefahr ist. Mit Süßem würde ich mich an seiner Stelle zurückhalten bzw. diesen Bedarf durch Trockenfrüchte decken. Ein- bis dreimal pro Woche – je nach Jahreszeit – wären auch Hülsenfrüchte, vorzugsweise Linsen, angebracht. Eine längere Fastenkur würde ich Franz zurzeit und in den nächsten ein bis zwei Jahren auf keinen Fall anraten. Ich habe eher den Eindruck, dass er mehr Substanz, Solidität, Festigkeit brauchen könnte.

Ich finde es sehr passend und gut, dass Franz mit der Erde im Garten arbeitet. Diese Tätigkeit ist für ihn regelrecht heilsam. Von Vorteil in diesem Zusammenhang der Erdung sind Lebensmittel, reich an (organisch gebundenem) Kalzium (Sesam) und Kalium (Kartoffeln mit Schalen, bittere Grünblattsalate und Kräuter, Bananen, schwarze Oliven, Meeresgemüse) und Natrium (Sellerie, Gurke, Meeresgemüse etc. – kein Kochsalz!).

Die gesundheitlichen Schwachstellen von Franz liegen im Verdauungs- und Ausscheidungsbereich; dies betrifft auch das Lymphsystem. Somit besteht die Gefahr innerer Vergiftung und Verschlackung. Das heißt ganz klar, dass der Körper genügend Zeit (von früh um 4 bis mittags um 12 Uhr) und Energie erhalten sollte, um zu entgiften. Es besteht die Tendenz, dass nicht richtig entgiftet wird, Blut und Lymphe sind dann nicht so rein und dünnflüssig, wie sie zur optimalen Arbeit im Körper sein sollten. Dies kann zu Allergien, Immunschwäche, Verpilzung etc. führen. Ich empfehle zusätzlich zu den oben angegebenen Ernährungsratschlägen generell noch viel mehr Bewegung an der frischen Luft. Schreibtischarbeit ist für Franz nichts. Er ist viel zu sehr in die Luft geraten.

Es ist weithin unbekannt, dass Hautausschlag (zum Beispiel Milchschorf) und Asthma korrespondieren: Behandelt man schulmedizinisch das eine, kann das andere kommen und umgekehrt. Beide sind Symptome von Allergien, diese wiederum häufig die Folge von tierischem Eiweiß (bei Franz in der Kindheit die Milch). Häufig sind Allergien mit Candidabefall und Schwermetallbelastung – nicht zuletzt aus Amalganfüllungen – gekoppelt. Abhilfe bringen eine generelle Körperentschlackung und -entgiftung und eine Ernährung, die ein Minimum an neuen Giften enthält. Franz sollte sich austesten lassen und die Schwermetalle ausleiten.

Der Problemkreis Hautausschlag/Asthma/Allergie hat zu tun mit einem mitmenschlichen Grundproblem bei Kontakt/Berührung/Beziehung. Dabei ist die zu Grunde liegende Ursache wie so oft in der Angst zu suchen – Angst vor zu großer Nähe, die »Ansteckung« durch Körperkontakt oder über Allergene bringen oder zu einer zu engen und deshalb zu gefährlich erachteten Beziehung führen könnte. Bisher hat das Leben in Gemeinschaften bei Franz eine große Rolle gespielt, und es scheint, dass dies auch in Zukunft der Fall sein wird, was zum Horoskop passt. Franz liebäugelt mit einem Leben im Kloster.

Ich sage ihm: »Wenn Sie davon vollkommen überzeugt sind und im tiefsten Herzen fühlen, dass dies Ihr Weg ist, dann sollten Sie ihn gehen. Wenn Sie aber auch nur den kleinsten Zweifel daran haben, dann sollten Sie diesem Zweifel nachgehen und in sich hineinspüren. Lassen Sie mich Ihre Zweifel ein bisschen nähren: Bei allem Respekt vor dem Leben in einer religiösen Gemeinschaft (das ich selbst aus eigener Erfahrung gut kenne) bitte ich Sie, zu bedenken: Ein solches Leben kann die Entfaltung der Eigenverantwortung, des Selbstständigwerdens, verhindern, besonders, wenn man so veranlagt ist wie Sie. In einer religiösen Gemeinschaft muss man meistens mehr Kompromisse schließen als außerhalb. Es gelingt nur mit größten Schwierigkeiten, so zu leben und das auszudrücken und zu verwirklichen, was man selbst ist und will – es sei denn, es deckt sich ›zufällig‹ mit den Gepflogenheiten einer solchen Gemeinschaft. Dies trifft immer nur auf Teilbereiche zu.

Eine religiöse Gemeinschaft bietet die Möglichkeit eher unverbindlicher und deshalb ungefährlicher ›Liebesbeziehungen‹ gleichzeitig mit vielen in der Gruppe – ohne dass man sich wirklich auf jemanden einlassen müsste. Sie sind auf der Suche nach einer Heimat. Sie werden aber immer heimatlos sein, bis Sie diese Heimat in sich selbst gefunden haben. Das häufige Wechseln von Kommune zu Kommune wird Ihnen höchstens insofern helfen, als Sie nach einiger Zeit erkennen, dass Sie das nicht weiterbringt. Was Ihnen weiterhelfen würde, wäre etwas, wovor Sie vermutlich – zumindest unbewusst – große Angst haben: eine enge, tiefe Zweierbeziehung mit einer Frau, in der Sie Ihre Hingabefähigkeit und weibliche Seite leben und erfahren können und in der Sie durch den Spiegel des Partners mehr zu sich selbst fänden.

Lassen Sie sich auf ein ›gefährliches‹, verbindliches Abenteuer (im guten Sinne) ein, lassen Sie Nähe zu und öffnen Sie sich, zu empfangen und zu geben. Sie haben eine reichhaltige Gefühlswelt: Lassen Sie eine geliebte Person daran teilhaben. Nehmen Sie Ihr Leben selbst in die Hand und lassen Sie den Rat von Lehrern, Priestern und Eltern endlich zu Gunsten Ihrer eigenen inneren Stimme beiseite! Ihnen würden eine ›erdige‹ Frau und ein eigenes Heim sehr gut tun. Wie ich aus dem Horoskop erkennen kann, werden Sie in den kommenden eineinhalb Jahren eine Phase großer Umwälzungen mitmachen. Neue Erkenntnisse über die eigenen Wünsche und Vorstellungen des Lebens werden ans Tageslicht kommen. Die meisten Menschen werden erst in dieser Phase, im Alter von $29\frac{1}{2}$ Jahren, ›richtig‹ erwachsen. Es wäre für Sie von Nutzen, wenn Sie diese Zeit nicht mit Hyperaktivität in ständiger äußerer Veränderung verstreichen ließen. Stattdessen sollten Sie von einer – wenn auch nur vorübergehenden – soliden Basis (wie der jetzigen) aus mit einer erdenden Tätigkeit die inneren Veränderungen beobachten, um dann im richtigen (selbst erspürten) Augenblick das zu tun, was Sie dann für richtig halten.«

Krebs

Irmtraud ist 39 Jahre alt, 172 Zentimeter groß und 72 Kilo schwer. Sie hat einen eher plumpen bzw. etwas groben Körperbau, der durch sportliches Training gewonnen hat. Man spürt ihre Kraft und die unergründliche Tiefe ihres Gefühlslebens (fünf Planeten inklusive Mond im Skorpion!).

- Wasser ist nach der Formel aus dem Bio*Vitalis-Programm mit 44 Prozent ihr stärkstes Element,
- gefolgt von Feuer mit 20 Prozent,
- Luft mit 21 Prozent und
- Erde mit 15 Prozent.

Sie hat Krebs im Frühstadium.
Ich verbinde mit ihr folgende Eigenschaften: kraftvoll, feurig, willensstark, sehr intensiv und aktiv, ein »Arbeitstier«, abenteuerlustig, freiheitsliebend und zuzeiten unkonventionell. Sie will nicht in Routine eingespannt werden, ist lieber selbst Initiator und Leiter, als sich anderen Menschen und Sachzwängen unterzuordnen. Allerdings hat sie einige dieser feurigen Eigenschaften einschlafen lassen. Sie spürt einen inneren Drang, den Dingen auf den Grund zu gehen; sie liebt leidenschaftlich alles, was Tiefe, Substanz und Intensität ausstrahlt, verwirklicht diese Maximen aber nur ungenügend in ihrem Alltag. Ihr Drang nach Kreativität erwächst aus eigenem tiefem Erleben. Sie hat die Begabung, tief in die

menschliche Gefühlswelt einzudringen, das Wesen des Menschen zu verstehen, tief greifende Veränderungen zuzulassen und so schließlich geläutert zur eigenen Weisheit zu gelangen.

Sie spürt aber Hemmungen und Angst, diesen Bedürfnissen und Fähigkeiten nachzugehen. Dies betrifft vor allem auch ihre Willenskraft. Wenn sie die Wahl zwischen Konflikt und Harmonie hat, dann wählt sie vorsichtshalber die Harmonie, nur um etwas zu erlangen, was den Namen »Harmonie« eigentlich nicht verdient. Das ist ihr Hauptproblem. Ihre gesundheitlichen Schwachstellen sind: Unterleib, Geschlechtsorgane, Blase, Dickdarm, Menstruation und eventuell auch Herzprobleme. Da sie ihr Feuerelement nicht auslebt, besteht nur eine geringe Neigung zu Unfällen, Verletzungen, Brüchen etc. Eine Tendenz zu Ischiasbeschwerden, Arthritis (Hüfte, Oberschenkel), Rheuma und Gicht ist jedoch eindeutig.

Ich sage ihr: »Ich vermute, dass Sie Ihr Leben zu Beginn des dritten Jahrzehnts nicht nach Ihren wirklichen Vorstellungen eingerichtet haben. Anpassung an die äußeren Umstände überwog die Durchsetzung Ihrer eigenen Wünsche.«

»Das ist leider richtig!«, antwortet sie. »Ich mache meinem Mann immer noch (wie seit fünfzehn Jahren) die Buchführung, obwohl ich dazu nicht mehr den geringsten Drang verspüre. Ich habe jedoch Angst, die eigenen tiefsten Gefühle und Bedürfnisse mitzuteilen und das eigene Feuer und den Willen schöpferisch eigenverantwortlich umzusetzen.«

»Hinzu kam vermutlich ein traumatisches, isolierendes Erlebnis, in dem Sie sich völlig allein gelassen und enttäuscht fühlten und sich selbst auch noch die Schuld daran gaben.«

Irmtraud: »Ja, das war der Tod meiner Mutter, um die ich mich viel mehr hätte kümmern müssen. Die Feindschaft zwischen ihr und meinem Mann und die viele Arbeit hielten mich davon ab. Jetzt werde ich das Gefühl nicht los, sie verraten zu haben. Und zugleich spüre ich, dass ich in der Todesstunde hätte bei ihr sein müssen.«

»All diese und andere belastende Emotionen haben Sie ›tapfer‹ unterdrückt. Statt des Risikos, so zu sein, wie Sie von Natur aus vorgesehen sind, begaben Sie sich in ein Gebäude von Kontrolle, Kontinuität und Sicherheit und zeigten sich der Außenwelt als verlässlich, vernünftig, stabil, konservativ und robust.«

I.: »Ich kann mit meinem Mann nur über geschäftliche Dinge und über Tennis reden. Alles andere interessiert ihn nicht, oder er bespricht es mit seinen Stammtischbrüdern.«

O.W.: »Die starke Energie Ihres überreichen Gefühlslebens und Ihres Feuers findet nicht genügend Ausdruck. Haben Sie nicht wenigstens eine Freundin, mit der Sie reden, der Sie sich mitteilen können?«

»Ja, schon«, antwortet sie, »sie wohnt aber in einer anderen Stadt, und wir sehen uns nur einmal im Monat; manchmal auch seltener. Die hiesigen Bekannten sind in erster Linie die Freunde meines Mannes und außerdem eher oberflächlich.«

»Starke Energie, die im Körper nicht verwendet wird, erzeugt gesundheitliche Probleme. Dies kann sich auf Ihre Wünsche und Begierden im Bereich Sex, Macht und Geld beziehen. Unterdrückter Wille vermindert das Verdauungsfeuer, der Stoffwechsel entgleist, und Schlacken lagern sich ab. Dies wird besonders kritisch, wenn man nicht regelmäßig in Form von Erkältungen, Grippe oder Ruhe nach Erschöpfungen entgiftet: Sie waren nie krank, haben nie gefehlt! In all den Jahren entwickelten sich in Ihrem Inneren die Voraussetzungen für Ihren Krebs: eine chronische, schleichende innere

Vergiftung und Schwächung des Immunsystems. Dann kam der Einbruch durch den Tod ihrer Mutter. Der Körper war nicht mehr flexibel genug, diesen Superstress mit Hilfe seines Normalprogramms durchzustehen. Ein Notprogramm wurde aufgesetzt: der Krebs.«

»Ein Problem dabei ist«, sagt sie, »dass meine Ängste, mein Groll und mein Schmerz mich immer wieder dazu verführen, mehr in meinen schmerzlichen Gefühlen und Erfahrungen – also in der traumatischen Vergangenheit – zu verweilen, als mir gut tut.«

»Das liegt sicherlich daran«, antworte ich, »dass die Gegenwart für Sie nach wie vor nicht besser erscheint, denn Sie stecken in der Arbeit wie im Privatleben immer noch in unbefriedigenden Verhältnissen. Diese ›fühlen‹ sich für Sie zwar sicher an, Folge davon ist jedoch, dass sich unangemessene Reaktionen und Handlungsweisen einschleichen, die Signale setzen, auf welche die Umwelt anders reagiert, als Sie es gern hätten.«

»Das habe ich so noch nie gesehen, leuchtet mir jetzt aber ein. Daraus, dass ich meine Arbeit gründlich und gut mache, entnimmt meine Umwelt, dass ich die Arbeit mag – was aber ganz und gar nicht stimmt. Ich bin nur diszipliniert.«

Mit ihrer überwiegenden Rohkosternährung hat Irmtraud bisher eine erhebliche Verbesserung ihrer gesundheitlichen Problematik erlebt; das ist mehr als verständlich und aus der Literatur bekannt. Viele Krebsheiler arbeiten mit Rohkost und rohen, frisch gepressten Säften. Zum einen hat sie eine innere Reinigung des Körpers durchgeführt, was sowohl bei Krebs wie auch bei Herzkrankheiten sehr hilfreich ist. Außerdem hat sie durch ihre neue Ernährungsweise, die von aller Konvention und dem, was ihre Familie und ihre Bekannten machen, abweicht, ihrem Hang nach Eigenständigkeit und Unkonventionalität Rechnung getragen – beides Eigenschaften, die mit ihrer Funktion im Büro nicht ausreichend zu verwirklichen sind. Ich versuche bei meinen Klienten individuell genau herauszufinden, was zu ihnen passt. Dies ersetzt natürlich nicht eigenes Nachspüren und Experimentieren – Aktivitäten, die Irmtraud offensichtlich schon vertraut sind.

Ich gebe Irmtraud folgende spezielle Ratschläge: »Ihre Ernährung scheint mir angesichts Ihrer Krankheit so, wie sie jetzt ist, recht angemessen. Achten Sie aber darauf, ob Sie im Winter immer noch so viel Rohes (besonders das Obst am Morgen) vertragen oder ob Sie vielleicht frieren. Beginnen Sie den Tag dann lieber mit einem warmen Getränk (Wasser mit frischem Ingwer oder Zitrone, Yogitee, Kräutertee, Gemüsebrühe etc.). Alle Arten von tierischem Eiweiß sollten Sie strikt meiden, ebenso Alkohol und Tabak. Eine vegetarische Ernährung aus Obst, Gemüsefrüchten, Sprossen, Salaten, Gemüsen, Samen und Nüssen ist richtig für Sie. Experimentieren Sie mit frisch gepressten Säften, etwa aus dem Champion-Entsafter (keine Säfte aus Zentrifugen oder Flaschen – die haben keine Heilwirkung mehr!). Saft ist leichter verdaulich, und ich denke, dass Ihre Verdauung zuzeiten nicht ausreichend ist und dass es auch an der Aufnahme der Nährstoffe hapert. Kaltgepresstes Öl sowie Butter und süße Sahne können Sie in Maßen verwenden. Wenn es Ihnen danach ist, sollten Sie (ohne schlechtes Gewissen) auch warme Speisen zu sich nehmen (schonend gegarte Gemüse, Getreide wie Hirse, Reis, Buchweizen, Amaranth, Quinoa). Mild anregende Gewürze sind fein (aber keine Chilis, Knoblauch oder Ähnliches).

Baden ist für den Körper wesentlich besser als duschen. Regelmäßige sportliche Betätigung (Wettkampf und Spiel) ist für Sie lebensnotwendig. Es ist sehr zu begrüßen, dass Sie auch weiterhin Tennis spielen. Wie wär's mit einem Abenteuerurlaub, zum Beispiel quer durch die Sahara oder in den Dschungel? Ich empfehle Ihnen auch kräftige Massagen und viel, viel frische Luft und mehr Schlaf. Nehmen Sie aber generell, vor allem auch bei der Arbeit, mehr Rücksicht auf Ihren Körper! Diese Vorschläge ersetzen zwar die Behandlung durch einen Heilpraktiker oder Arzt nicht, können jedoch die Heilung von Krebs unterstützen – vor allem, wenn er – wie bei Ihnen – noch im Anfangsstadium ist.

Diese Vorschläge klingen für einen Krebskranken ungewöhnlich. Ich bin mir jedoch sicher, dass es tatsächlich hilft, weit weg zu reisen; dabei werden Sie den Krebs leichter los als durch dumpfes Brüten hier zu Hause! Ganz wichtig aber ist, dass Sie lernen, liebevoller mit sich selbst umzugehen. In Ihrem Leben fehlt das spielerische Element. Wie lange ist es her, dass Sie einmal ›nutzlose‹ Dinge taten, albern und kindlich fröhlich waren? Ich denke, Ihre Tochter wird Ihnen dabei helfen können. Sie haben jetzt schon Ihr halbes Leben dem Geschäft geopfert. Jetzt wird es allerhöchste Zeit, dass Sie mehr an sich selbst, Ihre innersten Bedürfnisse, Ihre Gefühle und an Ihre Gesundheit denken. Suchen Sie nach Möglichkeiten der Arbeitsentlastung. Sprechen Sie ohne falsche Rücksicht ganz klar mit Ihrem Mann darüber. Was nutzt ihm eine kranke Frau? Der Betrieb wirft auch ausreichend Gewinn ab, wenn Sie nur noch drei Tage in der Woche arbeiten oder ganz ausscheiden und stattdessen eine Buchhalterin anstellen. Sie sollten die Zeit nicht nutzlos verstreichen lassen!

Sie brauchen jetzt und in den kommenden Monaten sehr viel Aufmerksamkeit für sich und Ihre Bedürfnisse. Sie haben in dieser Zeit Energien zu verarbeiten, die überwiegend mit Gesundheit und der oben geschilderten Problematik zu tun haben. Das ist die große Chance in Ihrem Leben, diese Probleme von Grund auf anzugehen. Wenn Sie in dieser Zeit viel mehr Zeit für sich selbst benötigen als bisher, dann ist das kein Egoismus. Sprechen Sie mit Ihren Mitmenschen darüber, und setzen Sie sich durch – endlich einmal! Jetzt ist die Zeit; Sie haben nicht zufällig gerade jetzt um Rat gefragt! Wenn es schlimmer wird, können Sie vielleicht nicht mehr.

Und ein Letztes: Ihr Horoskop zeigt eindeutig ein sehr starkes Potenzial für ein reiches spirituelles Leben. Jetzt ist der Zeitpunkt unwiderruflich gekommen, damit anzufangen. Es gibt dazu heutzutage Möglichkeiten wie noch nie. Warten Sie nicht länger, fangen Sie an, täglich zu meditieren. Meditation, eine rohkostbetonte vegetarische Ernährung und mehr Beachtung und Verwirklichung Ihrer persönlichen Bedürfnisse und Gefühle werden Sie in einen völlig neuen Menschen verwandeln. In zunehmendem Maße werden Sie sich selbst, Ihr Potenzial, Ihre Veranlagung besser kennen lernen und den Mut aufbringen, auch danach zu leben. Im Zuge dessen wird sich die Gesundheit weiter verbessern und stabilisieren. Ich wünsche Ihnen viel Mut dazu.«

Verdauungsbeschwerden

Brigitte ist 25 Jahre alt, 175 Zentimeter groß und wiegt 80 Kilo. Sie wirkt sehr weiblich und hat eine glatte, leicht fettende, etwas unreine Haut. Sie ist mit ihrem gesundheitlichen Allgemeinzustand und ihrer Leistungsfähigkeit unzufrieden, fühlt sich nicht richtig gesund. Sie ist nach eigenem Bekunden seit einiger Zeit aus dem Gleichgewicht geraten, was sich auch an ihrer Figur bemerkbar macht. Sie studiert Ernährungswissenschaften und hat dementsprechend experimentiert, ist aber nicht zu befriedigenden Resultaten gekommen. Sie hat Verdauungsprobleme:

- Blähungen und unregelmäßigen Stuhlgang mit Tendenz zur Verstopfung.
- Die Mahlzeiten liegen unangenehm und zu lange im Magen; ein angenehmes Gefühl stellt sich nur nach ganz leichten Speisen ein, zum Beispiel nach dem Verzehr von Blattsalaten, Obst oder gegartem Gemüse.
- Sie fühlt sich öfters schlapp, dumpf und wie benebelt.
- Sie ist ständig verschleimt in den Atemwegen.
- Sie hat Wassereinlagerungen im Gewebe.
- Kuhmilchprodukte (außer Butter und Sahne) verträgt sie nicht recht; sie bekommt dadurch gerötete und schuppige Haut an den Händen.
- Sie hatte schon zwei Mal eine Nierenbeckenentzündung und leidet immer wieder mal unter einer Blasenentzündung.

- Eine Candidapilzinfektion hat sie nach eigenen Angaben nicht.

Ihre Ernährung ist vegetarisch ohne Eier, Kuhmilch und Kuhmilchprodukte, aber mit Sahne, Butter und Ziegenkäse; sie hält meist die Trennkostregeln ein:
- Vormittags isst sie entweder nichts und trinkt nur Wasser oder nimmt Obst zu sich.
- Mittags gibt's Butterbrot mit Avocado, Gurke, Tomate etc.
- Abends isst sie alle Arten von Rohkost (auch Wurzelrohkost) mit Butterbroten oder gegartes Gemüse mit Kartoffeln, Nudeln oder Reis.

Ihr Tages- und Wochenrhythmus ist ziemlich unregelmäßig, sie bekommt dadurch nicht immer die Schlafmenge, die sie bräuchte. Einmal wöchentlich tanzt sie Ballett; sonst hat sie wenig Bewegung.

Da sie darüber klagt, Wasser einzulagern und an Gewicht zuzunehmen, spreche ich meine Beobachtungen zur Hormonbalance von Frauen an: Ungleichgewicht scheint für eine Verstärkung des Wasserelements ganz besonders wichtig zu sein. Viele Frauen nehmen zu, wenn sie die Pille nehmen, nach der Geburt von Kindern oder wenn sie in den Wechseljahren vom Arzt Hormone verschrieben bekommen. Sie sehen dann für Jahre wie ausgeprägte Wassertypen aus und fühlen sich häufig auch so – auch wenn von der Konstitution her eigentlich ein anderes Element dominant ist. Das kann sich jedoch wieder regeln – vor allem wenn man die schädliche Gabe von Hormonen unterlässt, die gegen Alterung, Osteoporose und andere Probleme sowieso nicht wirklich helfen, wie mehrere medizinische Studien gezeigt haben.

Brigitte ist durch ihren Krebsmond zunächst einmal auf

der körperlichen Ebene ein Wassertyp – und so sieht sie auch aus. Nach der Formel aus dem Bio*Vitalis-Programm sind die Elemente wie folgt verteilt:

- Feuer: 27 Prozent,
- Wasser: 25 Prozent,
- Luft: 24 Prozent und
- Erde: 24 Prozent.

Diese Verteilung sieht ideal aus, ist sie doch recht gleichmäßig. Doch der Schein trügt: Diese Menschen haben eher Probleme, dasjenige herauszufinden, worin sie wirklich »gut« sind. Wenn sie eher zum Optimismus neigen, dann halten sie sich für auf allen Gebieten gleich gut begabt; sind sie hingegen pessimistisch, dann glauben sie, dass sie im Grunde keine Talente aufweisen.

Brigitte ist schwerpunktmäßig ein Wasser-Feuer-Typ; die Anteile an Luft und Erde fallen weniger ins Gewicht, und zwar sowohl in der Anlage (nach dem Geburtshoroskop) als auch nach dem Fragebogen. Zwischen beiden Angaben ist dennoch ein deutlicher Unterschied in den Prozentangaben.

Wir erzielen ein Maximum an Gesundheit und Leistungskraft, an Erfolg für uns und die Mitmenschen sowie bei der Erfüllung unseres Lebensziels, wenn wir das mitgebrachte Potenzial so gut wie möglich entfalten, ausnutzen, ausleben. Brigitte hat zum Beispiel viel Feuer. Dieses Element will in Kreativität umgesetzt werden: Sie soll sich damit im Leben selbstbewusst behaupten, sich zeigen (Sonne im Löwen!), zielstrebig Ihren eigenen Weg gehen. Wenn sie sich stattdessen zu sehr zurücknimmt, unterordnet, nicht traut, ihre Meinung zu sagen oder ihre Methoden anzuwenden, dann wird diese Energie nicht richtig genutzt und richtet im Körper Schaden an. Nicht verwendetes, unausgedrücktes Feuer kann beispielsweise zu Gallensteinen oder Hämorriden führen.

Feuer steht für Verdauungskraft: Wenn man sein Feuer nach außen im Leben nicht nutzt, dann lässt auch im Inneren die Verdauungskraft nach, und man handelt sich die bereits geschilderten Probleme ein. Brigitte lebt ihr Feuerpotenzial nur zum Teil. Sie erfährt das beim Umgang mit Mitgliedern ihrer Wohngemeinschaft, in der Uni, in ihren Liebesbeziehungen und in anderen Situationen.

Sie hat auch viel Wasser im Horoskop. Wenn sie dieses, das heißt den dahinter liegenden Gefühlsreichtum, richtig verwendet, ausdrückt, lebt, dann hat sie damit keine Probleme – im Gegenteil: Sie wird ein einfühlsamer, mitfühlender, hilfreicher Mensch sein, der seinen Mitmenschen durch guten Rat viel helfen kann, weil er in der Lage ist, sich in andere hineinzufühlen. Das ist ein unschätzbarer Vorteil! Wenn sie ihre Gefühle aber unterdrückt, nicht zeigt, nicht nutzt, dann suchen sie sich auf andere Weise Aufmerksamkeit: zum Beispiel auf körperlicher Ebene in Form von Wasseransammlungen.

Wie kommt es aber, dass Brigitte sich nicht traut, ihr Feuer und ihre Gefühle adäquat zu zeigen und zu leben? Damit sprechen wir eine Frage an, welche die meisten Menschen betrifft, die zu mir kommen. Häufig sind sie über Ernährung und Gesundheit nach der gängigen Literatur bestens unterrichtet und haben auch das meiste schon in die Tat umgesetzt; trotzdem weisen sie nach anfänglichen positiven Ergebnissen nach einiger Zeit wieder die alten oder zusätzlich neue Gesundheitsprobleme auf.

Das liegt fast immer daran, dass diese Menschen ihr Potenzial nicht leben. Man könnte das auch noch etwas anders formulieren: Es ist darauf zurückzuführen, das sich bei den

316

meisten Menschen die Absicht ihrer Seele noch nicht ausreichend durchgesetzt hat, weil sie nicht auf ihre innere Stimme hören. Und wenn wir mit unserem beschränkten Verstand und mangelnden Vertrauen Dinge tun, die nicht im Sinne der eigenen Seele sind, dann kommt es zu Krankheiten, die uns die Seele (also wir selbst!) schickt, um uns an diesen Sachverhalt zu erinnern.

Menschen mit starker Ausprägung des Feuer- und Wasserelements fällt es besonders schwer, ihrer inneren Stimme zu folgen, und das ist auch leicht verständlich: Feuer wird vielfach gleichgesetzt mit Aggressivität. Aber fast niemand möchte anecken. Feuer jedoch tut das. Der wichtigste Leitsatz für Feuer ist: »Ich will!« In vielen Gesellschaften mag man aber keine Querdenker und strikt nonkonforme Individualisten, die unbeirrt ihren eigenen Weg gehen. Die Leistung solcher Menschen wird meistens erst voll anerkannt, wenn sie bereits im Grabe liegen und damit »berechenbar« sind. Ihre Strebsamkeit findet meist nur dann allgemeinen Beifall, wenn die Betreffenden sich gemäß dem aktuellen Wertesystem verhalten oder wenn sie geschäftlich sehr erfolgreich sind.

Für die wässrigen Gefühlsmenschen ist es ebenfalls schwierig, ihre Gefühle zu leben. Wenn jemand mitfühlend und einfühlsam ist, wird er normalerweise gern gesehen. Aber das Wasser äußert sich – vor allem, wenn die Menschen nicht besonders bewusst sind – in Gefühlsausbrüchen sowie in launischem Verhalten. Und wer will schon unsachlich, irrational oder auch gefühlsduselig erscheinen? Da »steckt« man die Gefühle lieber weg – und schafft sich damit unbewusst gesundheitliche Probleme.

Die Lebensweise ergibt sich wie gesagt nicht einfach aus der Elementeverteilung im Horoskop. Man muss berücksichtigen, wo der Mensch im Augenblick steht, das heißt, inwieweit er sein Potenzial überhaupt ausnutzt. Wenn Brigitte ihre Gefühle voll ausdrückte und lebte, dann zeigte sich ihre Wasserenergie nicht in schwammigem Gewebe. Wenn sie ihr Feuer voll lebte, dann hätte sie eine bärige Verdauung und damit keine Magen- oder Darmbeschwerden. Wenn sie ihr Erdpotenzial voll nutzte, dann wäre sie im Studium oder in der Bewältigung des Alltagslebens effektiver.

Ich schlage ihr mehrere Wege zugleich vor, die sich sehr gut kombinieren lassen, denn die Symptome wie auch die Heilwege für zu wenig verwirklichtes Feuer und für übermäßigen körperlichen Ausdruck von Wasser sind fast gleich. Folgendes sollte sie ausprobieren:

- das Feuerelement durch Einsatz des Willens und der Kreativität sowie durch Gewürze in der Nahrung stärken,
- das Wasserelement durch Ausdrücken und Mitteilen der Gefühle leben und durch entsprechende Speisen im Körper reduzieren (Brigitte kann nur dann abnehmen, wenn sie sich auch ausreichend bewegt, sportlich betätigt – da gibt es kein Wenn und Aber!),
- das Erdelement durch realistische Planung qualitativ verbessern.
- Das Luftelement wird sich bei rechter Nutzung des Gesamtpotenzials im Laufe des Lebens in dem Maße verstärken, wie sie ihr Lebensziel verwirklicht, das durch den Wassermann-Aszendenten vorgegeben ist.
- Sie sollte vor allem Milch und Milchprodukte meiden, weil diese bei ihr auf jeden Fall verschleimend wirken und schwer und kalt machen.
- Die übrigen tierischen Produkte müsste sie auf ein Minimum reduzieren, weil sie diese zumindest zurzeit nicht

gut verdauen kann und weil sie zu schwer machen, abstumpfen, sedieren.

- Selbstverständlich sollte sie auch alle Nahrungsmittel meiden, welche die Vollwerternährungsrichtung generell ablehnt,
- und sich bei Fett und Öl zurückhalten,
- sich auf eine überwiegend vegetarische Ernährung konzentrieren, bei der Gemüse (roh und schonend gegart) und Salate an erster, gekochtes Getreide an zweiter und Nüsse und andere Samen an dritter Stelle stehen.
- Sie kann mit allen scharf-aromatischen Gewürzen experimentieren,
- sie sollte Obst im Sommer essen, im Winter nur, wenn sie nicht friert.

Bezüglich des Erdelements, das im Fragebogen bei ihr nur schwach vertreten ist, rate ich Brigitte, sich ganz bewusst mit der Organisation ihres Alltags, vor allem mit der Zeitplanung zu befassen, damit sie – besonders jetzt, da sie für ihre Prüfungen lernt – effektiver und zuverlässiger zu guten Ergebnissen kommt. Rhythmus und Regelmäßigkeit sind sehr hilfreich und erden. In der Natur läuft alles in bestimmten Zyklen ab.

Für die Gestaltung ihres Tagesablaufs rate ich ihr, morgens mit ein bis zwei Gläsern heißem, möglichst mineralarmem Wasser zu beginnen, in das sie je einen viertel Teelöffel geriebene frische Ingwerwurzel gegeben hat. Sie kann auch einen Yogitee (siehe Seite 216) trinken – aber ohne Milch. Diese Getränke wärmen und regen das Feuer und damit die Entgiftung an. Gymnastik oder Yogaübungen – etwa die »Fünf ›Tibeter‹« – sind ebenfalls hilfreich zur Anregung des Kreislaufs. Ihre Obstmahlzeit oder das Fasten am Vormittag kann sie beibehalten, wenn sie nicht friert. Mittags sollte sie ihre Hauptmahlzeit essen, und darin würde ich die geliebte Wurzelrohkost platzieren! Die Verdauungskraft ist mittags generell stärker. Wenn man eine schwache Verdauung hat, dann ist diese am Abend für Wurzelrohkost nicht ausreichend. Rohkost ist nicht für jeden Menschen und zu jeder Tageszeit immer am leichtesten von allem verdaulich. Das trifft nur auf solche zu, die völlig gesund sind, die sehr viel Verdauungsfeuer haben, die sich täglich mehrere Stunden heftig bewegen und die an Rohkost gewöhnt sind.

Wenn man am Morgen schlapp ist und sich benebelt fühlt, dann liegt das wahrscheinlich daran, dass man die Abendmahlzeit nicht richtig verdaut hat. Zwischen 18 und 19 Uhr könnte Brigitte schonend gegartes Gemüse, leicht verdauliche Blattsalate und Gemüsefrüchte essen. Mit erhitztem Öl sollte sie besonders vorsichtig sein und nur kaltgepresstes Öl verwenden. Dies gibt man den warmen Speisen erst zu, wenn sie schon fertig und auf Esstemperatur abgekühlt sind. Ihren Brotkonsum sollte sie einschränken. Gegartes ganzes Getreide ist wesentlich besser verdaulich. Buchweizen, Hirse und Quinoa sind am besten für sie. Letzteres könnte sie ankeimen.

Und damit Brigitte ihre reiche Emotionalität bewusster wird, könnte sie ein »Gefühlstagebuch« schreiben. Sie sollte darin alle Regungen eintragen, die sie in ihrem Inneren bemerkt, und dem Gefühl durch einen entsprechenden Farbklecks auch optisch Ausdruck verleihen.

»Wie fühlen sich diese Vorschläge an?«, frage ich Brigitte.

»Was Sie sagen, leuchtet mir ein bzw. fühlt sich richtig an«, antwortet sie. »Ich wollte vieles davon auch schon oft tun, habe aber zum Beispiel aus Harmoniebedürfnis aufgehört, meine Mitbewohner durch meine Wurzelrohkost zu nerven. Ich sehe, das war zu wenig Feuer!«

»Und noch ein Letztes: Sie haben von Haus aus eine Tendenz zu Wassereinlagerung im Gewebe und zur Gewichtszunahme; das ist das in Ihrem Geburtshoroskop so stark besetzte nährende Wasser im Krebs. Sie sollten auf keinen Fall viel essen, wenn Sie in emotionalen Krisen stecken, etwa Liebeskummer haben – der sprichwörtliche Kummerspeck ist sonst unvermeidlich. Das ohnehin nur begrenzt zur Verfügung stehende (weil unterdrückte) Feuer arbeitet dann im Körper an der Lösung der Gefühlsprobleme (die Sie in der Regel nicht offen austragen) und steht dann noch weniger der Verdauung zur Verfügung als sonst.

Schlechte Verdauung führt aber in sehr vielen Fällen zur Gewichtszunahme bei gleichzeitiger Unterversorgung mit lebenswichtigen Mineralien. Daher rührt dann das aufgeschwemmte Gewebe. Durch ausreichende Zufuhr von Kalium, beispielsweise aus Gemüse und Salaten wie Brunnenkresse, kann dieses Problem gelöst werden, weil Kalium als Gegenspieler des Natriums den Wasserhaushalt normalisiert und ein straffes Gewebe verleiht. In diesem Zusammenhang müssen Sie auch Ihre Nierenprobleme sehen. Schwache Nieren finden sich bei einem zu niedrigen Erdelement (was auf Sie zutrifft) und wenn Beziehungsprobleme auftreten. Schwache Nieren können ebenfalls die Wasserspeicherung im Gewebe bewirken.«

»Gibt es – zu meiner Ermutigung – denn wenigstens positive Hinweise in meinem Horoskop, dass ich meine Gefühle überhaupt ausdrücken kann?«, fragt sie.

»Ja, sehr deutliche, Sie sind geradezu prädestiniert dazu.«

»Das freut mich zu hören. In Zukunft werde ich sicherlich viel von meinem Feuer und auch einen Großteil meiner

Gefühle in meinen Beruf als Ernährungsberaterin investieren!«

Brigitte hat sich ein Jahr nach dem Gespräch in einen jungen Mann verliebt und ihren Gefühlen angemessenen Raum gegeben. Ihre Gewichtsprobleme sind mittlerweile passé, und nach Erhalt des Ökotrophologie-Diploms kann sie nun ihr Feuer beruflich kreativ ausdrücken.

Schicksalsschläge

Adalbert ist 32 Jahre alt, 180 Zentimeter groß und 60 Kilo schwer. Sein Körper ist zwar schlank, aber drahtig mit einem athletischen Zug. Er hat jahrelang als Turniertänzer trainiert – die wässrigen Fischemonde lieben den Tanz! Sein Gesicht ist feingliedrig, seine Nase spitz, seine Stimme hell und dünn, seine Hände sind lang und schlank: All diese Eigenheiten verdankt er seiner luftigen Zwillingssonne!

Er hält Vorlesungen über Mathematik an der Universität und leitet eine eigene, vor Jahren gegründete Softwarefirma für mathematische Computerprogramme. Außerdem ließ er sich – vielleicht unbewusst, um seinem wässrigen, nährenden Krebsaszendenten Rechnung zu tragen – zum Ernährungsberater ausbilden, interessiert sich intensiv für eine bestimmte diätische Richtung, für deren Verbreitung er sogar mit Ärzten und Kollegen einen Verein gegründet hat. Den äußeren Anstoß für die Beschäftigung mit gesunder Nahrung gab ihm dreizehn Jahre zuvor eine Nierenkrankheit.

Als er über ein Bild ausdrücken soll, wie er sich empfindet, malt er ein Schiff mit wenig Tiefgang auf dem weiten Ozean. Zwei Drittel des Bildes nimmt jedoch der Himmel mit Wolken und Möwen ein: Luft und Wasser! So ist er.

Die Elementeverteilung in Horoskop und Fragebogen zeigt eine Verschiebung, die ich häufig antreffe:

- Sein ursprünglich reiches Wasserelement von 34 Prozent hat sich zu Gunsten von Luft auf zwei Drittel reduziert,
- dafür haben sich seine 28 Prozent Luft im Horoskop verdoppelt!
- Sein Feuer von 17 Prozent ist etwa gleich geblieben,
- die Erde von 20 Prozent fast verschwunden!

Es ist zwar gut, die Qualitäten seiner astrologischen Sonne zu leben, denn sie ist schließlich unsere Hauptlebensenergie. Sie steht für die Gegenwart, die Vitalität und die Energie, die wir vor allem erforschen und erobern müssen, wenn das Leben »ein Erfolg« werden soll. Diese Sonne steht bei Adalbert in den Zwillingen und im Wassermannhaus – ist also doppelt luftig. Zugleich befindet sich der Jupiter im Wassermann. Diese Art Luft spricht ganz eindeutig für seine mathematisch-wissenschaftliche Begabung und dafür, dass er mit anderen Menschen geschäftlich und gedanklich leicht und gut umgehen kann. Es kommt ihm dabei vor allem darauf an, dass bei einem Handelsabschluss alle Parteien zufrieden sind, sich alle fair behandelt fühlen. Das ist typisch für Luft!

Er macht allerdings einen abgehetzten, nervösen, ausgelaugten Eindruck. Ich empfinde ihn als jemanden, der trotz seines großen beruflichen Erfolges im Inneren unzufrieden, weil unterernährt ist. Er hat wenig »Glück« mit seinen engeren Beziehungen zum weiblichen Geschlecht – wie er sich ausdrückt. Vor einem halben Jahr hatte er einen furchtbaren Tag: Seine Frau zog plötzlich aus der gemeinsamen Wohnung aus, die Firma, in der er damals noch (nebenbei) arbeitete, machte Pleite, und zu allem Überfluss fuhr er auch noch seinen Porsche zu Schrott. Er hat's überlebt, aber gefühlsmäßig leidet er immer noch darunter.

»Das Luftelement allein bringt Sie nicht weiter. Sie sind aufgerufen, Ihre Gefühle auszudrücken, und das geht nun mal am besten in Beziehungen!«, sage ich zu ihm.

»Ich sag mir das selbst immer wieder; ich hab aber eine gewisse Angst, mich wirklich einzulassen, in die Tiefe zu gehen. Irgendwo fühle ich, dass da ganz viel in mir ist, aber ich argwöhne, dass vieles davon sehr wehtut.« Adalbert steigen Tränen in die Augen. Auf einmal erhellt ein weicher, sanfter Schimmer sein sonst gefasstes, sachliches Gesicht – der wässrige Fischemond bricht durch!

O.W.: »Sie haben ein großes Reservoir an Mitgefühl, ein liebevolles Herz! Mathematik und Computer lassen dieses Herz verkümmern. Macher und Manager im Existenzkampf ersticken häufig ihr Herz, das sich gerade öffnen will. So kommt es zum Herzinfarkt! Wenn Sie nur nicht mit dem Tanzen aufgehört hätten!«

»Ja, vielleicht hätte ich tatsächlich Profitänzer werden sollen«, sagt er.

»Das habe ich nicht gesagt – schließlich stellt der Mond eine Begabung dar, die man zwar verwenden und ausdrücken, aber nicht weiter ausbauen, also nicht als den Quell einer Karriere nehmen sollte – es sei denn, in den ersten etwa dreißig Jahren des Lebens, die bei Ihnen ja schon gelebt sind. Tanzen als ein intensives Hobby, so verstehe ich das. Sehr bedeutsam ist für Sie die Pflege Ihrer engen Beziehungen. Nicht umsonst hatten Sie vor Jahren – ich nehme an, aus Liebeskummer – Nierenprobleme. Diese haben meist mit Beziehungsproblemen zu tun.«

»Damals ist mir meine erste heiße Liebe davongelaufen!«, bestätigt er. »Und ich erhalte auch laufend gefühlsmäßige Denkzettel: Kürzlich suchte ich meinen besten Freund auf, weil er nicht ans Telefon gegangen war. Ich ging wie üblich, ohne zu läuten, durch den Garten und die offene Hintertür ins Haus und fand ihn im Keller erhängt auf! Das war ein Schock. Ich spür ihn noch heute in allen Gliedern.«

Ich nehme Adalbert in den Arm und fühle, wie ein Zittern durch seinen Körper geht.

»Es ist für Sie jetzt vor allem wichtig«, sage ich nach einer Weile, »dass Sie sich mehr Zeit nehmen für Ihre privaten Gefühlsangelegenheiten, für tiefere Kontakte, aber auch fürs Tanzen, für Musik und für ein warm und ästhetisch eingerichtetes Zuhause – auch wenn Sie vorerst allein leben.«

»Das Problem ist, dass meine Firma so viel Aufmerksamkeit verlangt!«, wirft er ein.

O.W.: »Aber war das nicht schon immer so, dass Luftiges für Sie Priorität hatte? Deshalb sind Sie ja so überproportional in die Luft geraten, haben die Erde unter den Füßen verloren. Ihre Firma braucht einen Geschäftsführer, der Ihnen den täglichen Kleinkram und die Organisation des Büros abnimmt. Sie sind zuständig für die Auswahl der zu verkaufenden Produkte, Sie pflegen die persönlichen Beziehungen zu den Programmierern und zu einzelnen besonders bedeutsamen Großkunden!«

»Sie haben Recht«, gibt er zu. »Ich muss wohl lernen, mich zu konzentrieren: nicht gleichzeitig auf mehreren Hochzeiten tanzen, wie mein Vater zu sagen pflegte.«

»Mathematik und Computersoftware haben in der Regel leider so wenig Beziehung zum Menschen, zu Gefühlen, zu inneren und höheren Wünschen und Zielen. Es wird Zeit, dass Sie sich wieder hinsetzen und anfangen zu meditieren. Vor allem aber würde ich Ihnen für einige Zeit regelmäßig bioenergetische Übungen empfehlen, damit Sie wieder mehr in Ihren Körper kommen. Auch häufiges, regelmäßiges Schwimmen und Baden wären sehr hilfreich für Sie!«

»Und wie kann ich das Ganze durch Ernährung unterstützen?«, fragt er interessiert.

O.W.: »Ich empfehle Ihnen alles, was Sie erdet und was das Wasserelement verstärkt. Mit Rohkost allein oder überwiegend kommen Sie nicht aus.«

Adalbert ist ein typisches Beispiel dafür, dass bereits schlanke Menschen am meisten auf Rohkost und Fastenkuren schwören, obwohl sie dies am wenigsten nötig hätten. Für diese dürren, ausgemergelten Menschen ist eine aufbauende Ernährungsform richtig. Sie können zwar zu Beginn eine (kurze) Darmreinigungskur durchführen. Echte, längere Fastenkuren sind jedoch ebenso unangebracht wie eine monate- bis jahrelange »Reinigung« durch Obst und Rohkost, wenn schon kaum noch was übrig geblieben ist, was man reinigen könnte; das heißt, wenn die Betreffenden bereits spindeldürr sind. Für diese Menschen ist es wichtig, Lebensmittel zu essen, die Substanz geben: gute Öle, Avocados, Nüsse, Samen und Getreide, Wurzelgemüse, und zwar nicht nur roh, sondern mit Kräuter und Gewürzen gegart; und zum Frühstück etwas Proteinhaltiges, was die Nebennieren stimuliert und nicht immer wieder die Schilddrüse, die bei Menschen mit zu wenig Wasser durch zu hohen Konsum von Süßem (auch Obst!) und von Koffein bereits überstimuliert ist.

Das A und O bei zu wenig Wasser ist jedoch der Kontakt und die Arbeit mit den eigenen Wünschen, Begierden, Lüsten und Süchten. Besonders wenn das Tierkreiszeichen Skorpion stark ist, sind die Betreffenden aufgerufen, in die Tiefe zu gehen, alles, was sie erregt, berührt und packt, ohne Rücksicht auf Verluste aufzudecken, zu verfolgen, zu ergründen. »Den Dingen auf den Grund gehen«, so heißt das Motto. Unser Wesen entdecken wir in unseren eigenen Tiefen. In der

Tiefe unseres Unbewussten schlummern Schätze, die es zu heben gilt, und Schmerz und Leid, die uns letztendlich weiterbringen auf der Lebensleiter. Wir unterscheiden uns von den Tieren dadurch, dass wir über den wässrigen Gefühlsbereich hinaus den luftigen Bereich des Verstandes erhalten haben und das Feuer höherer Visionen, deren Verbindung uns über die Intuition den Weg zur Seele ebnet. Und wir sind aufgerufen, diesen Bereich höherer, spiritueller Aspiration zu entwickeln und auszubauen – ganz klar, nicht der geringste Zweifel!

Zunächst einmal sind wir aber immer noch Wesen, die ganz stark im Gefühlsbereich verstrickt sind. Die Psychologen haben herausgefunden, dass selbst Menschen, die besonders luftig-mental veranlagt sind, nur maximal 15 Prozent ihrer Entscheidungen im Alltag mit dem Kopf treffen. Beim »Durchschnittsbürger« sind das sogar nur 8 Prozent. 85 bis 92 Prozent der Entscheidungen kommen »aus dem Bauch«, aus dem Gefühlsbereich! Wir stellen uns selbst ein Bein, wenn wir uns mit dieser offensichtlich so wichtigen Entscheidungszentrale zu wenig anfreunden, sie nicht ausreichend ergründen oder gar sträflich vernachlässigen, wie das Menschen tun, die ihr Wasserelement nicht leben.

Darüber hinaus möchte ich noch einmal daran erinnern, dass Luft und Feuer den abbauenden Stoffwechsel betonen, Erde und Wasser aber den aufbauenden Teil. Wenn wir zu Ungunsten des Wasserelements, das für Fruchtbarkeit, Vitalität und Langlebigkeit steht, in die Luft gehen, dann wählen wir fahrlässig alles, was zu Unfruchtbarkeit, vorzeitigem Altern und frühzeitigem Greisentum führt. Schauen Sie sich die vielen Symptome des Luftelements an: faltige, trockene Haut, ausfallende Haare, brüchige Nägel, Nervosität usw.; sie sprechen für nachlassende Vitalität! In den Vereinigten

Staaten überschwemmen in den letzten Jahren Zeitschriften den Markt, die sich mit dem Thema »Langlebigkeit« befassen. Sie können sich die Lektüre im Grunde ersparen. Fast alle Artikel laufen auf Ratschläge hinaus, die direkt oder indirekt das Wasserelement und damit die Langlebigkeit unterstützen.

Und noch etwas: Es gilt in unserer Gesellschaft als unmännlich, wenn man Gefühle zeigt. »Ein deutscher Junge weint nicht!«, musste ich in der Schule (schon nach dem Kriege!) von unserem Lehrer hören. Das ist natürlich barer Unsinn. Vielmehr sind Frauen in aller Regel sogar begeistert, wenn selbst die raubeinigsten, feurigsten Kerle wenigstens ab und zu ihr weiches Herz zeigen, wenn sie romantisch sind, wenn sie poetisch werden. Männer wie Frauen sollten sich darüber hinaus mehr mit sich selbst anfreunden. Es mag ja sein, dass Sie zuzeiten Dinge tun, die Sie hinterher sehr bedauern. Versuchen Sie zumindest, sich selbst zu verzeihen, und machen Sie sich klar, dass auch diese Ereignisse das Potenzial haben, Sie etwas zu lehren. Das Wichtigste bei der Pflege des Wasserelements ist der liebevolle Umgang mit sich selbst.

Partnerschaftsprobleme

Im Folgenden möchte ich vor allem vermitteln, wie das Erdelement durch einen vergleichsweise hohen Feueranteil relativiert wird und die Person besonders für Rohkost geeignet macht. Zum anderen will ich zeigen, dass in einem solchen Fall unbedingt das Wasserelement verstärkt werden muss, damit der Betreffende nicht zu trocken-sachlich wird und sich nicht von wichtigen mitmenschlichen Beziehungen abschneidet.

Mein Beratungszimmer betritt ein kräftig gebauter Mann im Alter von 49 Jahren. Er ist 173 Zentimeter groß und 70 Kilo schwer. Johann ist Schreinermeister, seit kurzem aber als Kalkulant in gehobener Position im Büro einer Möbelfabrik tätig. Er hat sich sehr gut gehalten, sieht jugendlich aus, zeigt wenig Grau im Haar. Seine Kopfform ist erdig-rechteckig, seine Augenbrauen sind vorgewölbt und buschig schwarz. Die quadratischen, kräftigen Handflächen zeigen, dass Johann zeitlebens mit den Händen gearbeitet hat. Seine ursprüngliche Elementeverteilung beträgt:

- 20 Prozent für Erde,
- 33 Prozent für Feuer,
- 28 Prozent für Luft und
- 19 Prozent für Wasser.

Im Fragebogen ist das Erdelement zu Ungunsten von Luft und Wasser verdoppelt. Er ist also ein Erd-Feuer-Typ.

Johann ist also erdverbunden, standfest, zuverlässig, ehrlich, ausdauernd und als Jungfrau besonders genau und hart arbeitend! Eine Arbeit als Handwerker passt zu ihm ebenso wie die neue Tätigkeit im Büro, denn dort kommt es besonders auf Genauigkeit an – ich kenne sehr viele Steuerberater mit starker Jungfraubetonung. Menschen mit Erdmonden neigen in der Regel dazu, im Laufe des Lebens langsam und schleichend alles Mögliche abzulagern, das sie nicht mehr ausscheiden können. Gesundheitlich bedarf Johann deshalb besonders der Entgiftung und inneren Reinigung, was ja sowieso ein typisches Jungfrauthema ist. Dies geht am besten durch eine leicht verdauliche Kost, die der trägen Verdauung der Erdtypen Rechnung trägt und im Körper keine Rückstände hinterlässt. So können die bereits vorhandene Verschlackung und Verkalkung abgebaut werden. Dabei hilft Johann das Feuerelement mit der Löwensonne und dem Schützeaszendenten. Dadurch werden die Menschen auch in ihrem Verhalten beweglicher und umgänglicher, flexibler. *Dass* Johann flexibel ist, zeigt sich darin, dass er den Schritt von der Produktion ins Büro geschafft hat. Das verdankt er auch seiner relativ starken Luftbetonung.

Auch wenn sie sich nicht wirklich hungrig fühlen, essen Erdtypen wie gesagt gewohnheitsmäßig oft und viel. Rohkost bzw. ein gehöriger Anteil daran dürfte bei ihnen Wunder wirken, die Umstellung sollte jedoch behutsam erfolgen, das heißt sich über viele Monate bis Jahre erstrecken, weil starke Entgiftungserscheinungen auftreten könnten. Fasten ist dabei sehr hilfreich. Die Betonung sollte auf wasserhaltigen Lebensmitteln liegen (Obst, Salate und Gemüse); Säfte, Suppen, Tees und leicht Verdauliches sollten dominieren, vor allem dann, wenn diese Menschen wie Johann von körperlicher zu sitzender Arbeit übergegangen sind. Auf diese Weise können sie in den kommenden Jahren ihre Figur behalten.

Vormittags empfehle ich Johann deshalb (außer einem heißen Getränk im Winter) ausschließlich saftiges, reifes Obst. Es spielt dabei keine Rolle, um welches es sich handelt – es kann (da er kein reiner Erdtyp ist, sondern viel Feuer hat) auch süß sein. Die Salate und Gemüsegerichte sollten mildaromatisch gewürzt sein, weil damit Verdauung und Entgiftung angeregt werden. Solche Menschen sollten besonders darauf achten, nur zu essen, wenn Sie wirklich hungrig sind. Die Portionen sollten klein sein, und es tut gut, auch mal eine Mahlzeit auszulassen! Es ist ebenfalls begrüßenswert und zu seiner Konstitution passend, dass er mit dem Verzehr von tierischen Produkten weitgehend Schluss gemacht hat. Auch von Kuchen, Industriezucker und allen industriell behandelten Nahrungsmitteln sollte er sich ganz verabschieden, weil diese Produkte bekanntermaßen den Körper verschlacken und verschleimen – vor allem in Zusammenhang mit den heutigen stressigen Lebensumständen und der verschmutzten Umwelt.

Brot (auch Vollkornbrot) sollte der Erdtyp nur gelegentlich essen, weil Brot ebenfalls verschleimt und unnötig schwer macht. Menschen mit einem stark entwickelten (und auch gelebten!) Feuerelement sind aktiv und entschlussfreudig, mit starkem Willen und eigener Initiative. Sie haben viel Hunger, essen reichlich und nehmen trotzdem nicht zu (das wird bei Johann durch sein stark ausgeprägtes Erdelement relativiert). Er kann sein Temperament am besten dadurch harmonisieren, dass er den Appetit nicht noch zusätzlich stimuliert, wie das durch scharfe Gewürze und ein Überwiegen von Kochnahrung und vor allem Gebratenem, Frittiertem und Gebackenem geschieht. Die bei diesen aggressiven Garverfahren erzeugten Geschmacksstoffe, etwa in der Kruste, stimulieren den Speichelfluss, und man isst dann mehr, als einem gut tut. Viele dieser Stoffe sind im Grunde für den Menschen schädlich, wie schon vor langem nachgewiesen wurde.

Da Rohkost den Appetit zügelt und kühlt, ist ein hoher Anteil davon die ideale Nahrung für Erd-Feuer-Typen wie Johann. Scharfe Gewürze, zu viel Salz, essigsaure Nahrungsmittel sowie Alkohol und Nikotin sollten stark reduziert bzw. besser ganz gemieden werden. Gegen ein gelegentliches Glas trockenen Weins oder ein Bierchen im Freundeskreis dürfte jedoch nichts einzuwenden sein, denn der soziale Faktor darf nicht übergangen werden. Es ist grundsätzlich immer wichtig, dass man sich bei allem, was man tut, auch wohl fühlt. Mildere Gewürze wie Kreuzkümmel, Koriander, Fenchel, Dill, Petersilie, Zitrone und Pfefferminz harmonisieren das Feuer.

Erd-Feuer-Typen sollten viel trinken, vor allem reines, stilles, möglichst mineralarmes Wasser – auch das wirkt ausgleichend auf viel Feuer ebenso wie frisch gepresste Frucht- und Gemüsesäfte. Die vorgeschlagene Ernährung mit einem hohen Anteil an Rohkost (vor allem Obst!) hat für Johann außer den schon erwähnten noch einen weiteren Vorteil: Sie macht leichter, luftiger. Das kann Johann gut gebrauchen, denn er beginnt in seinem neuen Job das Luftelement jetzt erst richtig zu leben. Er ist es gewohnt, bei allem, was er tut, umsichtig zu planen, sehr genau und systematisch vorzugehen und sehr auf exaktes Detail, Perfektion und praktische Anwendbarkeit zu achten. Dies hat in der Berufswelt unschätzbare Vorzüge, denen es zu verdanken sein dürfte, dass er es so weit gebracht hat.

Im Privatleben können sich daraus jedoch Nachteile ergeben, wenn der Partner eher die Schattenseiten wie zu wenig Flexibilität, zu konventionelles Verhalten, Anspannung und Ähnliches zu spüren bekommt. Im Umgang mit Menschen kann man nicht die gleiche Planung walten lassen wie bei der Arbeit. Spontaneität, Handeln aus dem Moment heraus, ist hier eher reizvoll und belebend. Mit anderen Worten: Johann sollte etwas mehr Luft zulassen! Eine Ernährung reich an Obst und Salaten macht leicht und luftig und mildert dadurch eine Überbetonung von Genauigkeit und Systematik, was beim Umgang mit Menschen, die anders veranlagt sind als er, sehr vorteilhaft sein kann. Zugleich wird durch eine stark wasserhaltige Nahrung auch das Wasserelement gestärkt, bei dem es um Gefühle geht. Diese wiederum sind in der Regel (wie bei Johann) im zwischenmenschlichen Bereich bei weitem wichtiger als bei der Arbeit, ja es kann bei der Arbeit sogar stören, wenn man in Gefühlen verstrickt ist. Im Umgang mit Liebes- und Lebenspartnern spielt die gefühlsmäßige Seite jedoch die Hauptrolle.

Johann weiß das und sagt, er fände nicht den rechten Zugang dazu. Er komme sich manchmal etwas hölzern, trocken und zu sachlich vor. Sinn und Ziel der Elementanalyse ist es, der betreffenden Person Vorschläge zu unterbreiten, wie sie Überbetonungen abbauen und zu schwach repräsentierte Energien verstärken kann, um so zu einer insgesamt harmonischen Persönlichkeit zu werden. Bei Johann ist das Wasserelement im Fragebogen mit nur 6 Prozent am schwächsten entwickelt; er empfindet sich eher als sachlich, vernünftig! Es wäre jedoch wünschenswert, wenn er anfinge, sich selbst besser zu beobachten. Anderen erscheint er nämlich als sehr intensiv, und es kann anlagemäßig dazu kommen, dass er in kritischen Situationen mit emotionalen Ausbrüchen reagiert;

zurzeit hat er sich jedoch so im Griff, dass die Reizschwelle sehr hoch liegt. Da er jedoch unbewusst diese Gefahr ahnt, lässt er sich am liebsten erst gar nicht auf gefühlsmäßige Auseinandersetzungen ein.

Ich sage zu ihm: »Im geschäftlichen Bereich kann dies von Vorteil sein, in privaten Beziehungen empfindet Sie ein gefühlvoller Partner jedoch als zu trocken und abgekapselt, ohne die nötige Wärme und das erhoffte Verständnis, wenn Sie sich auf den rationalen Bereich zurückziehen.«

»Könnte es sein, dass sich meine Frau bei Ihnen beklagt hat?«, fragt er scherzhaft.

O.W.: »Im Horoskop sehe ich, dass Sie die Fähigkeiten besitzen, die emotionalen Reaktionen Ihrer Partner zu sehen, zu verstehen, sie mitzufühlen und auf sie einzugehen. Bitte prüfen Sie, ob Sie diese Anlage nutzen. Gehemmt wird sie unter Umständen durch die Furcht, verletzt zu werden, bzw. dadurch, dass Sie mit Ihren eigenen Gefühlen nicht gut genug in Kontakt sind. Diese Veranlagung öffnet für Sie auch ein weites Tor für religiöse und spirituelle Erfahrungen, denen Sie sich mit zunehmendem Alter in den nächsten Jahren öffnen sollten, denn beruflicher Erfolg allein gibt auf Dauer keine innere Befriedigung, die nötig ist, wenn Sie auch im hohen Alter noch gesund und fit bleiben wollen.«

»Zu dem esoterischen Schnickschnack, den meine Frau betreibt, hab ich, vorläufig zumindest, wenig Zugang«, lautet sein Kommentar dazu.

»Das kann ja noch kommen!«, wende ich ein. »Venus in der erdigen Jungfrau lässt die Betroffenen bisweilen zu kritisch gegenüber ihren Lieben werden, sodass sich diese in ihrer Gegenwart unter Umständen befangen oder gehemmt fühlen. Vermutlich neigen Sie auch dazu, Ihre Gefühle zu analysieren und wegzuinterpretieren, anstatt sie anzunehmen und zu leben. Dadurch könnte es sein, dass Sie den spontanen Fluss von Zuneigungen abschneiden und sich stattdessen in nützlichkeits- und praxisbezogenes Denken flüchten. Auf diese Weise berauben Sie sich und Ihre Partnerin gemeinsamer, gefühlsmäßiger und körperlicher Nähe. Am liebsten würden Sie mit ihr (nur) Ihre Arbeit und intellektuelles Gedankengut teilen. Das genügt den meisten Partnerinnen aber nicht.«

»Ich kann das irgendwie verstehen, aber ich bin nun mal so«, antwortet er.

O.W.: »Sie haben sich selbst da hineinbewegt – passend zur Erziehung im Elternhaus. Sie nehmen Ihre Familienpflichten zwar ernst, auf Grund Ihrer Verletzlichkeit kapseln Sie sich jedoch ab und verhindern so den Ausdruck von wahrer Wärme und anderen Gefühlen in Beziehungen. Das Horoskop zeigt mir auch, dass Sie zu Verantwortungsbewusstsein und Gerechtigkeitssinn in Beziehungen neigen. Es fällt ihnen leichter als anderen Menschen, eine langlebige Ehe zu führen.«

»Ich weiß doch, was sich gehört, und außerdem komm ich gut zurecht mit meiner Frau!«, sagt er.

O.W.: »Über Ihre Sonnenposition im Löwen will ich mich hier nicht verbreiten, möchte aber im Zusammenhang mit Gefühlen anfügen, dass Feuerzeichen allgemein nicht für ihre Sensitivität bezüglich der Gefühle der sie umgebenden Menschen bekannt sind. Sie sind in der Regel auch nicht besonders begabt, anderer Menschen Bedürfnisse herauszufinden, wenn diese ihre Wünsche nicht deutlich genug äußern. Löwen können zwar großzügig sein, geben aber eher das, was sie aus ihrer Sicht für gut und richtig halten, und fragen nicht gern nach dem, was ihre Umgebung gerne hätte. Ihre Partnerin sollte das wissen. Andererseits kann es natürlich auch nicht schaden, wenn Sie sich bemühen, über ein äußerlich korrektes Verhalten hinaus mehr auf die Gefühle der Sie umgebenden Menschen einzugehen. Ihr Mond in Konjunktion mit Neptun wird Ihnen dabei helfen.«

»Ich hab fast den Eindruck, Sie wollen ein Weib aus mir machen!« Er lacht.

O.W.: »Ich will nur Ihre weibliche, wässrige Seite hervorlocken, die unter der vielen Erde und dem Feuer leidet. Das Wasser ist Ihr schwächstes Element, und deshalb sind Sie aufgerufen, Ihre Gefühle zu entdecken und zu zeigen. Klar, dass Sie dabei kein Wassertyp werden, ein wenig Harmonisierung täte Ihnen aber gut und wäre sehr förderlich für Ihre Ehe. Besonders Ihre Frau würde es Ihnen sehr danken. Ich glaube, es ist Ihnen nicht klar, welchen Schatz Sie sich da angelacht haben.

Zum Abschluss meiner Ausführungen zu Ihrer Gefühlswelt lassen Sie mich noch auf Folgendes eingehen: Es ist Ihnen sicherlich bekannt, dass so gut wie alle Krankheiten letztendlich auf emotionale Ursachen zurückgeführt werden können. Dabei gibt es zwei Hauptproblemkreise:

• Die Betreffenden haben ihr Feuer nicht ausreichend gelebt.
• Die Betreffenden sind mit ihren Gefühlen nicht richtig umgegangen.

Wenn ich mir Ihr Horoskop und Ihren erfreulich guten Gesundheitszustand betrachte, dann gehe ich davon aus, dass Ihnen in keinem der beiden Problemkreise größere Schwierigkeiten begegnet sind. Vermutlich verfügen Sie auch über ein vorzügliches gesundheitliches Erbgut. Dies sollte Sie jedoch nicht dazu verleiten, anzunehmen, dass Sie auch für den Rest des Lebens von jeglichen Beschwerden verschont bleiben werden.«

Schwermetallvergiftung

Die folgende Beratung mit Gerhild aus Südtirol zeigt eine Frau, die Probleme hat, weil sie ihr stark ausgeprägtes Erdelement vernachlässigt und zu sehr in die Luft und ins Feuer geht. Durch Vergiftung des Organismus mit Zahnmetallen ist der Stoffwechsel erheblich belastet und das Nervensystem gestört. Überaktivität, Stress und mangelnde Abgrenzung kommen hinzu. Gerhild ist eine quicklebendige, sehr ansprechende 34-Jährige, 164 Zentimeter groß und 75 Kilo schwer. Ihre Problematik ist etwas komplexer, weswegen sie hier ausführlicher zur Sprache kommt. Da die Beratung sehr lebendig ablief, gebe ich sie im Interviewstil wieder:

O.W.: »Das Luftelement hat zu tun mit Denken und Kommunizieren, mit Harmonie und Fairness – ›Berühren und berührt werden‹, lautet das Motto. Es nimmt bei Ihnen im Horoskop ein knappes Drittel ein.«

Gerhild: »Ja, das ist ja auch mein Job. Ich bin ständig mit Kunden in Kontakt.«

O.W.: »Aus dem Fragebogen entnehme ich, dass Sie in diesem Bereich Ihre Möglichkeiten, Wissen zu erwerben und anzuwenden, Menschen zu beraten und zu lehren, vorzutragen und zu schreiben, bei weitem noch nicht ausgeschöpft haben.«

»Das kann ja gut sein«, antwortet sie.

»Ich rate Ihnen, dies auf keinen Fall zu vernachlässigen,

denn der Aszendent (bei Ihnen Zwillinge, also Luft) gibt uns die Richtung vor, in die wir uns langfristig bewegen, zu der wir uns hin entwickeln sollten, spiegelt er doch (in der esoterischen Astrologie) das Ziel unserer Seele (des höheren Selbst) wider, ganz davon abgesehen, dass er zunächst einmal (in der psychologischen Astrologie) unsere Persönlichkeit (das niedere Selbst) anzeigt und damit natürlich auch viel mit unserem Äußeren, ja sogar mit unserem physischen Körper zu tun hat.«

»Ich liebe diese luftigen Tätigkeiten!«, wirft sie ein.

»Vor lauter Lesen, Hören, Kommunizieren, hier ein Schwätzchen, dort ein Pläuschchen und Sich-stimulieren-Lassen kann es natürlich passieren, dass man sich verzettelt, wenn man es zu sehr übertreibt«, gebe ich zu bedenken.

G.: »Da kann ich schon aufpassen.«

»Und ich denke, das ist für Sie auch kein unlösbares Problem«, sage ich, »weil ja andere Energien in Ihrer Konstitution, die dies verhindern, viel stärker sind.«

»Vor allem die Erde!«

»Ja, vor allem das Erdelement, das für Ausdauer und Standfestigkeit, für Genauigkeit und Sicherheit, für erfolgsorientiertes Handeln, für Realitätssinn und Gesetzestreue steht. Das ist bei Ihnen deshalb so stark (rund 50 Prozent im Horoskop), weil Sie außer Sonne und Mond auch noch Jupiter und Saturn im Steinbock (in Konjunktion, das heißt fast auf der gleichen Stelle) stehen haben.«

»Was, alle im Steinbock?« fragt sie ungläubig.

»Sie sind ein ausgesprochener Steinbock, was sich aber, wie Sie gleich sehen werden, nicht unbedingt als Starrheit und Unbeweglichkeit auswirken muss!«

»Das ist richtig. Ich mach zum Beispiel bioenergetische Arbeit und schöpfe meine Kraft aus der Erde.«

»Es ist wichtig, dass Sie dies noch verstärken«, rate ich ihr, »denn im Fragebogen haben Sie statt 50 Prozent nur 25 Prozent für Erde angekreuzt. Offensichtlich stehen Sie mit dem vielen ›Erdig-Steinböckigen‹ auf Kriegsfuß. Vielleicht haben Sie als Kind einen negativen Eindruck von erdigen Qualitäten erhalten und diese deshalb nicht angenommen. Jedenfalls sind Sie kein eindeutiger Erdtyp, dem man nur Speisen und Verhaltensweisen empfiehlt, die ihn leichter machen. Körperlich schon, aber was Ihren Lebensstil anbelangt, muss das Erdelement verstärkt werden. Dieser Eindruck wird bestätigt, wenn man betrachtet, wie sehr Sie vom Luftelement auch auf der körperlichen Seite geprägt sind. Der luftige Zwillingsaszendent spielt bei Ihnen körperlich eine ebenso starke Rolle wie der erdige Mond.

Sie haben kleine, unregelmäßige Zähne angekreuzt, ein untrügliches Zeichen, sowie nervös bedingt häufigen Stuhlgang bis hin zum Durchfall; außerdem plagen Sie Ischiasprobleme und Allergien, die sich in Ekzemen äußern.«

»Und was ist mit dem Wasserelement?«, fragt sie.

O.W.: »Sie haben doppelt so viel Wasser angestrichen als im Horoskop, Sie haben es auf ein Drittel Ihrer Gesamtenergie erhöht, was bei einer Frau und den Dingen, die Sie beruflich tun und weiterhin vorhaben, nur gut ist. Wenn Sie anderen Menschen bei der Gesundung helfen wollen, dann müssen Sie diesen Menschen auf der Gefühlsebene begegnen. Allerdings drücken Sie zu viel Wasser direkt über Wasserspeicherung im Körper aus. Was machen Sie eigentlich zurzeit beruflich?«

»Ich habe zwei Berufe gelernt und studiere jetzt den dritten«, sagt sie. »Erstens habe ich ein abgeschlossenes Studium als Diplomsoziologin. Zweitens betreibe ich seit acht Jahren ein kleines Fitnessstudio. Und drittens besuche ich jetzt die Heilpraktikerschule.«

»Was mich nun am meisten überrascht hat: Sie haben das Feuerelement, das für Willenskraft und Kreativität steht, von nur 5 Prozent auf 25 Prozent erhöht!«

»Wie denn das?«

»Sie haben das Feuerelement aber im körperlichen Bereich nur beim Stichwort ›Sehstörungen‹ angestrichen, was in Ihrem Fall eher schwaches, gestörtes Feuer anzeigt, weil diese angeboren sind; ein weiteres Kreuzchen sehe ich beim Stichwort Empfindlichkeit gegen heiß und hell. Die Bereiche Stuhlgang und Verdauung werden bei Ihnen durch Nervosität und gestörte Erde beeinflusst, worauf wir noch zu sprechen kommen. Ich sehe da ein Problem im Feuer-Erd-Bereich. Es hat zu tun mit innerer Vergiftung und Verschlackung, das heißt mit der Ansammlung von so genanntem toxischem Feuer. Menschen mit schwachem Feuer – aber sehr starkem Erdelement – wie Sie – sind hier generell am meisten gefährdet. Der Körper sucht dann außer über den Darm und den Urin manchmal nach anderen Wegen der Entgiftung, zum Beispiel über die Haut.«

G.: »Das muss ich bestätigen. Ich hatte vor einigen Jahren ein ganz fürchterliches Ekzem an beiden Händen, zu einer Zeit, in der mein Vater so krank war und dann auch ganz jämmerlich verstarb. Das hab ich nervlich nicht verkraften können, nach außen projiziert und dieses scheußliche Ekzem gebildet. Und da hat mir damals ein naturheilkundlicher Hautarzt, nachdem Cortison nicht half, eine strenge Entgiftungsdiät mit überwiegend Rohkost verschrieben. Die hab ich dann drei Jahre lang kompromisslos durchgezogen und das Ekzem damit auch zum Abklingen gebracht. Ich konnte dann längere Zeit wieder ganz normal leben. Da ich aber als Selbstständige unter einem sehr starken Druck lebe – mein Mann ist auch selbstständig –, hab ich dann wieder angefan-

gen, normal zu essen, und eine ganze Reihe von Nahrungsmitteln entdeckt, die ich nicht mehr vertragen kann und die
ich deshalb weglasse. Die packt die Bauchspeicheldrüse nicht,
wie mir ein Heilpraktiker sagte. Leider muss ich deshalb seit
einem halben Jahr wieder eine strenge Diät einhalten, also
zum Beispiel Zucker in jeder Form vermeiden, weil er sofort
Sodbrennen und einen starken Druck im rechten Oberbauch
erzeugt. Besonders bei bestimmten Kombinationen mit Zucker bekomme ich einen geblähten Oberbauch und Kreis-
laufprobleme. Ich hab jetzt an zwei Fingern wieder ganz
stark dieses Ekzem, obwohl ich auf Diät bin. Etwas muss nun
geschehen, ich weiß nur nicht, was; deshalb hab ich mich an
Sie gewandt.«

O.W.: »Sie haben fast alle Punkte für Ihre 25 Prozent Feuer
auf dem Fragebogen auf der zweiten Seite eingeheimst, wo
es um das Verhalten, Fühlen und Denken im täglichen Leben
geht. Das Feuerelement manifestiert sich bei Ihnen erstens
dadurch, dass Sie als Selbstständige sozusagen im Existenzkampf ständig an vorderster Front stehen. Das erhöht natürlich das Feuerelement, denn Sie wollen und müssen sich
durchsetzen. Zweitens ergibt sich aus der starken Steinbockbetonung in charakteristischer Weise ein großer Ehrgeiz, den
man in Ihrem Fall mit Feuer gleichsetzen kann, weil Sie ihn
umsetzen und leben. Streng genommen hätte Ehrgeiz aber in
der Spalte für Erde angestrichen werden müssen!«

»Ja, ehrgeizig bin ich schon.«

»Drittens ergibt sich aus der Tatsache, dass Sie diese im
Steinbock stehenden vier Himmelskörper gleichzeitig im
neunten Haus des Schützen haben, eine starke Zielgerichtetheit, was man auch wiederum im Sinne von Feuer sehen
kann, da Sie Ihre Ziele tatsächlich angehen. Schütze gehört ja
zum Feuerelement. Auf diese Weise kommt auf der nicht-

körperlichen Seite sehr viel feurige bzw. feuerähnliche Energie zusammen.«

»Das sehe ich auch so«, sagt sie.

»Dieser Ehrgeiz, diese Zielgerichtetheit und diese starke Aktivität als Selbstständige erzeugen natürlich Stress, der Ihnen sozusagen Erde absaugt. Er nagt durch seine ständige Gegenwart den an sich sprichwörtlichen ›Fels in der Brandung‹ an, der Sie sein könnten.«

»Der ich ja auch bin. Alle meine Bekannten in meinem Umfeld bezeichnen mich als sehr verlässlich; ich muss mich ja auch dauernd um diese Leute kümmern, ihnen durch Probleme hindurchhelfen oder etwas ausgleichen.«

»Was Sie ja auch können, aber irgendwie übernehmen Sie sich dabei«, gebe ich zu bedenken.

G.: »Ja, richtig, weiß ich auch, ist mir auch klar; aber ich hab halt im Moment nicht viele andere Möglichkeiten, mich zu betätigen.«

»Ist das wirklich so? Ich denke, Sie sollten sich besser abgrenzen und Ihrem Körper und Ihren Gefühlen mehr Achtung zollen. Fassen wir zusammen: Das Feuerelement ist bei Ihnen in erster Linie auf der nichtkörperlichen Ebene stark, lebt da von Ihrem Ehrgeiz und Ihrer Zielgerichtetheit und schwächt Ihre Erde. Auf der körperlichen Ebene ist es aber eher schwach und gestört. Ich muss es Ihnen offen sagen, Ihr Übergewicht spricht dafür, dass Ihr Stoffwechsel nicht so gut funktioniert, wie Sie vermuten. Sie haben zwar angestrichen, die Verdauung sei gut und schnell, weil Sie an manchen Tagen bis zu drei Mal Stuhlgang haben. Die Verdauung in Magen und Dünndarm, die Ausnutzung der Nahrung und die Energieproduktion sind jedoch gestört, der Grundumsatz ist niedrig – Sie sind ein guter Futterverwerter. In solchen Fällen sind mit den Jahren innere Vergiftungen und Übergewicht programmiert, wofür Ihr auf 37 Prozent erhöhtes Wasserelement spricht.«

»Wie kann ich vorgehen?«

»Sie beginnen am besten damit, dass Sie Darm und Körper durch ein Darmreinigungsprogramm (zum Beispiel das Éjuva-Programm) entschlacken, denn diese Schlacken sind es ja, die eine ordnungsgemäße Entgiftung über den Darm verhindern, sodass die Gifte durch das Ekzem herauskommen. Dieses Darmsanierungsprogramm wirkt auf Dünn- und Dickdarm und bringt außergewöhnlich gute Ergebnisse. Sie können es allein zu Hause durchführen. Es arbeitet mit Wildkräutern, welche die Schlacken lösen, die an den Darmwänden festsitzen und dort die ordnungsgemäße Funktion behindern; Shakes aus frisch gepressten Frucht- oder Gemüsesäften, Heilerde und Flohsamenschalenpulver führen zusammen mit Einläufen zu einer sehr gründlichen Reinigung des gesamten Darmes. Flüssigkeitsmineralien und andere Kräutertabletten verhindern, dass Sie Mangelerscheinungen bekommen. Zum Schluss unterstützt das Programm die natürliche Darmflora.«

»Letztes Jahr war ich bei einem Ayurvedaarzt«, sagt sie. »Der hat eine Pulsdiagnose gemacht und festgestellt, dass mein Gewebe nicht sonderlich stark verschlackt ist.«

»Durch Ihre jahrelange, strenge Entgiftungsdiät haben Sie natürlich auch schon viel gereinigt, und Sie sind ja noch jung; deshalb ist in Ihrem Gewebe nicht so viel abgelagert, wie es auf Grund des hohen Erdelements sein könnte. Damit ist aber nicht unbedingt etwas über den Zustand des Darmes ausgesagt, vor allem wenn Sie in Betracht ziehen, dass Sie rauchen und auf diese Weise Ihren Darm ebenfalls sehr belasten! Außerdem muss da noch ein anderes Problem vorliegen!«

»Ja, das sind meine Zähne. Ich habe schon geplant, dieses

344

Problem nächstes Jahr, wenn es beruflich passt, in Angriff zu nehmen und durch eine dreiwöchige stationäre Behandlung in einer Zahnklinik gründlich bereinigen zu lassen. Ich hab katastrophale Zähne, und das schon seit meiner Kindheit. Ich plage mich mit Amalgamplomben, Goldbrücken und einer Titanplatte am Kiefer, mit Stiftzähnen und allem, was Sie sich vorstellen können. Es ist traurig, kein normaler Zahnarzt traut sich da dran.«

»Sie sollten diese Sanierung sofort, jedenfalls in den nächsten Monaten durchführen lassen«, rate ich ihr. »Ob Sie es glauben oder nicht, hier liegt die wesentliche Quelle Ihrer Probleme. Von hier strömen Gifte ständig in alle Körperteile, und das umso mehr, je mehr saures Obst Sie essen. Die Fruchtsäuren lösen reichlich Amalgam direkt von den Zähnen, was Sie dann hinunterschlucken. Außerdem versucht der Körper über die Zahnwurzel direkt in den Körper hinein die Zähne zu entgiften. Die Schwermetalle bleiben aber im Körper, denn dieser kann sie nicht ausscheiden. Dort werden sie zu einer ständigen Ursache für Stoffwechselstörungen aller Art. Ihre Gesundheitsprobleme sind dafür typisch!«

»Ich weiß das, aber ich muss es mit den anderen Aktivitäten koordinieren.«

»Bitte überlegen Sie nochmals gründlich, ob es nicht früher geht!«, rate ich ihr dringend.

G.: »Natürlich hab ich auch einen ordentlichen Bammel davor.«

»Das kann ich gut verstehen. Aber bitte bedenken Sie: Durch die ständige Vergiftung Ihres Organismus ruft der Körper den Candidapilz und andere Parasiten auf den Plan, die helfen, die Schwermetalle in Lösung zu halten, damit sie bei sich bietender Gelegenheit ausgeschieden werden können. Eine Ausleitung durch Homöopathie, Bioresonanz, Chlorella etc. oder durch DMPS (ein Chelat, das gespritzt wird) ist aber erst sinnvoll, wenn nicht ständig Nachschub aus den Zähnen kommt. Candidabesiedlung des Darms verursacht mannigfache Stoffwechselstörungen im Darm, die wichtigsten sind Blähungen und ein aufgedunsener Leib. Ohne Sanierung der Zähne und ohne Abschied vom blauen Dunst werden Sie Ihren Darm niemals richtig sanieren und damit nicht zu einer erfreulichen Gesundheit kommen können. Wir werden uns natürlich noch über alles Mögliche unterhalten, was Sie tun können. Alles ist im Grunde aber nur Symptombehandlung, ohne Beseitigung des eigentlichen Problems, wie es auch Ihre strenge Diät war. Sie sind den tieferen Ursachen nicht auf den Grund gegangen – und das sind Ihre Vergiftungen und die energetischen Störungen aus dem Zahnbereich!«

»Ich werde zusehen, was sich machen lässt! Nun sagen Sie mir aber mal meine gesundheitlichen Schwachstellen, wie Sie das im Horoskop sehen!«

»Aufgrund Ihrer starken Steinbockbetonung und des überreizten Feuerelements ist dies unter anderem zweifellos Ihre Galle, und damit ist auch die Leber betroffen, die ja eines unserer Entgiftungsorgane ist. Ich empfehle Ihnen deshalb, sich mit Fett und Öl allgemein sehr zurückzuhalten und vor allem kein hocherhitztes Fett oder Öl zu sich zu nehmen. Ganz besonders schädlich ist Frittiertes und lange Gebratenes. Außerdem sollten Sie für ein paar Wochen täglich Mariendisteltee trinken. Das reinigt die Leber und stärkt die Milz. Auch Artischockensaft, Löwenzahn, Schwarzrettich und Wermut würden Ihnen helfen. Bei Schoenenberger gibt es beispielsweise eine Kurpackung ›Leber und Galle‹. Dann empfehle ich Ihnen das Gewürz Kurkuma (die Gelbwurz), ein ausgesprochenes Leberstärkungsmittel mit weiteren segensreichen

Wirkungen auf den menschlichen Organismus. Sie kennen die Gelbwurz aus dem Currypulver, dem es seine charakteristisch gelbe Farbe verleiht. Schon aus der Farbe können Sie erkennen, dass Kurkuma Leber und Galle unterstützt.«

»Ich esse schon immer gerne Currygerichte«, sagt sie zustimmend.

O.W.: »Sie besorgen sich die Gelbwurz jetzt separat und verwenden sie in Saucen, Dressings und beim Getreidekochen.«

»Ich kann sie auch mit dem Ingwer in das heiße Wasser tun, das ich auf Anregung des erwähnten Ayurvedaarztes zur Entschlackung trinke.«

»Ja, das können Sie; das geht aber besser, wenn Sie frische Kurkumawurzel verwenden, die es in Südostasienläden manchmal zu kaufen gibt.«

»Ich gebe die frische Ingwerwurzel auch in kleinen Mengen mit in den Entsafter, wenn ich Obst und Gemüsesäfte presse.«

»Haben Sie einen ordentlichen Entsafter? Die üblichen Geräte verändern durch die hohen Fliehkräfte an den Rändern der Zentrifugen die Enzyme und Vitamine dergestalt, dass die Säfte keine Heilwirkung mehr haben, wie Mediziner, etwa Max Gerson, sagen, die frisch gepresste Säfte beispielsweise zur Krebstherapie einsetzen.«

»Ich habe den Champion-Entsafter, den Sie auch empfehlen.«

O.W.: »Wir unterstützen also das Feuerelement auf der körperlichen Ebene durch die eben geschilderten Maßnahmen und generell durch Würzen mit mild- bis scharf-aromatischen Gewürzen. Hierbei müssen Sie aber aufpassen, denn wenn Sie zu scharf würzen, etwa mit Chilis, könnte es sein, dass Sie das Verlangen nach Süßem verstärken. Sie können

347

Ihre Verdauung auch durch bittere Kräuter verbessern, was Sie aber nicht übertreiben dürfen, weil diese das Luftelement verstärken, was ungünstig wäre, da Ihr Erdelement gestört ist und Sie nervöse Symptome zeigen. Dadurch dass Sie so ein ›Macher‹ geworden sind, dass Sie so selbstständig ›hinklotzen‹, haben Sie sich vom Erdelement entfernt, sind feuriger geworden und haben gleichzeitig die Eigenschaften Ihres Aszendenten, der Himmelsmitte und des Merkurs in den Luftzeichen Zwillinge und Wassermann verwirklicht. Die Himmelsmitte steht für den Bereich Beruf, Berufung, Karriere, und der Merkur daran zeigt, dass Sie hier gut kommunizieren, beraten, lehren können. Ich habe erst wenige Menschen getroffen, die so erdbetont sind wie Sie und die gleichzeitig so vielseitig sind und ständig Neues probieren.

Trotzdem sollten Sie einmal in Ihr Leben hineinschauen und nachsehen, ob dort alles so ist, wie Sie es wirklich wollen, und ob Sie sich nicht durch ein gewisses Chaos in manchen Bereichen oder durch einen zu ungeregelten Lebenswandel bzw. durch zu wenig Planung und zu wenig Rhythmus und Organisation das Leben unnötig erschweren.«

»Also, das denk ich schon«, hält sie entgegen. »Ich lebe mit Menschen zusammen, die zum Teil sehr labil sind und bei denen ich eigentlich das einzige ordnende Element bin (sie lacht); da bin ich für Planung und dergleichen zuständig.«

»Und können Sie sich da durchsetzen?«

»In manchen Punkten ja, in anderen nein. Und mein Plan ist, dass ich zusammen mit meiner Freundin, die sich auch als Heilpraktikerin ausbilden lässt, eine schöne, gepflegte Praxis aufbauen will. Und dann wird sich vieles von meinem Chaos lösen lassen. Aber ich will mein Leben in Zukunft sowieso ruhiger angehen lassen. Ich hab die wildesten Jahre schon hinter mir.«

»Ihre hohen Feuerwerte auf dem Fragebogen sind sicherlich das Produkt dieser wilden Zeit, und das ist auch ganz nach dem Lehrbuch, das ja sagt, dass man im Alter von 15 bis 35 Jahren zusätzliches Feuer mobilisiert! Und außerdem hat Ihre Entwicklung durchaus positive Aspekte. Wir sollen ja nicht am Alten hängen, wir sind aufgerufen, uns weiterzuentwickeln, loszulassen, Änderungen zuzulassen. Und das fällt den so stark Erdbetonten häufig sehr schwer.«

»Das ist bei mir Gott sei Dank nicht so – außer, das Alte hat sich bewährt.«

»Ihre Flexibilität kommt natürlich auch dadurch, dass Sie innerhalb der dicken Ballung im Steinbock ebenso Widersprüche haben. Der Jupiter (das ausdehnende Prinzip) sitzt zum Beispiel gleich neben dem Saturn (dem einschränkenden Prinzip). Ja meine Güte, die beiden vertragen sich nicht gerade besonders gut, nicht wahr?«

»Kann man nicht auch sagen, dass sie sich ergänzen?«, fragt sie.

»Natürlich kann man das erreichen. Es ist ja unsere Aufgabe im Leben, unsere in sich widersprüchliche Natur aufzulösen. Nur kommt das nicht von allein, und mit 34 Jahren hat man das normalerweise noch nicht im Griff.

Das sind Situationen, in denen Sie das Gefühl haben, Sie möchten in die Welt hinausstürmen und Riesenpläne verwirklichen, die so großartig und aufwändig und luxuriös sind, wie Sie sich nur vorstellen können, und andererseits kommt dann der Saturn und fragt: ›Hast du dir das auch genau überlegt? Übertreibst du nicht maßlos? Übernimmst du dich nicht? Lass uns auf den Boden der Tatsachen zurückkehren und die Pläne strukturieren und auf ein vernünftiges Maß reduzieren!‹«

»Ja, da ist was dran. Aber rein gefühlsmäßig hab ich damit

wenig Probleme, denn hinter den Plänen, da steh ich auch, und dann überleg ich, wie ich sie am besten umsetzen kann. Und dann hab ich auch Geduld, ich kann sehr lange warten auf bestimmte Dinge.«

»Ja, die Geduld müssten Sie als so erdbetonter Mensch wirklich haben«, räume ich ein.

G.: »Welche weiteren Schwerpunkte sehen Sie bei mir?«

»Nun ja, da sehe ich zum Beispiel den Saturn gleich neben der Sonne. Die Sonne steht für unsere Vitalität, unsere Lebenskraft, und der Saturn als einengendes Prinzip kann in dieser Stellung generell die Vitalität bremsen, die Abwehrkraft schwächen. Mit dieser Konfiguration ist zum Beispiel die Haut eine Schwachstelle, und durch den Zwillingsaszendenten sind es Schultern, Arme und Hände. Daraus ergibt sich dann zwanglos das Ekzem an den Händen; andere Menschen hätten anders entgiftet.

Bei so viel Erde besteht natürlich im Laufe des Lebens besonders bei ungesunder Lebensweise eine Neigung zu Rheuma, Gicht und anderen Verschlackungen, was durch Ihre strenge Diät gemildert, aber durch die Zustände in Ihrem Mund wesentlich verstärkt wird. Sie sind vielleicht nicht besonders stark verschlackt, wie der Ayurvedaarzt festgestellt hat, aber Sie sind besonders heimtückisch vergiftet durch diese Schwermetalle! Weiterhin sollten Sie auf Ihre Beine, vor allem auf die Knie, achten.«

G.: »Mit denen hab ich bisher Gott sei Dank noch keine Probleme gehabt. Ich habe generell eine gut trainierte Muskulatur, denn ich mach zwei Mal die Woche Bodybuilding und Ausdauertrainig.«

»Damit unterstützen Sie natürlich wieder Ihr Feuerelement, und da muss ich Sie wirklich beglückwünschen. Das ist die richtige Methode, mit zu wenig Feuer umzugehen;

dazu kommen nun die oben genannten Gewürze, welche das Verdauungsfeuer anfachen.«

»Ich habe ein Problem, und das hab ich schon ›ewig und drei Tage‹. Als ich die strenge Diät durchzog und mein Fitnessstudio eröffnete, hatte ich die Idealfigur, sah bildschön aus, alles war bestens. Seit ich aber wieder anders esse, hab ich mir im Laufe der Jahre etwa 15 bis 20 Kilo Übergewicht zugelegt. Ich bin wirklich und wahrhaftig ein ausgesprochen guter Futterverwerter. Ich esse nur den Bruchteil von dem, was andere in meiner Umgebung genießen, und nehme trotzdem zu. Sie können gar nicht so schnell gucken, wie ich zunehme. Wenn ich das äße, was ich möchte, dann würde ich drei Zentner wiegen.«

»Wie oben schon kurz angesprochen, schlägt hier wieder das vereinigte Erde-Wasser-Element (Kapha) zu, und die mangelnde Verdauungskraft macht sich bemerkbar. Sie werden das Problem erst lösen, wenn Ihre Zähne voll saniert und alle Schwermetalle, Umweltgifte und Pilze aus dem Körper ausgeleitet und verschwunden sind. Eine andere Chance sehe ich nicht.«

»Mein Gewicht macht mich wirklich rasend; das muss ich ganz ehrlich sagen. Ich seh so aus, als würd ich gut essen, aber ich tu's nicht!«

»Ja, wenn man dann die echten Feuertypen sieht, wie sie riesige Eisbecher vertilgen und nicht zunehmen, dann ist das beneidenswert.«

»Ja, da kann ich nur von träumen.« Wir lachen.

»Ich hab Ihnen ja aufgeschrieben, was ich esse. Das sind ganz normale Dinge. Das ist ein Witz! Für andere Menschen wäre das eine hochgradige Abnehmdiät. Und damit halte ich ›ganz prima‹ mein Übergewicht. Nur mit einer strengen Obstdiät kann ich mein Gewicht senken.«

»Das ist nicht weiter verwunderlich, dass Sie mit viel Erde und reichlich antrainiertem Feuer mit diesen ›Fit fürs Leben‹-Ideen gut zurechtkommen. Im Sommer sollten Sie's tun, im Winter nur, wenn Sie nicht frieren. Da ist aber eine Einschränkung. Wo sitzt denn Ihr Übergewicht?«

»Vor allem unter der Gürtellinie und an den Oberschenkeln«, antwortet sie. »Dort findet sich auch Orangenhaut.«

»Das weist darauf hin, dass Sie sehr wahrscheinlich ein Schilddrüsentyp sind, womit meine Festellung, dass der Zwillingsaszendent bei Ihnen körperlich stark wirkt, bestätigt wird.«

»Ja, das stimmt, ich hatte schon Schilddrüsenprobleme.«

»Schilddrüsentypen stimulieren durch Süßes, Stärke und Koffein in erster Linie immer wieder ihre Schilddrüse, bis diese schließlich den ganzen Stoffwechsel, für den sie verantwortlich ist, durcheinander gebracht hat. Je nachdem, wie man sonst noch veranlagt ist und welche Begleiterscheinungen sich auswirken, nehmen diese Menschen dann zu oder ab. Bei Ihnen ist die Erde so stark, dass Sie zunehmen.«

»Das kann ich bestätigen. Ich bin wild auf die genannten Produkte, vertrage sie aber nicht. Dann sagen Sie mir doch einfach konkret, was ich tun soll!«

»Sie essen mehr Lebensmittel, welche die Nebennieren stimulieren; das verleiht Ihnen mehr Standfestigkeit und Durchhaltevermögen, verstärkt also das Erdelement. Es ist ja eigenartig, dass ich Ihnen mit theoretisch 50 Prozent Erde (im Horoskop) etwas empfehlen muss, was das Erdelement stärkt. Aber wir müssen eben zunächst von dem Istzustand ausgehen, und da haben Sie das Erdelement auf 24 Prozent gesenkt! Wie ich schon sagte, Sie haben eine Störung im Erdelement.«

»Und wie stimuliere ich die Nebennieren?«

»Ganz einfach, durch Protein«, rate ich. »Es kann vegetarisches Protein aus Hülsenfrüchten, Nüssen, Samen und Sojaprodukten sein – Getreide wirkt nicht, weil es zu viel Stärke enthält; am kräftigsten stimuliert tierisches Protein.«

»Ah, ich esse gern Fleisch!« Gerhild wird ganz aufgeregt, diesen Vorschlag hat sie erwartet.

O.W.: »Sie sollten jedoch Fleisch aus artgerechter, biologischer Tierhaltung wählen, damit Sie nicht zusätzlich Umweltgifte, Masthilfsmittel, Medikamentenreste etc. aufnehmen – und: Es genügt sehr wenig – etwa 100 Gramm täglich. Am ehesten sind Geflügel, Lamm und Fisch geeignet. Das Fleisch sollte fettarm sein.

Sie können zum Beispiel zum Frühstück – vor allem dann, wenn es kühler wird – ein bis zwei gekochte Eier essen, aber außer ein wenig Salat nichts weiter. Bedenken Sie aber, dass in ein paar Jahren, wenn die Zähne saniert, der Körper gereinigt und zumindest ein Teil des Übergewichtes abgebaut sind, wieder andere Nuancen der Ernährung in den Vordergrund treten könnten. Sie sind also aufgerufen, sich selbst ständig sorgfältig zu beobachten und im Sinne der ›Harmonischen Ernährung‹, wie ich sie in meinem gleichnamigen Buch beschrieben habe, auf die innere Stimme zu hören.

Fleisch und Fisch kombinieren Sie in der Mittags- und Abendmahlzeit mit Salat und schonend gegartem Gemüse, wobei Wurzelgemüse Ihnen die nötigen Kohlenhydrate liefern. Das alles würzen Sie mit den oben genannten Gewürzen. Milch und Milchprodukte lassen Sie weg. Sie beachten also die Trennkostregeln.«

»Gibt es Gemüsesorten, Kräuter oder Gewürze, die ich meiden sollte?«, will sie wissen.

O.W.: »Ja, und zwar Lauch, Knoblauch und Zwiebeln – zumindest in rohem Zustand. Hier bin ich der Meinung, dass diese in Ihrem Fall das Erdelement eher unvorteilhaft verstärken, da Sie ja eigentlich viel Erde haben und diese nur nicht ausleben. Wenn jemand ganz wenig Erde hat und diese entwickeln will, ist das eine andere Sache.«

»Welche Sorten Obst empfehlen Sie mir?«

»Eher die sauren Sorten, weil die das Feuerelement verdauungsmäßig unterstützen (auch wenn sie gleichzeitig kühlen!) und weil Sie mit süßen Früchten Ihre Schilddrüse zu sehr stimulieren und den Candidapilz füttern. Sie können also Äpfel wie Boskop essen, Zitrusfrüchte und im Sommer vor allem die vielen sauren Beerensorten. Ananas, Mangos und Papayas kann ich Ihnen auch empfehlen, weil Sie sehr viele Enzyme enthalten, mit denen Sie Ihre Verdauung stimulieren können. Sie könnten sich auch im Reformhaus Papayatabletten kaufen, die Sie gelegentlich nehmen, wenn der Magen drückt.«

»Welche Gemüsesorten empfehlen Sie?«

»Am Abend keine Wurzelrohkost, Wurzelgemüse nicht zu oft, und wenn, dann gegart. Salate und Rohkost vor allem am Mittag. Aus der Kohlfamilie können Sie alles essen, wenn Sie gut würzen, wobei ich den Kümmel, den Kreuzkümmel und das Currypulver besonders hervorhebe. Auch Erbsen und grüne Bohnen sind geeignet.«

»Wie sieht es mit Hülsenfrüchten aus?«

»Die können Sie essen, denn Bohnen haben zum Beispiel eine trocknende, entwässernde Wirkung auf Ihr weiches wasserhaltiges Gewebe, das zu blauen Flecken neigt, wie Sie auf dem Fragebogen angestrichen haben. Gut sind auch die Feuerlinsen, Berg- und Tellerlinsen.«

»Welches sind die besten Salate für mich?«

»Die mit besonders viel Kalium und anderen Mineralien, also diejenigen, die leicht bitter bis pikant schmecken. Besonders empfehle ich die Brunnenkresse, die Kapuzinerkresse, den Radicchio und den Rucola und natürlich Löwenzahn und andere Wild- und Küchenkräuter. Sie sollten sich auch die Mühe machen, selbst Sprossen zu ziehen und diese zu verspeisen.«

»Welche Art Fett oder Öl?«

»Vor allem wenig und nicht erhitzt; kaltgepresstes Pflanzenöl aus biologischem Anbau und – da Sie sie anscheinend besonders mögen – auch wenig Butter oder Sahne, aber nur, wenn sich beim Test keine Milchallergie ergibt. In einem solchen Fall muss man ganz streng sein. Avocados können Sie auch essen. Nüsse sollten Sie nur in kleinsten Mengen verzehren und über Nacht eingeweicht. Am leichtesten verdaulich sind Nüsse in Form von mit Wasser verdünntem Nuss- oder Sesammus, gewürzt als Dressing oder Sauce.«

»So, und jetzt kommt noch etwas, ich trinke gern abends ein Glas trockenen Rotwein. Ist das schlimm?«

»In Ihrem Fall würde ich sagen: Nein. Es muss ja nicht jeden Abend sein, und es sollte auch nur ausnahmsweise mehr als ein Glas sein. Wichtiger wäre es, wenn Sie das Rauchen aufgeben könnten, weil Sie sich damit ständig innerlich vergiften und auch den Darm negativ beeinflussen, denn Lunge und Darm hängen eng miteinander zusammen.«

»Ich danke Ihnen für das Gespräch«, sagt sie zum Abschied.

Epilog: Zur eigenen Kraft finden

»Zur eigenen Kraft finden« – was das für Sie bedeutet, jetzt, nachdem Sie dieses Buch gelesen und vielleicht schon einiges erfolgreich ausprobiert haben; wie sich das für Sie anfühlt, wenn Sie Ihrem Potenzial näher kommen, es – zumindest in weiteren Teilbereichen – gefunden haben; was Sie ablegen mussten, was Sie dazugewonnen haben: Ich kenne Ihre Antwort nicht, kann Ihnen aber meine mitteilen! Zunächst möchte ich Ihnen jedoch eine wahre Geschichte erzählen, damit Sie sehen, was ich meine.

Ein Mann Mitte fünfzig geht zum Arzt, weil er sich seit längerer Zeit krank fühlt. Der Arzt führt umfangreiche Untersuchungen durch und kommt schließlich zu einer Diagnose, die für sich allein bei empfindlichen Gemütern schon ausreichen würde, eine schwere Krankheit zu erzeugen. Er erklärt dem Mann, dass dieser schwer an Krebs erkrankt sei, und zwar in einem Stadium, in dem an eine Heilung aus schulmedizinischer Sicht nicht mehr zu denken sei. Er gibt ihm noch ein halbes Jahr zu leben und überlässt ihn dann seinem Schicksal. Der Mann schleicht nach Hause, sinkt in sich zusammen und verbringt die nächsten Tage in tiefer Depression.

Am vierten Tag schrillt plötzlich das Telefon. Ein Freund ist am Ende der Leitung und erzählt begeistert von einem seiner vielen Projekte, die er laufen hat, um die er sich aber unmöglich alle selbst kümmern kann. Da er weiß, dass sein (kranker) Freund Geologe ist und früher schon andere, wenn auch kleinere Minenprojekte gemanagt hat, bittet er ihn, ohne sich nach dessen Befinden zu erkundigen, die Leitung dieses gefährlichen, in der Wildnis gelegenen, mit großen Schwierigkeiten verbundenen Projektes zu übernehmen, das zwar schon angelaufen, dessen Leiter aber durch einen Unfall vor kurzem ausgefallen ist.

Wie von einer höheren Macht berührt, sagt der vom Tode gezeichnete Mann zu, ohne nachzudenken oder den Freund über seine Krankheit aufzuklären. Er rafft alle seine Kraft zusammen und fliegt schon den nächsten Tag in die Wildnis zu dem Ort, wo es um die Ausbeutung eines sensationellen Vorkommens eines seltenen Minerals geht.

Die Umstände sind in der Tat äußerst widrig. Es ist sehr heiß, trocken und staubig. Die Wohnverhältnisse sind miserabel, die Mannschaft ist zerstritten. Er muss all sein Feuer mobilisieren, um zunächst zu erreichen, dass wenigstens alle an einem Strang ziehen, zusammenarbeiten. Er muss die Arbeit neu organisieren, die Männer motivieren, zeigen, wer das Sagen hat, und gegen Alkohol und Drogen ankämpfen, die sich breit gemacht hatten, als die Mannschaft ohne Führung war. Er kämpft gegen Hitze, Staub, Dreck, primitivste Verhältnisse, Unwillen, Zwist, Streit und Intrigen. Er boxt sich durch und stellt nach wenigen Monaten eine Förderung auf die Beine, die sich sehen lassen kann. Er arbeitet achtzehn Stunden täglich, sieben Tage in der Woche. Seine Krankheit hat er (fast) vergessen, jedenfalls hat er keine Zeit, länger als ein, zwei Minuten täglich daran zu denken. Wenn er zu

Bett geht, ist er so erschöpft, dass er sofort einschläft. Für Grübeln, Depressionen und Ängste ist einfach keine Zeit. Er ist total gefordert und völlig in seiner feurigen Kraft, die allzu lange in ihm schlummerte.

Nach einem Jahr ist das Projekt in einem tadellosen Zustand. Eine zusammengeschweißte Mannschaft arbeitet vorbildlich, die Fördermengen sind exzellent, ordentliche Unterkünfte sind gebaut, und die neue Kantine steht. Der Freund ist begeistert. Unser Mann macht vierzehn Tage Heimaturlaub und geht aus lauter Neugier zum Arzt, der in höchstem Maße erstaunt ist, seinen Patienten wieder zu sehen. Längst hatte er ihn abgeschrieben. Die Untersuchung zeigt einen völlig gesunden, vitalen, lebenssprühenden Mann!

Dieses Beispiel zeigt, was möglich ist, sofern wir unserer Elementeverteilung gemäß leben. Wenn es auch meist nicht um die Erzielung solch spektakulärer Ergebnisse geht, können wir zur eigenen Kraft finden, wenn wir
- die selbst errichteten Beschränkungen aufgeben,
- unsere alten, angelernten Verhaltensweisen studieren und gegebenenfalls verändern,
- das alte Leben in Frage stellen und uns für Neues öffnen,
- ins Ungewisse gehen und uns der Herausforderung des Lebens stellen,
- Risiken eingehen und uns mit ganzem Einsatz verwirklichen,
- Mut und Willenskraft aufbringen und damit unser Immunsystem optimieren,
- unsere Anlagen, unsere besonderen Fähigkeiten und Stärken praktisch umsetzen,
- das tun, wozu wir optimal geeignet sind, was auch Spaß macht,

- unsere Mitte entdecken, unseren inneren Wesenskern, die Seele,
- Willen und Absicht unserer Seele leben,
- ein »wertvolles« Mitglied in der Gemeinschaft der Menschen werden,
- unsere ganz persönliche Aufgabe wahrnehmen, für die (nur) wir optimal ausgestattet sind, und so unsere Mitmenschen maximal in ihren Aufgaben, aber auch bei der Bewältigung ihrer Leiden unterstützen.

Das eigene Potenzial leben und zur eigenen Kraft finden, das ist es, was heilt!

Das Bewusstseinswachstum, das mit diesem Prozess einhergeht, ist durch drei Stufen gekennzeichnet.

- Zunächst geht es um die *Selbsterkenntnis.* Man sollte eigene, persönliche Antworten finden auf die Fragen »Wer bin ich?«, »Woher komme ich?«, »Wohin gehe ich?« und die eigene Kraft entdecken.
- Bei der *Selbstverwirklichung* ist dann das Umsetzen der eigenen Erkenntnisse und Erfahrungen gefragt, man muss die eigene Kraft leben.
- Beim *Dienst am Mitmenschen* gilt es dann, die eigene Kraft auch für andere nutzbringend einzusetzen.

Doch über allem steht die Liebe: der liebevolle Umgang mit uns selbst, die liebevolle Zuwendung, die wir unseren Weggefährten und Weggefährtinnen schenken, sowie die glühende Liebe und Sehnsucht nach immer mehr Liebe, Weisheit und Bewusstheit. (Lesen Sie hierzu das Buch: »Der Weg zu Liebe & Weisheit – Sinn und Ziel auf dem Lernplaneten Erde« von Otfried D. Weise.)

Ich wünsche Ihnen, dass Sie Ihren Lebensweg nicht nur »irgendwie« hinter sich bringen, sondern dass Sie Ihr Potenzial entdecken, Ihren eigenen Lebensstil finden und die für Sie richtigen Strategien einsetzen, um ans Ziel zu kommen. Mögen das Studium Ihrer selbst mit Hilfe der vier Elemente und eine darauf aufbauende stimulierende und harmonisierende Ernährung und Lebensweise Ihnen dabei helfen!

Anhang

Elemente und Tierkreiszeichen

Für diejenigen unter Ihnen, die sich für Astrologie interessieren, gebe ich im Folgenden stichpunktartig die Varianten der vier Elemente, wie sie sich über die zwölf Tierkreiszeichen manifestieren. Wenn Sie sich selbst begutachten wollen, denken Sie bitte daran, dass Sie vor allem auf die Stellung von Mond, Sonne und Aszendenten schauen, wenn Sie sich wieder finden wollen.

Die Tierkreisvarianten von Luft

Zwilling	Waage	Wassermann
Frühlingsluft	Herbstluft, leichte Brise	Winterluft, Höhenluft
gasförmige Luft	flüssige Luft	feste Luft
nervös, ätherisch	liebevoll, verständig	methodisch, universell
der Lehrer	der Diplomat	der Techniker
(Wissensvermittler)	(Friedensvermittler)	(Wissenschaftsvermittler)
vielseitig, fair, sozial	partnerschaftlich, künstlerisch	gruppenbetont, originell
ich denke, ich spreche	ich beziehe mich, ich gleiche aus	ich teile, ich diene
Kommunikation	Harmonie, Schönheit	Forschung, Freundschaft
Beziehungen	Gerechtigkeit	Fortschritt, Revolution

Die Tierkreisvarianten von Feuer

Widder	Schütze	Löwe
Funke, Urfeuer	Flamme, Leuchtfeuer	Glut, wärmendes Feuer
aktives, ent-zündendes Feuer	bewegliches Feuer	stetiges Feuer
enthusiastisch, schöpferisch	weit blickend, zielstrebig	herzlich, großzügig, begeisternd
der Krieger, der Pionier	der Hohepriester, der Philosoph	der König, der Schauspieler
mutig, kämpferisch, direkt	idealistisch, fanatisch	selbstbewusst, spielerisch
ich bin, ich initiiere	ich suche den Sinn, ich weiß	ich zeige mich, ich erschaffe
Dynamik, Unabhängigkeit	Reiselust, höhere Bildung	Autorität, Vertrauen

Die Tierkreisvarianten von Wasser

Krebs	Skorpion	Fische
das Urmeer, die Quelle	stilles, tiefes Wasser, Eis	Strom, Taufwasser, Ozean, Wolken
flüssiges Wasser	festes Wasser	gasförmiges Wasser
aktiver Kampf für die Seinen	unerschrockene Verteidigung	Flucht, Auflösung
Mutter (die Leben Gebende)	Magier (der etwas Bewirkende)	Mystiker (der Geliebte Gottes)
nährend, beschützend	intensiv, ergründend	einfühlsam, friedliebend
ich fühle, ich forme	ich ersehne, ich erobere	ich rette, ich opfere mich auf
Heim, Haus, Familie, Geborgenheit	Sex, Tod, Geld, Macht	Mitgefühl, Liebe, Selbstlosigkeit

Die Tierkreisvarianten von Erde

Stier	Jungfrau	Steinbock
Ackerboden, Garten	lockerer Sand	Fels, Kristall
feste, fruchtbare Erde	bewegliche, reine Erde	aktive, »kämpfende« Erde
wertebewusst, schönheitsliebend	ordentlich, hilfsbereit	rechtsbewusst, leistungsbetont
der Bauer, der Gärtner	der Handwerker, der Heiler	der Patriarch, der Beamte
naturnah, sicherheitsbewusst	wissenschaftlich, erziehend	verantwortlich, zuverlässig
ich besitze, ich manifestiere	ich reinige, ich analysiere	ich nutze, ich erreiche
Sinnenfreude, Standfestigkeit	Genauigkeit, Fleiß, Dienst	Ehrgeiz, Autorität, Disziplin

Übersicht: Die vier Elemente

Harmonisierende Ernährung für die vier Elemente

	Luft		Feuer		Wasser		Erde	
	viel	wenig	viel	wenig	viel	wenig	viel	wenig
rohes Obst	in Maßen, im Sommer	ja, viel	ja, viel immer	wenig	ja, viel im Sommer	ja, besonders wässriges	ja, viel im Sommer	wenig
rohes Gemüse/ Salat	ja, im Sommer, wenig im Winter	ja, viel	ja, viel immer	sehr wenig	in Maßen, im Sommer	in Maßen, wässriges	ja, viel wässriges	wenig, viel Salat
schonend Gegartes	ja, viel; besonders Wurzel- gemüse	wenig	wenig, ohne Öl	ja, viel	ja, besonders im Winter	ja, mit Öl	wenig	ja, viel mit Öl
Gewürze und Kräuter	ja, mit Öl scharf, sauer	ja, ohne Öl	wenig Gewürze, eher Kräuter	ja, reichlich, scharf	ja, reichlich, bitter, scharf	wenig	ja, reichlich bitter, scharf	in Maßen stärkende

	Luft		Feuer		Wasser		Erde	
	viel	wenig	viel	wenig	viel	wenig	viel	wenig
Milch und Milchprodukte	wenig warme gewürzte Milch	nein Rohmilch	in Maßen gewürzte	sehr wenig warme Milch	nein, nein oder warm,	wenig, roh gewürzt	nein oder warm	wenig, roh
Fleisch, Fisch, Eier	im Notfall Eier in Maßen	nein	wenige Eier	nein	nein, gekochte Eier	nein	nein	im Notfall Eier
gekochtes Getreide	in Maßen	wenig	ja, viel	in Maßen, ölig, gewürzt	in Maßen gewürzt	in Maßen ölig, gewürzt	wenig	in Maßen
Brot	wenig	nein	wenig	nein	nein	wenig	nein	wenig
Süßes (mit Zucker)	nein	in Maßen	ja	nein	nein	nein	in Maßen	nein
Hülsenfrüchte	ja, gewürzt	ja	ja	ja, gewürzt	in Maßen	nein	wenig	ja, gewürzt
Fasten	nein	ja	nein	kurzzeitig	ja	nein	ja	kurzzeitig
Verdauung	wechselnd	langsam	schnell	schwach	schwach	schnell	langsam	schnell
Nährstoffaufnahme	wechselnd	langsam	mittel	schwach	schwach	schwach	langsam	schwach

Literatur

Abravanel, E.D. (1983): Dr. Abravanel's body type diet and lifetime nuritional plan. Bantam Books, New York

Acuff, S. (1989): Das Makrobiotische Gesundheitsbuch. Goldmann Verlag, München

Banzhaf, H. (1993): Die vier Elemente in Astrologie und Tarot. Hugendubel Verlag, München

Bailey, A.A. (1983): Esoterisches Heilen. Verlag Lucis, Genf

Baltzer, E. (1991): Pythagoras, der Weise von Samos. Verlag Heilbronn, Heilbronn (2000)

Braunschweig-Pauli, D. (2000): Jod-krank. Der Jahrhundert-Irrtum. Dingfelder Verlag, Andechs

Broy, J. (1992): Die Konstitution; Humorale Diagnostik und Therapie. Klaus Foitzick Verlag, München

Carper, J. (1994): Nahrung ist die beste Medizin; Sensationelle Erkenntnisse über die Heilstoffe in unseren Lebensmitteln. Econ Verlag, Düsseldorf

Cousens, G. (1995): Spirituelle Ernährung. Verlag Hans-Jürgen Maurer, Frankfurt

Dahlke, R. (1992): Krankheit als Sprache der Seele; Be-Deutung und Chance der Krankheitsbilder. Bertelsmann Verlag, München

Dahlke, R., und N. Klein (1990): Das senkrechte Weltbild; Symbolisches Denken in astrologischen Urprinzipien. Hugendubel Verlag, München

Dethlefsen, T., und R. Dahlke (1983): Krankheit als Weg; Deutung und Be-Deutung der Krankheitsbilder. Bertelsmann Verlag, München

Diamond, H. und M. (1987): Fit fürs Leben. Waldthausen Verlag, Ritterhude

Endres, H. (1988): Menschenkenntnis schnell und sicher. Knaur Verlag München

Ehret, A. (1988): Die schleimfreie Heilkost. Waldthausen Verlag, Ritterhude

Finnegan, J., und R. Schmid (1994): Die heilende Aloe, das Geschenk der Natur an uns alle. Verlag Ernährung & Gesundheit, München

Frawley, D. (1989): Ayurvedic Healing, a comprehensive guide. Passage Press, Salt Lake City, Utah

Frawley, D. (1991): Aggravations and deficiencies of the elements. In: Naiman (1991 b)

Fry, T.C. (1988): Dynamische Gesundheit. Waldthausen Verlag, Ritterhude

Gilbert, S. (1993): Morgen werde ich schlank sein; Diät und Psyche. dtv, München

Gurudas (1988): The spiritual properties of herbs. Cassandra Press, San Rafael

Heiß, E. (1980): Wildgemüse und Wildfrüchte; Eine wertvolle Ergänzung und Aufwertung unserer heutigen Nahrung. Lebenskunde Verlag, Düsseldorf

Holmes, P. (1993): The energetics of western herbs; An herbal reference integrating western and oriental herbal medicine traditions, vol. I & II. NatTrop publishing, Berkeley

Kelder, P. (1993): Die Fünf »Tibeter«. Integral Verlag, Wessobrunn

Kinon, U. (1994): Mykosen, die (un)heimliche Krankheit; Pilzinfektionen der Haut und der inneren Organe bedrohen unsere Gesundheit. Oesch Verlag, Zürich

Kirchmann, K. (1962): Biochemisches Lexikon nach Dr. Schüßler. Mertens Verlag, Hamburg

Königs, P. (1994): Die Acidose-Therapie nach Dr. med. Renate Collier; Gesünder durch den Abbau von Übersäuerung und Verschlackung des Körpers. Synergie Verlag Peter Königs, Frankfurt

Koerber, K.W. v., Männle, T., und C. Leitzmann (1993): Vollwert-Ernährung; Konzeption einer zeitgemäßen Ernährungsweise. Haug Verlag, Heidelberg

Kretschmer, E. (1977): Körperbau & Charakter. Sprinter Verlag, Berlin

Kühne, A. (1989): Mikrowellen. Hinweise auf Gesundheitsgefährdungen. Institut für Mensch und Natur, Verden

Kupfer, A. (1989): Grundlagen der Menschenkenntnis; Die Formkraft der Psyche. Bd. I & II (nach C. Huters Psycho-Physiognomik). Carl Huter Verlag, Arlesheim

Lad, V. (1991): Das Ayurveda Heilbuch. Windpferd Verlag, Aitrang

Lad, V., und D. Frawley (1991): Die Ayurveda Pflanzen-Heilkunde; Das Yoga der Kräuter, Anwendung und Rezepte ayurvedischer Pflanzenheilmittel. Windpferd Verlag, Aitrang

Leconte, M. (1989): Die Yin-Yang Diät. Cornelia Ahlering Verlag, Hamburg

Matz, F. (1993): Lehrbuch der Kosmobiologie. Sommer Verlag, Teningen

Mann, A.T. (1989): Astrologie und Heilkunst. Aquamarin Verlag, Grafing

Morningstar, A., und U. Desai (1992): Die Ayurveda Küche. Heyne Verlag, München

Naiman, I. (1991 a): The Astrology of Healing, Vol. I: Stress: The Cause of Disease; Vol. II (1991 b): The Elements: Symptoms of Disease; Vol. IV (1991 c): Cancer. Seventh Ray Press, HCR 80, Box 34, Cundiyo, NM 87522, USA

Naiman, I. (1993): Lunar Consciousness. Seventh Ray Press, Cundiyo, NM

Naiman, I. (1991): Kitchen Doctor. Seventh Ray Press, Cundiyo, NM

Naiman, I. (1993): The Astrology of Healing, Certificate Course

Nauman, E. (1983): The American Book of Nutrition & Medical Astrology. Astro Computing Services, San Diego

Oken, A. (1993): Astrologie der Seele; Der Schlüssel zum Höheren Selbst. Dr. Otfried Weise Tabula Smaragdina Verlag, Grafing

Oken, A. (1995): Der Mensch, Spiegelbild des Kosmos; Astrologie und Selbsterkenntnis. Dr. Otfried Weise Tabula Smaragdina Verlag, Grafing

Pollmer, Fock, Gonder, Haug (1994): Prost Mahlzeit! Krank durch gesunde Ernährung. Kiepenheuer & Witsch, Köln

Renzenbrink, U. (1987): Ernährung in der zweiten Lebenshälfte. Verlag Freies Geistesleben, Stuttgart

Renzenbrink, U. (1988): Ernährung unserer Kinder. Verlag Freies Geistesleben, Stuttgart

Ridder-Patrick, J. (1992): Praktische Astromedizin. Edition Astrodata, Zürich

Robbins, M.D. (1994): Die Sieben Strahlen, Bd. 1; Ein esoterischer Schlüssel zum Verständnis des menschlichen Wesens. Dr. Otfried Weise Tabula Smaragdina Verlag, Grafing

Rütting, B. (1991): Lieblingsmenüs aus meiner Vollwertküche; Gesundes Genießen zu jeder Jahreszeit. Mosaik Verlag, München

Schmidt, F. (1974): Dynamische Ernährungslehre, Bd. 1. Proteus Verlag, St. Gallen

Schmidt, F. (1979): Dynamische Ernährungslehre, Bd. 2, Proteus Verlag, St. Gallen

Schubert, U.B., und F.W. Neutzler (1991): Fasten und Essen; Gesundheit für Körper, Geist und Seele. Peter Erd Verlag, München

Scott, W. (1993): Hermetica; The ancient Greek and Latin writings which contain religious or philosophic teachings ascribed to Hermes Trismegistus. Shambhala, Boston

Shelton, H.M. (1989): Richtige Ernährung. Waldthausen Verlag, Ritterhude

Strehlow, W. (1993): Hildegard-Heilkunde von A-Z. Knaur Verlag, München

Steiner, R. (1989): Naturgrundlagen der Ernährung; Ernährung und Bewusstsein (2 Bde.). Verlag Freies Geistesleben, Stuttgart

Svoboda, R.E. (1989): Prakruti: Your Ayurvedic Constitution. GEOCOM, Albuquerque, NM

Temeli, B. (1992): Ernährung nach den Fünf Elementen. Joy Verlag, Sulzberg

Tepperwein, K. (1987): Krankheiten aus dem Gesicht erkennen – Pathophysiognomie. Mvg Verlag, Landsberg/Lech

Tierra, M. (1988): Planetary herbology. Lotus press, Twin Lakes, Wisconsin

Tilden, J.H. (1990): Mit Toxämie fangen alle Krankheiten an. Waldthausen Verlag, Ritterhude

Wagner, C.E. (1992): Jeder ist einmalig; Biochemische Konstitutionstypen des Menschen mit Angaben zur individuellen Ernährung. Dr. Otfried Weise Tabula Smaragdina Verlag, Grafing

Walker, N.W. (1990): Frische Frucht- und Gemüsesäfte; Täglich frische Salate erhalten Ihre Gesundheit (2 Bde.). Waldthausen Verlag, Ritterhude

Weise, D.O. (1993): Harmonische Ernährung; Wie Sie bewusster werden und Ihre persönliche gesunde Ernährung intuitiv selbst finden. 4. Auflage, Dr. Otfried Weise Tabula Smaragdina Verlag, Grafing

Weise, D.O. (1991): Melone zum Frühstück; Abenteuergeschichten über gesundes, genußreiches Essen. Dr. Otfried Weise Tabula Smaragdina Verlag, Grafing

Weise, D.O., und J. Frederiksen (1993): Die Fünf ›Tibeter‹ Feinschmeckerküche; Mit 144 Rezepten auf der Basis von Trennkost und mehr … 10. Auflage, Scherz Verlag, München

Weise, D.O. (1992): Grundlagen gesunden Trinkens, Essens und Lebens. In: F. Heininger: Trinkwasser, Quelle des Lebens; Ein ganzheitlicher Weg zu gesunder Ernährung und Umwelt. Ennsthaler Verlag, Steyr

Weise, D.O. (1995): Der Mensch als Energiemuster (Nr. 104), Ernährung, Bewußtsein, Spiritualität (Nr. 105), Studienbriefe des Fernlehrganges: Studienreihe für Gesundheits Praktiker, Teil XX-A ›Spirituelle Aspekte‹ der Waldthausen Gesundheitsschule. Waldthausen Verlag, Ritterhude

Weise, D.O. (2000): Entschlackung, Entsäuerung, Entgiftung. Goldmann Verlag, München

Weise, D.O. (2000): Die Sieben kosmischen Strahlen. Goldmann Verlag, München

Weise, D.O. (2001): Der Weg zu Liebe und Weisheit. Dr. Otfried Weise Tabula Smaragdina Verlag, Würzburg

Worlitscheck, M. (1994): Praxis des Säure-Basen-Haushaltes. Haug Verlag, Heidelberg

Bezugsquellen und Anschriften

Amalgamausleitung

Institut für Psychokinesiologie
Waldäckerstr. 27
70435 Stuttgart
Tel.: 07 11/8 26 23 56, Fax: 8 26 23 66
(mit Kinesiologie und Kräutern, Vermittlung von
Therapeuten und Präparaten nach Dr. Klinghardt)

Praxis
Hannelore Fischer-Reska
Schumannstr. 5
81679 München
Tel.: 0 89/4 70 70 08
(Amalgam: Ausleitung, Darmsanierung, Entschlackung,
kinesiologische und Bioresonanzaustestungen; Versand
Laetitia und Bittersternverlag: Tel.: 0 89/47 96 00)

Ayurveda/Typbestimmung etc.

Seva Akademie
Helga Maria Schmidt
Bichlerstr. 22
81479 München
Tel.: 0 89/7 90 46 80, Fax 79 04 68 19
(Massageöle, Pancha-Karma-Kuren,
Ausbildungen etc.)

Indu-Versandlädchen
Turmstr. 7
35085 Ebsdorfergrund
Tel.: 0 64 24/39 88
(indische Gewürze und Lebensmittel)

Tabula Smaragdina Institut
Anton-Langer-Gasse 46/2/5
1130 Wien, Österreich
Tel.: 00 43/1/8 04 29 74, Fax: 9 61 82 87
E-Mail: tabula@smaragdina.at
www.smaragdina.at
(Beratung und Ausbildung: Bestimmung des Körpertyps
nach den vier Elementen, Ernährungs-, Gesundheits- und
Lebensberatung, Entschlackungsseminare und Ausbildungen
zum »Astrologischen Gesundheits- und Ernährungs- und
Lebensberater« sowie Seminare zu esoterischen Themen,
den Sieben Strahlen und zur Esoterischen Astrologie durch
Dr. Otfried D. Weise)

Beratung

Jenny P. Sachau
Prämäckerweg 22
60433 Frankfurt am Main
Tel.: 0 69/68 09 19 88
(Lebens- und Partnerschaftsberatung mit den Methoden
der psychologischen und esoterischen Astrologie,
der esoterischen Psychologie und Aura Soma)

Bio*Vitalis-Programm
Vienna*Star
Werner Mraz
Kettenbrückengasse 20/Top 19a
1040 Wien, Österreich
Tel.: 00 43/1/5 85 60 86
Internet: www.astro.at
E-Mail: support@astro.at

Bücher über Ernährung, Gesundheit,
Astrologie, esoterische Psychologie

Dr. Otfried Weise Tabula Smaragdina Verlag,
Adresse s.o.: Tabula Smaragdina Institut

Darmreinigung

Éjuva Info-Büro Deutschland
c/o S. Dörries
Vionvillestr. 19
28211 Bremen
Tel.: 04 21/44 82 88, Fax 49 27 93

Rafka GmbH (Éjuva)
K. und R. Wullschleger
Stocken 40
9230 Flawil SG, Schweiz
Tel.: 00 41/7 13/90 09 45, Fax: 90 09 41

Firma Vigosan
Guido Tschopp
Neumattstr. 43
4455 Zunzgen, Schweiz
Tel.: 00 41/6 19/71 70 78
(probiotische Bakterien Vigolac und Ayurvedic
Colon Cleaning alias Vigoclean)

Dr. Doris Ehrenberger und
Dr. med. Michael Ehrenberger
8382 Mogersdorf 159, Österreich
Tel.: 00 43/33 25/87 60
(Seminare und Beratungen, Yucca-Kur,
Clean-me-out-Programm)

Dr. Barbara Krischker
Klinik St. Georg
Rosenheimer Str. 6-8
83043 Bad Aibling
Tel.: 0 80 61/39 84 28 oder 49 84 42
(Entschlackung, Entsäuerung,
Entgiftung bei chronischen Krankheiten)

Nahrungsergänzungen

PURAVITA Naturwaren
Hildegard Schmid
Schmauzer-Büchl-Weg 19
82266 Inning am Ammersee
Tel.: 0 81 43/95 95 01, Fax: 95 95 03
(Aloe vera und andere)

Fa. Life Light
Rohrbrunn 53
7572 Deutsch Kaltenbrunn, Österreich
Tel.: 00 43/33 83/3 31 00, Fax: 3 31 04
(Aloe vera, Ayurvedaöle, Bärlauch-Extrakt, Bittersegen,
Chlorella, Darmreinigung nach Dr. Gray, Einlaufgeräte,
Entsafter, Flohsamenschalenpulver, Golden Yucca plus,
Guduchi-Tee, Korianderkraut-Extrakt, La-Pacho-Tee,
Spirulina, Vita-Vortex-Wasserwirbler)

Ingomar von Lex
Bluegreen Naturprodukte
Gentzgasse 71
1180 Wien, Österreich
Tel.: 00 43/1/4 70 47 74
www.bluegreen.net
(Bluegreen-Algen, Chlorella, Spirulina u.a.)

Bäckerei König
Bergwerkstr. 32
83714 Miesbach
Tel.: 0 80 25/14 68, Fax: 47 39
(Chufas-Nüßli, Königssalz und Vollwertschnitten,
Dinkel- und Amaranthgebäck)

Firma Keimling
Bahnhofstraße 51
21614 Buxtehude
Tel.: 0 41 61/5 11 60, Fax: 51 16 16
(Destillierer, Entsafter, Nahrungsergänzungsmittel,
Umkehrosmosegerät)

Fa. Natur Vital
Knöbel & Merker GmbH
Kronthalerstr. 11
61462 Königstein
Tel.: 0 61 73/94 04 51, Fax: 94 04 53
(Foodstate-Nahrungsergänzungs-
und Ausleitungsmittel)

ISMA GmbH
Rochusstr. 48
76669 Bad Schönborn
Tel.: 0 72 53/95 32 20, Fax: 95 32 22
(Tees für Galle, Leber und Nieren sowie
100 Prozent naturreines Wildkräuteröl
nach Peter Mandel)

GANZHEITLICH HEILEN
GOLDMANN

Tabuthemen unserer Zeit

Alan E. Baklayan,
Parasiten   14163

Peter Grunert,
Hämorrhoiden   14161

Larry Clapp, Gesunde Prostata
in 90 Tagen   14187

Goldmann • Der Taschenbuch-Verlag

GANZHEITLICH HEILEN
GOLDMANN

Traditionelles Wissen neu entdeckt

Peter Grunert,
Weihrauch   14173

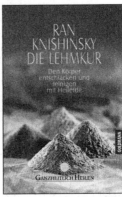

Ran Knishinsky,
Die Lehmkur   14177

Suzan H. Wiegel, Das Handbuch
der Kahuna-Medizin   14143

Richi Moscher,
Das Hanfbuch   14181

Goldmann • Der Taschenbuch-Verlag

GANZHEITLICH HEILEN
GOLDMANN

Erfolgsautorin Barbara Simonsohn - Gesunde Alternativen

Die Heilkraft der Afa-Alge 14189

Warum Bio? 14224

Hyperaktivität – Warum Ritalin
keine Lösung ist 14204

Das authentische Reiki 14210

Goldmann • Der Taschenbuch-Verlag

GOLDMANN

*Das Gesamtverzeichnis aller lieferbaren Titel erhalten Sie
im Buchhandel oder direkt beim Verlag.
Nähere Informationen über unser Programm erhalten Sie auch im Internet unter:*
www.goldmann-verlag.de

★

Taschenbuch-Bestseller zu Taschenbuchpreisen
– Monat für Monat interessante und fesselnde Titel –

★

Literatur deutschsprachiger und internationaler Autoren

★

Unterhaltung, Kriminalromane, Thriller
und Historische Romane

★

Aktuelle Sachbücher, Ratgeber, Handbücher und
Nachschlagewerke

★

Bücher zu Politik, Gesellschaft, Naturwissenschaft und Umwelt

★

Das Neueste aus den Bereichen
Esoterik, Persönliches Wachstum und Ganzheitliches Heilen

★

Klassiker mit Anmerkungen, Anthologien und Lesebücher

★

Kalender und Popbiographien

★

Die ganze Welt des Taschenbuchs

★

Goldmann Verlag • Neumarkter Str. 18 • 81673 München

Bitte senden Sie mir das neue kostenlose Gesamtverzeichnis

Name: _____

Straße: _____

PLZ / Ort: _____